Artificial Intelligence

인공지능 교육개론

이재호 · 김현배 · 박남제 · 박선주 · 배영권 · 성영훈
안성훈 · 이용배 · 전우천 · 한규정 · 한정혜
(사) 한국정보교육학회 지음

도서출판 홍릉

인공지능 교육개론

인 쇄 : 2020년 8월 19일 초판 1쇄
발 행 : 2020년 8월 24일 초판 1쇄

저 자 : 이재호, 김현배, 박남제, 박선주, 배영권
성영훈, 안성훈, 이용배, 전우천, 한규정, 한정혜

발행인 : 송 준
발행처 : 도서출판 홍릉
주 소 : 01093 서울시 강북구 인수봉로 50길 10
등 록 : 1976년 10월 21일 제5-66호

전 화 : 02-999-2274~5
팩 스 : 02-905-6729
e-mail : hongpub@hongpub.co.kr
http://www.hongpub.co.kr
ISBN : 979-11-5600-791-3(93000)

정 가 : 25,000원

저자소개

이재호 경인교육대학교 컴퓨터교육과 교수

이재호 교수는 1989년부터 1996년까지 한국전자통신연구원(ETRI)의 선임연구원으로 재직하였으며, 1996년부터 경인교육대학교 컴퓨터교육과에 재직 중이다. 2004년 국내 최초로 현직교사 및 예비교사를 대상으로 하는 전국 교육대학 원격교육연수지원센터의 설립을 주도한 후 초대 센터장을 역임하였으며, 2020년부터는 국내 정보교육 분야에서 최고의 권위를 자랑하는 사단법인 한국정보교육학회 회장으로 활동 중이다. 현재는 소프트웨어 및 인공지능(AI) 기반의 융합형 교육 프로그램, 실생활과 연계된 SW/AI 코딩 교육 프로그램, 발명특허 교육 프로그램 등에 대한 연구와 콘텐츠를 개발 중이다. 대표적인 저서로는 '생활 속 ICT의 발견', '생활 속 SW 코딩의 발견 ①, ②', '컴퓨터랑 코딩해', '이재호교수와 함께하는 사고력 코딩' 등이 있다.

김현배 부산교육대학교 컴퓨터교육과 교수

김현배 교수는 1996년부터 현재까지 부산교육대학교 컴퓨터교육과 교수를 역임하고 있다. 컴퓨터교육과 SW교육에 관련하여 다수의 연구 논문을 발표하였고 저서로는 컴퓨터과 교수법 및 교재연구, 정보교육론이 있다.

박남제 제주대학교 초등컴퓨터교육전공 교수

박남제 교수는 2003년부터 2008년까지 한국전자통신연구원(ETRI)의 선임연구원으로 재직하였으며, 미국 UCLA대학교, ASU대학교에서 연구활동 후, 2010년부터 제주대학교 교육대학 초등컴퓨터교육학과, 대학원 융합정보보안학과에 재직 중이다. 국제학술논문, 국내외 기술표준, 특허 등 다수의 연구실적이 있으며, 교육부의 과학기술사회(STS)연구센터, 창의교육거점센터, 사이버보안인재교육원 등 다양한 유관기관을 설립하고, 연구사업 활동 등을 주도적으로 수행하고 있다. 현재는 최신 정보보호기술 연구 및 인공지능과 데이터 공학을 위한 각종 미래 교육 콘텐츠를 제작 보급하면서, 제주지역에서 국내 최초로 초등학생 대상으로 사이버보안교육, 해킹캠프 등 교육 봉사, 강연 활동을 통해 다양한 공헌 활동을 실천하고 있다.

박선주 광주교육대학교 컴퓨터교육과 교수

박선주 교수는 현재 광주교육대학교 교수로 재직 중이며, 교육부 교육과정심의회 ICT와 정보분야 위원이었으며 광주광역시 정보화위원, 한국정보교육학회 부회장으로 활동 중이다. SW 및 AI 교육, 데이터 분석과 앱개발 분야에 관심을 갖고 연구하고 있으며, 교육 봉사, 강연 등을 통해 정보 나눔 활동을 실행하고 있다.

배영권 대구교육대학교 컴퓨터교육과 교수

배영권 교수는 2007년부터 2009년까지 목원대학교 컴퓨터교육과 교수로 재직하였으며, 2009년부터 대구교육대학교 컴퓨터교육과 교수로 재직 중이다. 대구교육대학교에서 2015년부터 2017년까지 영재교육원장, 2018년부터 2020년 1월까지 기획처장 겸 산학협력단장을 역임하였다. 미국의 Indiana University의 Instructional System Technology 학과에 2006년부터 2007년까지 Visiting Scholar로, 2013년부터 2014년까지 University of Georgia의 Learning, Design, & Technology학과에 Visiting Scholar로 연구 프로젝트에 참여하였으며, 현재 대구교육대학교 글로벌교육혁신연구소 소장으로 활동하고 있다.

성영훈 진주교육대학교 컴퓨터교육과 교수

성영훈 교수는 2011년부터 2015년까지 한국교육학술정보원(KERIS) 연구원으로 재직하였고 2015년부터 현재 진주교육대학교 교수로 재직 중이다. 소프트웨어교육과 관련된 다수의 연구논문을 발표하였으며 컴퓨팅을 활용한 음악 등 융합분야에도 많은 관심을 가지고 있다.

이용배 전주교육대학교 컴퓨터교육과 교수

이용배 교수는 2000년부터 3년 동안 정보검색과 관련된 벤쳐회사에서 직접 소프트웨어를 개발하며 기술이사로 근무를 했었다. 2003년부터 전주교육대학교에서 학생들에게 프로그래밍을 지도하고 있으며 현재는 알고리즘을 쉽게 학습할 수 있는 방법에 대해 연구하고 있다.

한규정 공주교육대학교 컴퓨터교육과 교수

한규정 교수는 중앙대 컴퓨터공학과 공학박사 (소프트웨어 엔지니어링 전공), 1992년부터 현재 공주교육대학교 컴퓨터교육과 교수로 재직중, 미국 플로리다 주립대 교수설계과 연구교수, 샌버나디노 캘리포니아 주립대 수학및 과학과 교환교수, (사)한국정보교육학회 회장 역임, 현재 국제 청소년로봇연맹 회장, 관심분야는 동기기반 SW교육, 피지컬 컴퓨팅 교육, 인공지능융합교육이며 저서로는 '인공지능 메이커 길라잡이 대장장이 스마트보드(공저)', '코딩 대장장이 보드(공저), 'C언어로 구성한 자료구조(단독)' 등이 있다.

안성훈 경인교육대학교 컴퓨터교육과 교수

안성훈 교수는 현재 경인교육대학교 컴퓨터교육과에 재직중이며, 2004년 부터 2011년 초까지 한국교육개발원에서 이러닝 및 원격교육에 관한 연구를 수행하였고 2011년 부터 2013년까지 한국교육학술정보원에서 사이버교육 및 디지털교과서에 관한 연구를 수행하였다.
주요 연구 분야는 이러닝, 원격교육, 디지털교과서, SW교육, AI교육 등에 관한 정보교육 정책 및 법제도 연구이다.

전우천 서울교육대학교 컴퓨터교육과 교수

전우천 교수는 1998년 이후 서울교육대학교 컴퓨터교육과 교수로 재직하고 있다. 2001년 이후로 서울교육대학교 과학영재교육원 정보영재반 교수로서 활동중이며 또한 2019년 이후 서울교육대학교 소프트웨어영재교육원 강의교수로 활동중이다. 한국정보화진흥원의 정보통신윤리전문강사로 활동했으며 또한 한국정보교육학회 총무이사를 역임했다. 주요 관심사는 정보통신윤리, 정보영재교육, 인공지능 리터러시 등이다.

한정혜 청주교육대학교 컴퓨터교육과 교수

한정혜 교수는 행정자치부 국가전문행정연수원 교수를 거쳐 청주교육대학교 컴퓨터교육과 교수 및 인공지능로봇연구소장으로 재직중이다. 2011년에는 LG연암재단 후원을 받아 스탠포드 대학교에서 방문연구하였으며, 2015년부터 3년간 IEEE/ACM Human Robot Interaction 국제회의 공동 의장을 역임했다. 2018년에는 산호세주립대에서 인공지능과 실리콘밸리 인재양성을 연구하였다. 주요 연구분야는 교육용 로봇, 인공지능 리터러시, 인공지능로봇윤리 에이전트 등이다.

머리말

인공지능도 소프트웨어다!

AI 교육의 지향점도 사고력 계발이다!

세상은 소프트웨어(Software: SW)에 의해 돌아가고 있으며, 소프트웨어의 꽃은 인공지능(Artificial Intelligence: AI)이다. AI도 SW라는 것이다.

정보교육 분야는 두 번의 실패(정보교육의 겨울) 이후에, 짧은 성공(정보교육의 봄)을 만끽하다가, 현재는 한 치 앞을 예측할 수 없는 혼돈의 시기에 접어들었다. 지금 혼돈의 중심에는 AI가 자리하고 있다. AI 교육은 현재 혼돈의 시기를 종식시키고 정보교육 분야의 완벽한 성공(정보교육의 여름)을 가져올 수 있을까?

현재 전 세계는 AI 교육에 대한 관심과 열기가 대단하다. AI 교육이 이처럼 주목을 받고 있는 이유는 무엇인가? AI가 교육의 '만병통치약'이기 때문인가? 아니면 21세기 미래 사회 시민으로서의 삶을 영위하기 위한 '필수 교육 과정' 중 하나가 AI 교육이기 때문인가?

AI 교육은 거스를 수 없는 대세다. 21세기 미래 사회 시민으로 살아가기 위해서는 누구나 배워야 하는 교육이 AI 교육이다. 그러나 문제는 방향성이다. AI 교육의 지향점은 무엇인가? 정보교육 분야가 짧게나마 성공의 기쁨을 만끽할 수 있었던 것은 SW 교육의 방향성이 정확하고 명확했기 때문이다. 그러나 작금의 AI 교육의 방향성은 SW 교육의 사례와는 달리 우려스러운 점이 있는 것도 사실이다.

1996년 설립된 (사)한국정보교육학회는 지난 25년간 대한민국 정보교육의 발전을 선도하였다. AI 교육은 정보교육의 한 영역이다. 그러한 의미에서 (사)한국정보교육학회가 AI 교육을 선도해야 할 사명이 있는 것이다. 이러한 측면에서 (사)한국정보교육학회는 AI 교육의 방향성과 지향점을 설정한다는 측면에서 본서의 집필 작업을 시작하였다. 또한, 본서는 (사)한국정보교육학회 회원들이 직접 저술에 참여한 첫 번째 AI 교육 전문서라는 측면에서 큰 의미가 있다고 할 것이다. (사)한국정보교육학회의 첫 번째 집필 결과물이 AI 교육의 방향성과 지향점 설정에 지침서 역할을 할 수 있을 것으로 기대한다.

바쁜 일정에도 흔쾌히 집필 작업에 참여해주신 (사)한국정보교육학회 회원 여러분들에게 감사드리며, 『인공지능 교육 개론』의 편집 및 출판 작업을 지원하셔서 오늘 귀한 결과물이 탄생할 수 있도록 지원해주신 도서출판 홍릉의 대표이사님과 직원 여러분들에게도 감사의 말씀을 드린다.

2020년 8월

(사)한국정보교육학회 회장 이재호

차례

CHAPTER 02 인공지능 서비스

CHAPTER 03 규칙으로 문제 해결하기

CHAPTER 04 확률에 따라 문제 해결하기

CHAPTER 05 기계학습 이해하기

CHAPTER 06 인공지능 언플러그드 활동하기

CHAPTER 11 로봇과 인공지능

CHAPTER 01

인공지능 교육 개요

이재호(경인교대)

학습목표

- 인공지능의 개념과 정의를 이해할 수 있다.
- 인공지능 관련 주요 용어와 그 개념을 이해할 수 있다.
- 인공지능을 능력에 따라 분류할 수 있고, 그 특징을 이해할 수 있다.
- 인공지능의 개념이 출현된 시기부터 현재까지의 흐름과 역사를 이해할 수 있다.
- 인공지능과 교육의 만남에 따른 다양한 이슈를 이해하고 준비할 수 있다.
- 인공지능 교육의 필요성과 지향점을 이해할 수 있다.
- 인공지능 교육을 분류할 수 있고, 그 특징을 이해하여 교육 현장에서 실천할 수 있다.
- 인공지능 도입으로 예상되는 교육 분야의 변화를 이해하고 능동적으로 대처할 수 있다.

1.1 개요

1 AI의 시작

"특정 기계가 지능적인가?"에 대한 관심과 이에 대한 정의는 컴퓨터의 아버지라 불리는 Alan Turing(1912~1954)이 1950년에 발표한 논문인 'Computing Machinery and Intelligence'에서 튜링 테스트(Turing test)에 대한 내용을 발표하면서 시작되었다. 그러나 인공지능(Artificial Intelligence: AI)을 컴퓨터 과학(Computer Science: CS)의 한 분야로 정립하고 발전시킨 동력은 1956년 다트머스 대학(Dartmouth College)에서 개최되었던 다트머스 학회(Dartmouth Conference)로부터 시작되었다. 이 당시 다트머스 학회에는 10명의 관련 분야 과학자들이 모여 미래 사회에서 가장 큰 영향력을 미치게 될 AI에 대한 논의를 시작하게 되었다.

AI의 아버지라 불리는 John McCarthy(1927~2011)는 Dartmouth Conference에서 AI를 "지능적인 기계를 만드는 과학과 공학(the science and engineering of making intelligent machines)"이라고 정의했다.[1] 이후 다양한 학자와 기관에서 AI에 대한 정의를 발표하였으며, 이중 대표적인 것들을 소개하면 다음과 같다.

옥스퍼드 학습자 사전(Oxford Learner's Dictionaries)은 AI를 "지능적인 인간 행동을 복사할 수 있는 컴퓨터 시스템의 연구 및 개발(the study and development of computer systems that can copy intelligent human behaviour)"이라고 구체화하였다.[2]

브리태니커 온라인 사전(Encyclopaedia Britannica)은 AI를 "디지털 컴퓨터 또는 컴퓨터 제어 로봇이 일반적으로 지능적인 존재와 관련된 작업을 수행할 수 있는 능력(the ability of a digital computer or computer-controlled robot to perform tasks commonly

1. https://www.sciencedaily.com/terms/artificial_intelligence.htm
2. https://oxfordlearnersdictionaries.com/definition/english/artificial-intelligence?q=Artificail+Intelligence

associated with intelligent beings)"이라고 정의하였다.[3]

국립국어원에서 운영 중인 우리말샘 사이트에서는 AI를 "인간의 지능이 가지는 학습, 추리, 적응, 논증 따위의 기능을 갖춘 컴퓨터 시스템"이라고 정의하였다.[4]

결과적으로 AI는 인간처럼 지능적으로 생각하고 행동할 수 있는 컴퓨터 시스템을 개발하는 컴퓨터 과학의 한 분야로 정의할 수 있다. 이를 좀 더 구체화한다면, AI는 지각(perception) 능력, 추론(inference) 능력, 학습(learning) 능력, 언어(linguistic) 능력 등을 인간처럼 수행할 수 있는 컴퓨터 시스템을 총칭하는 것이다.

기계 지능에 대한 최초의 정의는 Allan Turing이 하였으나, AI라는 용어는 1956년 Dartmouth Conference에서 John McCarthy 교수의 제안으로 사용하게 되었으며, 이 회의에 참석한 John McCarthy 교수와 Marvin Minsky 교수 등은 AI를 학문 분야로 확립하기 위하여 지속적으로 노력하였다.

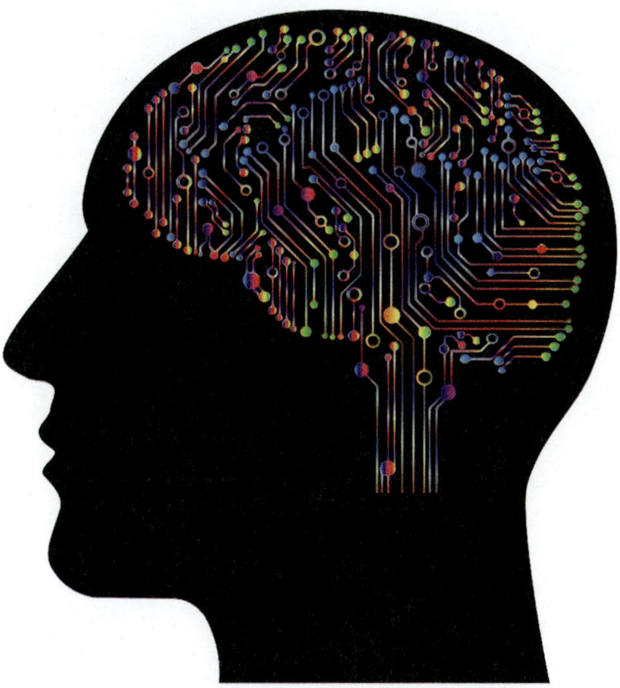

3. https://www.britannica.com/technology/artificial-intelligence
4. https://opendict.korean.go.kr/dictionary/view?sense_no=469021

Allan Turing이 컴퓨터 과학 분야에 남긴 업적을 기리기 위하여 1966년 미국컴퓨터과학자협회(Association for Computing Machinery: ACM)는 튜링상(Turing Award)[5]을 제정하였으며, AI 분야 개척자인 Marvin Minsky 교수와 John McAarthy 교수는 각각 1969년과 1971년 AI 분야의 발전을 위하여 노력한 공로를 인정받아 튜링상을 수상하였다. 뿐만 아니라 1965년 Dartmouth Conference에 참석하였던 10인의 전문가 중 Allen Newell과 Herbert Simon이 AI 분야의 발전에 공헌한 것을 인정받아 1975년 공동으로 튜링상을 수상하기도 하였다.

5. 튜링상은 컴퓨터 과학 분야의 노벨상으로 인정받고 있음

1.2 AI의 분류

1980년 미국의 분석 철학자인 John Searle은 AI 연구의 철학적 의미에 대해 비판과 한계를 지적했으며, 처음으로 약인공지능(Weak AI)[6]과 강인공지능(Strong AI)[7] 개념을 사용하면서 AI를 분류하였다.[8] 이후 AI 기술 발전에 따른 특이점(singularity) 시대의 도래가 예상되면서 초인공지능(Super AI)[9] 개념도 등장하였다. 결과적으로 AI는 능력에 따라 약인공지능, 강인공지능, 초인공지능 등으로 분류할 수 있다.

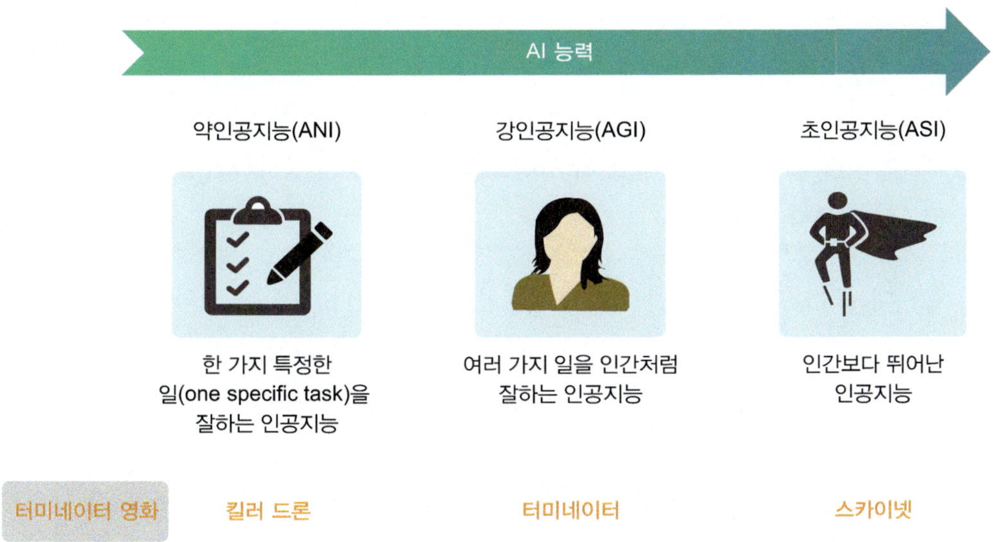

그림 1.1 AI 발전 과정[10]

6. Artificial Narrow Intelligence(ANI)라고도 정의함
7. Artificial General Intelligence(AGI)라고도 정의함
8. https://www.scienceall.com/
9. Artificial Super Intelligence(ASI)라고도 정의함
10. 최윤석(2017). Global AI Trend and Strategy의 내용을 재구성하였음

1 약인공지능

1980년 John Searle은 약인공지능을 "단순히 인간의 능력 일부를 시뮬레이션하거나 그런 작업을 목적으로 하는 것"이라고 정의하였다. John Searle의 분류에 따른 약인공지능을 개발하기 위해서는 특정 영역(예, 번역, 투자, 회계, 법률, 자율주행, 채팅, 음성인식, 게임, 교육 등)을 선정하고, 약인공지능이 동작할 수 있는 조건과 규칙을 정의해야 한다. 이후 개발된 약인공지능은 사전에 정의된 조건과 규칙에 따라 동작하는 것으로, 추가적인 인지 능력과 학습 능력이 필요하지 않을 정도의 특정한 영역의 닫힌 문제를 해결하게 된다.

현재 개발되어 운영 중인 AI는 약인공지능에 해당하며, 현대인들은 이미 일상생활 속에서 약인공지능을 익숙하게 사용 중이다. 약인공지능의 대표적인 사례들을 소개하면 다음과 같다.

(1) 스마트폰 대중화에 따른 스마트폰 AI 비서와 AI 스피커 등이 대표적인 약인공지능의 사례다. 아마도 많은 현대인들이 하루에도 수차례 AI 비서와 AI 스피커를 이용할 것이고, 이러한 AI 서비스가 없는 세상은 상상하기조차 힘들어 할 지도 모른다.

(2) 대표적인 약인공지능 사례 중에는 번역기도 있다. 요사이 해외여행에 대한 두려움은 많이 없어졌고, 많은 사람들이 해외여행을 즐기고 있다. 이러한 현상이 발생할 수 있었던 이유는 여러 가지가 있겠으나 그 중 결정적인 것 중 하나는 AI 번역기의 등장일 것이다. 세계 어디를 가도 인터넷 접속이 가능할 경우 AI 번역기를 이용할 수 있다. 연구자들의 경우에도 AI 번역기는 유용하게 사용하고 있다. 본서의 대다수 독자들은 AI 번역기를 사용해 본 경험이 있을 것이다. 그렇다면 독자 여러분들은 AI 번역기를 사용하였을 때, AI 번역기의 번역 품질에 대하여 만족하였는가? 아니면 불만족스러웠는가? 저자가 경험한 바로는 한글 원문이 좋을 경우 번역문은 좋았으나, 한글 원문이 형편없으면 번역문도 형편없었던 것을 기억한다. 결론은 무엇인가? 입력 값이 좋아야 결과 값도 좋다는 것이다. 번역의 입장에서 보자면, 한글 원문의 내용이 좋을 경우 좋은 번역문 작성이 가능하기에 우리나라 글쓰기에 좀 더 신경 써야 하는 시기가 온 것이다. 기초(Fundamental)가 중요하다는 것을 강조하고 싶다. 그러나 초인공지능의 시

대가 온다면, 입력 값이 형편없어도 좋은 결과 값을 출력하는 시대가 올 수도 있을 것이다. 번역의 입장에서 보자면 형편없는 한글을 입력했는데, 초인공지능이 입력자의 의도를 파악하고 미처 글로 표현하지 못한 것을 스스로 보완하여 번역하는 시대가 올 수도 있다는 생각을 해본다.

그림 1.2 약인공지능의 사례

(3) AI에 대한 폭발적인 관심을 가지게 한 구글의 알파고(AlphaGo)도 약인공지능에 해당한다. 예를 들어 알파고에게 바둑을 두는 일 이외에 다른 일인 체스를 두거나 음악을 추천하거나 하는 등의 새로운 일을 시키면 수행을 하지 못하기 때문이다.

이상에서 설명한 사례들 이외에도 약인공지능의 사례는 수없이 많다. 자율주행 SW, 스팸메일 필터링 등은 일상생활 속에서 일반인들이 적극적으로 사용하는 약인공지능의 사례들이다.

2 강인공지능

강인공지능은 약인공지능과는 차원이 다른 AI다. 약인공지능이 특정한 분야에서 인간 수준 또는 인간 수준 이상의 작업을 진행할 수 있었다면, 강인공지능은 여러 분야에서 인간 수준의 작업을 진행할 수 있게 된다.

결과적으로 강인공지능은 인간과 같이 지각 능력, 추론 능력, 학습 능력, 언어 능력을 바탕으로 문제를 스스로 해결할 수 있다. 이에 따라 강인공지능은 심리적 능력을 갖추고 사고할 수 있으며, 계획을 수립하여 문제를 해결하고, 추상적인 생각을 할 수 있으며, 이념을 이해하고 경험 속에서 학습할 수 있는 능력을 가지는 컴퓨터 시스템으로 정의할 수 있다.

강인공지능의 시대는 올 것인가? 강인공지능의 시대가 온다면 그 시기는 언제쯤일까? 강인공지능이 도래할 시기에 대한 논의가 있는 것은 사실이나, 그 시기를 정확히 예측한다는 것은 불가능하다. 그러나 만약에라도 강인공지능의 시대가 실제로 도래할 경우에는 우리 인간생활에 미칠 영향력은 약인공지능의 시대와는 차원이 다를 것이다.

그렇기 때문에 지금은 강인공지능의 시대가 도래할 경우 인간들의 삶은 어찌 될 것인가에 대하여 깊은 고민과 성찰이 필요한 시기이다. 아직 한 번도 경험하지 못했고 상상으로만 이야기할 수 있는 강인공지능의 시대를 위하여 우리는 무엇을 준비해야 할 것인지 고민이 필요한 시기이다.

우리들은 아직 강인공지능을 경험해보지 못했다. 그렇기 때문에 강인공지능을 이야기할 때 영화에서 활약한 주인공들을 이야기할 수밖에 없다. 영화에서 활약했던 강인공지능의 대표적인 사례를 연도순으로 정리하면 다음과 같다.

아톰(1982)

터미네이터(1984)

바이센테리얼맨(1999), 엔드류

2001 스페이스 오디세이(2000), HAL9000

AI(2001), 데이빗

월E(2008), 월E와 이브

빅히어로(2014), 베이맥스

어벤져스;에이지 오브 울트론(2015), 울트론

그림 1.3 강인공지능의 사례

3 초인공지능

초인공지능은 모든 영역에서 인간보다 훨씬 뛰어난 AI를 의미한다. AI 사상가인 Nick Bostrom 교수는 자신의 저서인 '슈퍼인텔리전스(Superintelligence)'에서 AI가 특정 시점에 인간의 지능 수준에 도달하고 나면, 지능 발달의 가속도는 점차 더 빨라져 초지능(superintelligence)으로 나아가게 되어, 소위 '지능의 폭발'이 발생할 것이라 예견하고 있다. 대다수의 전문가들은 초인공지능의 시대가 올 경우에는 인간 세상은 엄청난 발전을 할 수 있는 기회를 맞이 할 수도 있으나, 자칫 대비를 하지 못할 경우에는 대재앙의 시발점이 될 수도 있을 것이라는 경고를 하고 있다. 아무도 실제 경험을 하지 못한 초인공지능 시대의 이미지는 다음과 같은 몇몇 영화에서 확인할 수 있다.

매트릭스(1999), 현실을 창조하는 AI(아키텍트)

인류멸망보고서(2012), 불교의 이치를 모두 통달한 AI(인명스님)

그림 1.4 초인공지능의 사례

1.3 AI의 역사

1950년대 AI의 개념이 소개된 이후로 몇 차례의 희망과 좌절을 경험하였다. AI는 지금까지 두 번의 황금기[11]와 두 번의 암흑기[12]를 거쳐 현재는 세 번째 황금기를 맞이하고 있다. 사실 지금 맞이하고 있는 세 번째 황금기는 이전에 경험한 것과는 차원이 다른 AI 황금기이다.

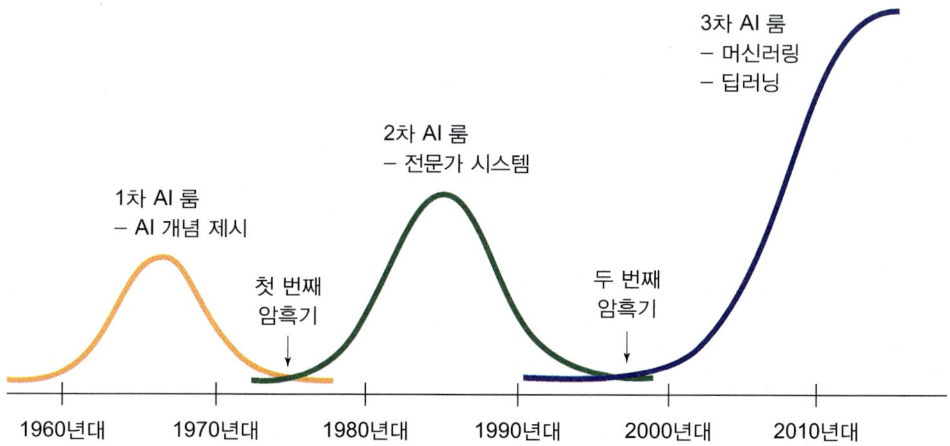

그림 1.5 인공지능의 발전과정[13]

1 AI 태동기: 첫 번째 AI 황금기 (1950~1960년대)

1950년대 이전에는 기계가 인간의 지능을 갖추고 있다고 판단할 근거를 마련하기 어려운 상황이었다. 이런 상황에서 1950년에 Alan Turing이 기계가 인간과 얼마나 비슷

11. AI 황금기를 계절적으로는 봄(AI Spring) 또는 여름(AI Summer)으로 표현하기도 함
12. AI 암흑기를 계절적으로는 겨울(AI Winter)로 표현하기도 함
13. 마쓰오 유타가(2015). 인공지능과 딥러닝. 동아엠엔비

하게 대화할 수 있는지를 기준으로 기계의 지능을 정의하자는 아이디어를 제시하였다. Turing이 제시한 테스트이기에 이를 튜링 테스트(Turing Test)라고 하였으며, 이에 대한 구체적인 내용은 다음과 같다.

튜링 테스트

튜링 테스트를 위해서 두 개의 방 각각에 컴퓨터를 설치한다. 첫 번째 방의 컴퓨터를 이용하는 주체는 사람이고, 나머지 방의 컴퓨터를 이용하는 주체는 프로그램이 된다. 두 개의 방 밖에는 컴퓨터 프로그램이 지능적인지를 판단할 심판이 자리 잡는다. 심판은 두 개의 방에 설치된 컴퓨터와 일정 시간동안 대화(채팅)를 한 후에, 어느 방에 설치된 컴퓨터가 사람이고 프로그램인지를 확인할 수 없다면, 프로그램이 설치된 컴퓨터는 지능적이라고 정의하였다. 튜링 테스트는 50년 후에나 통과할 수 있을 것이라 예측하였고, 실제로 2014년 6월 유진 구스트만(Eugene Goostman)이란 프로그램이 13세 우크라이나 소년으로 설정하여 튜링 테스트를 통과한 첫 번째 프로그램이 되었다.

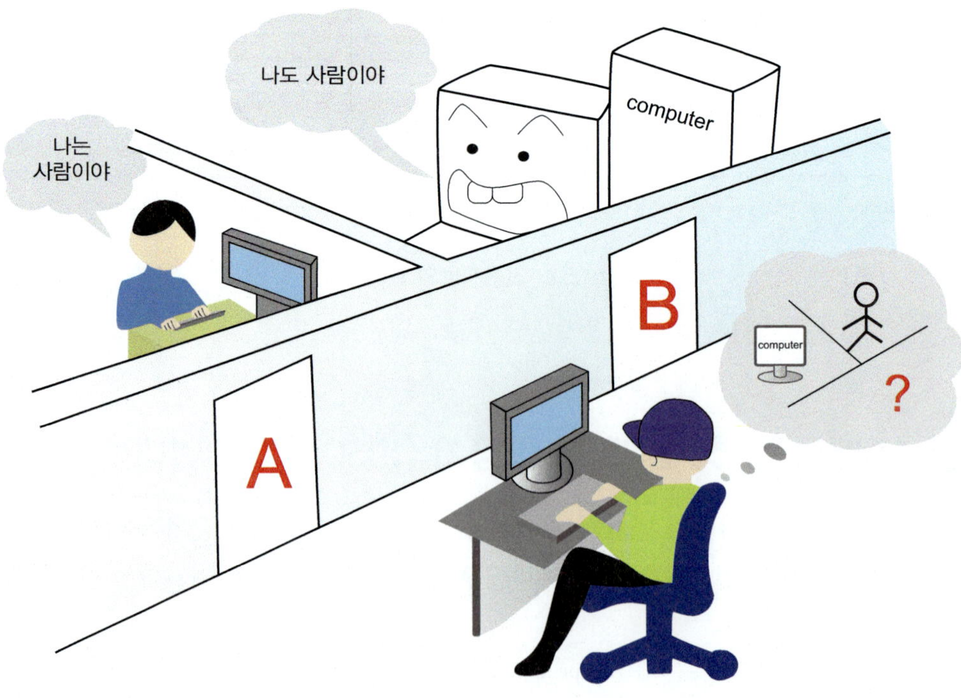

그림 1.6 튜링 테스트 개념

그림 1.7 튜링 테스트를 통과한 유진 구스트만

John Searle은 튜링 테스트로 기계의 인공지능 여부를 판정할 수 없다는 것을 논증하기 위해 '중국어 방(Chinese room)'이란 사고실험을 제안하였다.[14]

중국어 방

> 방에 영어만 할 수 있는 사람이 들어간다. 그 방에는 필기를 할 수 있는 도구와 미리 만들어진 중국어 질문과 질문에 대한 대답을 할 수 있는 목록(답변 매뉴얼)을 준비해둔다. 이제 이 방으로 중국인 심사관이 질문을 작성하여 안으로 넣으면 방안의 사람은 준비된 대응표에 따라 답변을 중국어로 작성하여 심사관에게 제출한다.

'중국어 방'의 개념을 컴퓨팅 시스템과 연계하여 설명하면 다음과 같다. '중국어 방'은 '하드웨어'이고, '중국어를 모르는 사람과 답변 매뉴얼'은 '소프트웨어'이며, '중국어 답변'은 '데이터베이스'가 된다. 결과적으로 '중국어 방' 밖에서 '중국어 방'으로 들여보내는 '중국어 질문'은 '입력 데이터'에 해당한다. '중국어 방'에 있던 '중국어를 모르는 사람'은 '답변 매뉴얼'을 이용하여 '입력 데이터'를 처리하고 '중국어 답변'을 '출력 데이터'로 내보낸다.

14. Searle, John. R.(1980) Minds, brains, and programs. Behavioral and Brain Sciences 3 (3): 417-457

그림 1.8 중국어 방 개념[15][16]

'중국어 방' 사고 실험은 '중국어 방' 안에 어떤 사람이 있는지 모르는 중국인이 보면, 안에 있는 사람은 중국어를 할 줄 아는 것처럼 보인다. 그러나 '중국어 방' 안에 있는 사람은 전혀 중국어를 할 줄 모를 뿐 아니라 중국어 질문도 이해하지 못한 채 주어진 표(답변 매뉴얼)에 따라 대답을 하고 있을 뿐이다. 즉, 지능이 있어 질문에 답변을 수행할 수 있는 기계가 있다고 하여도 그 기계가 실제로 지능을 가졌는지는 튜링 테스트로는 판정할 수 없다는 주장이다.

AI의 등장은 많은 사람들의 상상력과 호기심을 자극하면서 사회문화적으로 폭넓은 영향을 미치었다. 이 시기에 개발된 프로그램은 대수학, 기하학 등의 수학 문제를 풀이할 수 있었고, 영어(자연어)를 학습할 수 있었다. 학계에서는 기계가 지능을 얻어 완전한 지능을 갖춘 AI가 탄생할 것이라는 예측으로 산업계의 투자가 이어짐에 따라 AI 황금기가 열리게 되었다.

이 시기에 진행된 의미 있는 연구 결과물 중에는 1952년 당시 IBM에 근무하던

15. http://ko.experiments.wikidok.net/wp-d/592f718da44f1a4153e80611/View
16. http://www.joysf.com/forum_sf/4497521

Arthur Samuel(1901~1990)이 개발한 체커(Checker) 프로그램[17]과 1957년에 Frank Rosenblatt(1928~1971)가 개발한 단층 퍼셉트론(perceptron) 모델[18] 등이 있다. Arthur Samuel이 개발한 체커 프로그램은 최초의 기계학습(머신러닝, machine learning) 시스템으로 인식되고 있으며, 1959년에 Arthur Samuel은 기계학습을 다음과 같이 정의하였으며, 이 내용은 기계학습에 대한 여러 가지 정의 중 최초의 것으로 인식되고 있다. "명시적인 프로그래밍 작업이 없어도 컴퓨터에게 학습할 수 있는 능력을 부여하는 연구 분야(Field of study that gives computers the ability to learn without being explicitly programmed)".[19] 결과적으로 기계학습은 프로그래머가 명시적으로 프로그램을 작성하지 않더라도 머신(컴퓨터) 스스로 예제(데이터)를 통하여 학습해나감으로써 스스로 자기 개선을 해 나가는 AI 시스템으로 정의할 수 있다.

2 첫 번째 AI 암흑기(1970년대)

Frank Rosenblattrk가 개발한 단층 퍼셉트론 모델인 '마크 I 퍼셉트론(Mark I Perceptron)'은 A, B, C와 같은 영문자를 인식할 수 있었고, 이러한 능력은 사람들로 하여금 곧 인간과 유사한 AI 시스템의 개발에 대한 기대감으로 이어졌다. 그러나 1969년 Marvin Minsky와 Seymour Papert에 의하여 단층 퍼셉트론은 계산적 측면에서 한계점이 존재한다는 것을 증명한 책이 출판[20]되면서, 퍼셉트론에 대한 연구는 10년 이상 암흑기를 걷게 되었다.

AI에 대한 신선함과 세상의 모든 문제를 AI가 해결할 수 있을 것이라는 믿음이 사라지자 AI의 한계를 인식하게 되었다. 이러한 현상으로 인하여 AI가 비판의 대상이 되면서 AI에 대한 연구자금이 줄어들게 되었으며, 이러한 시기를 AI 겨울(AI Winter)이라 하였다. 이 용어의 개념은 핵 전쟁 이후 나타나게 될 추위 현상을 나타내는 '핵 겨울(nuclear winter)'에서 차용한 것이다.

17. AI 분야에서는 이것을 최초의 기계학습(머신러닝, machine learning) 프로그램으로 인식하고 있음
18. AI 분야에서는 이것을 최초의 신경망(neural network) 장치로 인식하고 있음
19. Arthur Samuel(1959). Some studies in machine learning using the game of checkers. IBM Journal of research and development, 3(3), 210-229.
20. Marvin Minsky and Seymour Papert(1969). Perceptrons: An Introduction to Computational Geometry. MIT Press.

진정한 AI가 실현되기 위해서는 컴퓨터 성능이 뒷받침해 주어야 하며, 컴퓨터 성능의 핵심은 대용량 메모리와 고성능의 프로세서를 의미한다. 그러나 1970년대부터 시작된 AI 겨울의 시대는 AI 실현을 위한 컴퓨팅 파워(성능)를 확보하는 것은 불가능하였기에, AI에 대한 기대감은 실망감으로 변하게 됨으로써 'AI 장난감'이라는 비판을 받게 되었다.

AI 실현을 위해 해결해야 할 문제 중 상대적으로 난이도가 낮은 것이라 하더라도 해결을 위해서는 오랜(지수적인) 컴퓨팅 시간이 필요하였고, 최적의 해답을 찾기 까지는 상상하기 힘들 정도로 긴 컴퓨팅 시간이 요구되었다. 또한, 자연어 처리와 자연스러운 시각화 처리를 위해서는 많은 양의 데이터가 필요하였다. 이를 위하여 데이터 수집과 데이터를 보관하고 관리할 수 있는 데이터베이스를 구축하여야 했으나, 당시의 기술적인 수준의 한계로 실행하지 못하였다. 이러한 문제들은 AI 연구에 대한 회의감을 불러일으켰고, 미국과 영국을 중심으로 진행되던 AI와 관련된 크고 작은 프로젝트가 중단되는 사태로 이어지게 되었다.

3 AI 도약기: 두 번째 AI 황금기(1980년대)

1980년대 AI는 몇 가지 영역에서 새롭게 도약할 수 있는 계기를 맞이하였다. 그 중 첫 번째는 다양한 영역에서 AI 기술을 적용한 '전문가 시스템(Expert System: ES)'을 개발하고 적용하면서 부터이다.

전문가 시스템은 다양한 영역에서 활동 중인 전문가의 전문 지식(domain knowledge), 경험(experiences), 특별한 노하우 등을 데이터베이스(DataBase: DB)와 지식 베이스(Knowledge Base: KB)로 구축하여 특정 영역의 전문가와 동일하거나 그 이상의 능력을 발휘할 수 있도록 만들어진 AI 시스템이다. 전문가 시스템을 구성하는 핵심 요소는 지식 베이스와 추론 엔진(inference engine)이다. 전문가 시스템의 추론 엔진은 지식 베이스에 저장된 전문가의 지식을 활용하여 새로운 사실이나 가설을 도출하거나 원인의 진단 등을 행하는 프로그램이다.

전문가 시스템의 발전으로 전문가로부터 지식(knowledge)을 획득하여 컴퓨터에 축적하고 관리하면서 활용하는 방법에 대한 연구를 진행하는 지식 공학(knowledge engineering)에 대한 관심도 증가하였다. 전문가 시스템이 구축되기 위해서는 전문가의 지식을 획득하는 것이 핵심이며, 획득한 지식을 체계적으로 표현, 축적, 수정, 보완 등의 지속적인 관리를 효율적으로 진행하는 것이 필요하였다. 이에 대한 주된 작업을 진행하는 전문가를 지식 기술자(knowledge engineer)라고 한다.

지식을 획득한 후에는 지식을 표현(knowledge representation)하고 지식 베이스에 저장하는 것이 중요하다. 전문가 시스템의 지식을 표현 방법은 다양하며 대표적으로 사용되는 방법 중 하나는 규칙 기반(Rule-based) 방식이다. 이 방식은 지식에 포함된 다양한 규칙들을 찾아내어 여러 가지 방법으로 저장하게 된다. 규칙 기반 방식 중 보편적으로 이용되는 것은 IF~THEN 구조를 이용하는 생성 규칙(production rule)이다. 전문가 시스템의 전성기 시절 AI 연구의 선구자 중 한 사람인 Marvin Minsky가 제안한 프레임(frames) 시스템 또한 지식을 표현하는 방법 중 하나이다. 프레임은 특정 객체(object) 또는 개체(entity)에 대한 지식을 구성하는 구조물이다. 프레임에서는 지식 표현을 위하여 슬롯(slot)을 이용함으로써 지식을 구조화할 수 있게 된다. Marvin Minsky는 프레임과 프레임을 구성하는 슬롯의 개념을 제안하였으나, 이는 객체지향 모델의 객체와 속성(attribute)의 개념과 유사한 것이다.

전문가 시스템은 해당 분야의 인간 전문가와 동등하거나 그 이상의 성능을 발휘하는 것을 목표로 한다. 이러한 목표를 달성하기 위해서는 인간 전문가의 특성을 최대한 반영하는 노력이 필요하다. 인간 전문가 지식의 가장 큰 특징 중 하나는 '애매 모호성'이라고 할 수 있으며, 이것은 다른 의미에서는 '불확정성(uncertainty)'이라고 할 수 있다. 전문가의 지식 중 '일반적으로(generally)', '자주(very often)', '가끔(sometimes)' 등과 같은 단어로 표현되는 경우는 확실하고 믿을만한 결론(내용)을 내리기에는 부족한 정보를 포함하는 것이다. 이와 같은 지식의 '불확정성'을 처리할 수 있는 연구도 전문가 시스템의 성능 향상을 위하여 필요한 것이다.

불확정성의 개념과 유사한 내용 중 하나가 '퍼지(fuzzy) 이론'이다. 퍼지는 '명확하지 않은', '애매한', '흐릿한' 등의 의미를 가지는 형용사다. 퍼지 이론과 관련된 대표적인 논문은 1965년 Lotfi Zadeh가 발표한 'Fuzzy sets'이다. 이 논문은 퍼지에 대한 이론적 연구의 시작에 결정적인 역할을 하였으나, 상업적으로 퍼지가 조망을 받고 적용된 것은 1980년대에 이르러서 였다. 당시에는 퍼지 이론이 적용된 세탁기, 냉장고, 에어컨 등의 CF

광고를 쉽게 확인할 수 있었다. 결과적으로 일반인들에게 세탁기, 냉장고, 에어컨 등의 가전제품이 애매한 상황에서도 똑똑하게 동작한다는 인상을 심어주었다. 그렇기 때문에 당시의 일반인들은 '퍼지'가 정확히 무엇인지는 모르나, '퍼지'라는 단어를 모르는 사람은 없었을 정도였다.

전문가 시스템은 AI 영역에서 상업적으로 성공한 최초의 시스템이었다. 전문가 시스템은 교육, 의료, 법률, 투자, 설비, 생산 공정 등의 영역에서 감시, 계획, 모의실험, 설계, 예견, 제어, 진단, 처방, 해석 등의 업무를 수행하였다.

1980년대 AI 연구가 새롭게 도약할 수 있는 계기를 맞이한 것 중 또 다른 하나의 사건은 1984년 단층 퍼셉트론의 제한점을 개선하고자 PDP(Parallel Distributed Processing) 그룹에서 '다층 퍼셉트론(Multi-layer Perceptron)' 모델을 개발한 것이다.

4 두 번째 AI 암흑기(1990년대)

PDP 그룹에서 발표한 다층 퍼셉트론 모델은 단층 퍼셉트론 모델의 제한점을 극복하였으나, 신경망 구현 시 실제 이루어지는 계산 과정의 복잡성으로 인하여 컴퓨터의 학습 시간이 엄청나게 소요되는 문제점을 지니고 있었다. 이러한 문제점은 당시 컴퓨팅 파워의 한계점과 결합되어 AI 연구의 암흑기를 맞이하는 계기를 제공하기도 하였다.

1970년대까지의 AI 개발은 정부 주도의 전략과제로 진행되어오다, 1980년대에 들어와서는 산업계 중심의 전문가 시스템 개발 효과로 인하여 성장하였다. 이러한 현상은 정부 주도의 투자가 중단되거나, 산업계에서 필요한 기술이 완성되지 않으면 언제든지 AI 암흑기를 맞이할 수 있다는 것을 암시하는 것이다.

일반적으로 정부의 정책이란 실용성과 전략적 가치 사이에서 줄다리기를 한다. 정부는 전략적 투자의 시기에는 AI 기술 개발에 집중적인 투자를 하다가, 실용성이 중시되는 시기가 도래할 경우에는 AI 연구에 투자하는 것은 어렵다. 1990년대는 정부의 정책이 실용성 중심으로 전환되는 시기였으며, 산업계에서도 전문가 시스템의 문제점이 드러나면서 어려운 시기를 맞게 된다. 전문가 시스템을 구축하고 운영하는 비용 측면에서 효율성이 떨어진 것이다. 뿐만 아니라 전문가 시스템에 새로운 정보를 업데이트하려면 그 절차가 매우 복잡하였다. 이와 같은 이유로 인하여 초기 전문가 시스템의 상업적 성공은 지속되지 못하게 되었으며, AI 분야에서 두 번째 겨울을 맞이하게 되었다.

5 AI의 화려한 복귀: 세 번째 AI 황금기(2010년대)

기계(컴퓨터)가 사람처럼 지능을 가지고 의사결정을 내리기 위해서는 학습(learning)이 필요하다는 것은 자명한 것이며, 이를 기계학습이라 한다. 1952년 최초의 기계학습 결과물인 체커 프로그램이 개발된 이후에, 신경망 기법이 개발되었고, 2006년에는 캐나다 토론토 대학(Toronto University)의 Geoffrey Hinton 교수가 다층 신경망 기반의 딥러닝(Deep Learning) 알고리즘을 개발함으로써 더욱 강력해진 기계학습의 시대가 열리게 되었다.

2016년 3월 구글 딥마인드(DeepMind)의 바둑 AI인 알파고(AlphaGo)는 바둑계의 레전드 이세돌 프로와의 대국에서 4:1로 승리하였다. 이 사건은 엄청난 충격이었으며, 일반인들에게까지 AI에 대한 관심을 유발시키는 계기가 되었다. 이후 알파고는 지속적인 성능 개선 작업이 이루어졌으며, 2017년 12월에는 한층 업그레이드된 버전인 '알파고 제로(AlphaGo Zero)'를 발표하기에 이른다. 알파고 제로는 이세돌 프로와 대국한 '알파고 리(AlphaGo Lee)'와는 차원이 다른 AI였다. 알파고 AI는 딥러닝 기술을 사용한 것이다.

기계학습은 데이터에서 지식을 추출하는 작업으로 생각할 수 있다. 기계학습의 진보된 기술로 간주되는 딥러닝은 기계학습에서 사용하던 데이터와는 차원이 다른 빅데이터를 활용할 경우에 훨씬 좋은 성능을 발휘할 수 있다. 뿐만 아니라 딥러닝 알고리즘의 실행은 수천 개의 연산을 동시에 처리해야 함으로써 하드웨어적인 지원이 필수적으로 요구된다. 최근에야 이러한 딥러닝의 특성을 지원할 수 있는 환경이 구축되었으며, 날이 갈수록 지원 환경은 좋아지고 있다. 사물인터넷(Internet of Things: IoT)과 클라우드 컴퓨팅 환경의 대중화에 힘입어서 빅데이터 구축이 가능해졌고, AI 반도체인 GPU(Graphical Processing Unit)와 NPU(Neural Processing Unit)의 개발에 힘입어 컴퓨팅 파워가 강력해지고 있기 때문이다.

이와 같은 이유로 딥러닝이 대중화되고 있는 현재는 '데이터의 시대'라고 할 수도 있다.

AI를 이용하여 문제를 해결하기 위해서는 어떤 데이터가 필요하고, 필요한 데이터를 수집하기 위해서는 어떤 방법을 이용해야 하며, 데이터 수집이 완료된 이후에는 AI 도구를 이용하여 데이터를 분석한 후에 도출된 결과를 해석하는 역량이 필요하며, 이에 대한 '데이터 리터러시(data literacy)'에 대한 관심도 증가하고 있는 상황이다.

여하튼 지금은 세 번째 AI 황금기를 맞이하고 있으며, 지금의 상황은 예전 AI 황금기와는 전혀 다른 것이다. 앞으로 AI의 개발이 어떤 결과를 야기하게 될 것인지를 정확하게 예측하는 것은 불가능하다. 그러나 예전보다 훨씬 강력한 변화를 가져올 것임은 명확하다고 할 것이다. 이러한 상황 하에서 미래 세대들에게 AI 시대를 능동적으로 살아갈 수 있는 역량을 계발시키고 준비시켜야 하는 것은 한시도 미룰 수 없는 과업임을 우리는 잊어서는 안 될 것이다.

1.4 AI와 교육의 만남

1 교육 분야에도 AI는 필요한가?

전통적으로 교육 분야는 보수적이다. 그렇기 때문에 최신 기술을 받아들이고 현장에 적용하는 것이 교육 분야에서는 타 분야에 비하여 더디게 진행되어 온 것도 사실이다. 2018년 McKinsey Global Group에서 발표한 자료에 따르면, 교육 분야는 AI 선도 그룹(frontier sectors)과는 거리가 먼 느린 수용자(slow adopters) 그룹에 속하는 것으로 조사되었다. 그렇다고 교육 분야에서 AI의 역할이 없다는 것은 아니다. 오히려 교육 분야도 거센 AI의 물결을 비켜갈 수는 없는 상황이다.

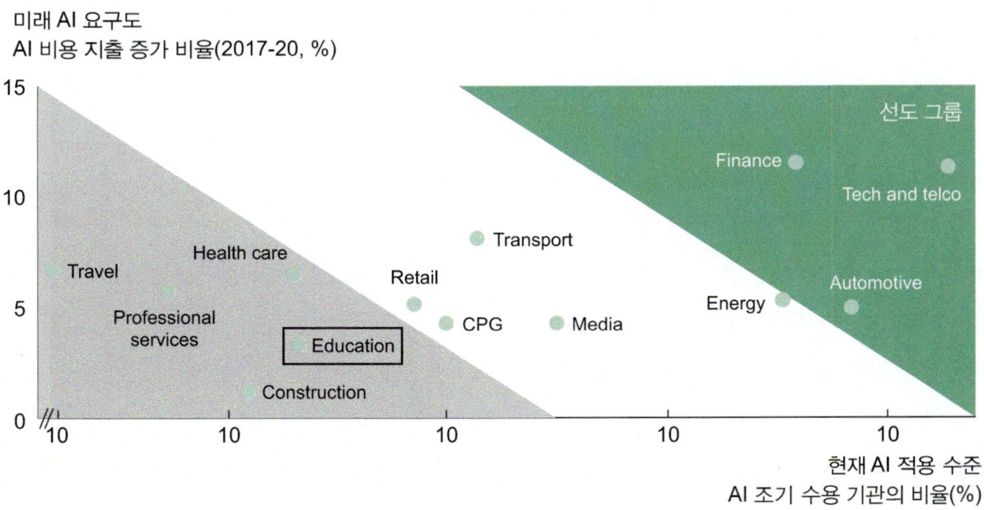

그림 1.9 주요 분야별 AI 도입 현황과 전망[21]

21. McKinsey Global Group(2018) 자료를 재구성하였음

2 AI 교육은 해야 하는가?

AI 교육은 해야 하는가? 물론이다. 특히 미래 세대들에게 AI 교육은 필수적으로 시행해야 한다. 현 시점에서 미래 사회는 AI가 주도하는 사회라는 것에 이견을 가지는 사람들은 없다. 세 번째 'AI 황금기'를 진행하고 있는 현재는 지난 두 번의 'AI 황금기'와는 차원이 다른 기회를 맞이하고 있다. 딥러닝의 개발과 이를 통한 다양한 성공 사례들의 발굴은 이미 여러 분야에서 AI 시대의 가능성을 확인하였다. AI 교육 역시 한 번도 경험해 보지 못한 것이고, 시행해 보지 못한 교육이다. 그렇기 때문에 AI 교육은 무엇이고 어떤 내용을 교육할 것인가부터 확인해야 한다.

3 AI 역량 vs. AI 리터러시

AI 교육을 시행하는 이유 중 하는 미래 학생들의 'AI 역량(competencies)'을 계발하기 위한 것이다. 그리고 'AI 역량'은 'AI 리터러시(literacy)'와 혼용되어 사용되기도 하며, '리터러시'는 '소양'이라는 의미로 사용된다. '역량'과 '소양'은 같은 것 같지만, 엄격히 따진다면 동일한 것은 아니다. 그렇다고 이러한 차이를 구분하는 것은 쉽지 않은 일이다. 그러나 일반적으로 '역량'은 '핵심 역량' 또는 '필수 역량'이라는 의미로 사용되는 경우가 많고, '소양'은 특정 영역에서 필요로 하는 기본적인 능력을 의미하는 경우가 많다.

리터러시는 '문해력'을 의미하며, 사전적으로는 '문자화된 기록물을 통해 지식과 정보를 획득하고 이해할 수 있는 능력'이라고 정의한다. 고전적인 측면의 리터러시는 읽기(Reading), 쓰기(wRiting), 셈하기(aRithmetic) 능력을 가리키는 '3R'로 대변되었다. 기술 발전으로 인하여 리터러시의 개념은 지속적으로 확장되어 왔다. 예를 들어, 컴퓨터의 개발 보급으로 인하여 '컴퓨터 소양'을 의미하는 '컴퓨터 리터러시'가 등장하였고, 정보통신기술(Information and Communication Technology: ICT)의 급속한 발전으로 인하여 'ICT 소양'을 의미하는 'ICT 리터러시'가 등장하였으며, 최근에는 컴퓨팅 사고력(Computational Thinking: CT) 계발 중심의 '소프트웨어 코딩 리터러시'도 등장하였다. AI 시대의 도래로 'AI 리터러시'에 대한 논의도 시작 중이다. 그러나 아직 정확한 정의와 전문가들 간의 합의는 존재하지 않는다. 그럼에도 불구하고, 아주 원론적이면서 기반이 되어야 할 역량을 몇 가지 정리하면 다음과 같다.

(1) 'AI 역량'이든 'AI 리터러시'이든 중요한 것은 '사고력'이라는 것을 잊어서는 안 된다. 그렇기 때문에, 'CT'의 중요성은 감소하기보다는 더욱 커질 것이다.

(2) 성공적인 AI 서비스가 시행되기 위해서는 충분한 데이터의 확보와 이를 이용한 학습이 선행되어야 한다. 이러한 측면에서 '데이터'에 대한 이해가 선행되어야 한다. AI를 활용하기 위해서는 어떤 데이터가 필요하고, 필요한 데이터는 어떤 방법으로 확보할 수 있으며, 확보한 데이터는 어떤 방법으로 분석할 수 있고, 분석 결과에 숨어 있는 내용은 무엇인가를 확인할 수 있는 역량이 필요할 것이다. 일부 전문가들은 이러한 역량을 '데이터 역량'이라고 한다.

(3) AI 교육을 받는 모든 학생들이 AI 전문가 또는 AI 개발자가 되어야 하는 것은 아니다. 이러한 기조는 SW 교육과 일맥상통한다. 그렇기 때문에 SW 교육에서는 사고력 계발에 집중하였던 것도 사실이다. 좀 더 거슬러 올라가면 ICT 교육의 시대에는 이와는 반대로 ICT 활용 교육에 치중하여 실패를 경험한 것이 좋은 학습 효과로 작용하기도 하였다. 그러나 AI 교육의 시대는 AI 서비스를 활용할 수 있는 역량도 중요할 것으로 예상된다. 주어진 문제를 해결하기 위하여 어떤 AI 서비스 또는 AI 도구를 이용할 것이지를 결정하고, 자신이 직접 AI 서비스 또는 도구에 접근하여 활용하는 역량도 중요한 것이다.

4 AI 교육 분류

AI 교육은 다음과 같이 분류할 수 있다.

(1) AI 교육의 첫 번째 유형은 AI 개념 교육이다. 이 유형의 교육에서는 AI의 역사, 기본 개념, 핵심 이론, AI 사회의 특성, AI 시대의 직업, AI 시민 교육 등을 시행함으로써, 학습자들에게 AI 시대를 능동적으로 살아갈 수 있는 역량을 배양하도록 교육하는 것이다. 이러한 AI 개념 교육을 진행하면서 미래 세대 학생들은 자신들의 진로를 스스로 고민하고 개척할 수 있으며, AI 시대의 미래 시민으로서 기본 소양인 윤리 의식 등도 갖추어야 한다.

(2) AI 교육의 두 번째 유형은 AI 활용 교육이다. AI 시대는 다양한 AI 서비스를 자

유자재로 이용할 수 있는 사람과 그렇지 못한 사람 간의 크나큰 격차가 발생할 것으로 예상하고 있다. 달리 이야기 하자면 AI 서비스를 자유자재로 이용할 수 있다면 개인의 경쟁력은 크게 향상될 수 있다는 것이다. 이러한 현상은 간단한 일에서부터 전문적인 작업까지 모두에 해당할 것으로 예상한다.

그렇다면 AI 서비스를 자유자재로 이용한다는 것은 무엇을 의미하는 것일까? 세상에 존재하는 수많은 AI 서비스와 앞으로 출현할 모든 AI 서비스까지 자유자재로 이용해야 한다는 것일까? AI 활용 교육 측면에서도 의문점은 많다. AI 서비스를 자유자재로 이용하기 위해서는 어떤 훈련과 역량을 갖추어야 하는 것일까?

결과적으로 AI 활용 교육 측면에서도 패러다임 전환이 필요하다. 일반적으로 '활용 교육'이라 하면, '따라하기식' 교육을 의미한다. 학습자들은 교수자 또는 교재에서 지시한대로 따라하다 보면 주어진 문제를 해결하게 되는 것이다. 학습자들은 문제는 해결하였으니 되었다는 착각에 빠진다. 그러면서 문제 해결이 별로 어렵지 안다는 착각도 함께 하게 된다. 이러한 과정을 반복하다보면 문제의 본질은 이해하지 못한 채 AI 서비스를 구동하고 화면에 나타난 버튼만을 누르는 기능인으로 전락하게 된다.

AI 활용 교육의 핵심은 학습자들이 문제의 본질을 이해하고 이를 해결하기 위해서 이용해야 되는 AI 서비스(도구)를 스스로 결정하고 이용하는 역량을 키워주는 것이다. 더 나아가 AI 서비스의 결과물을 해석하고 그 속에 숨어 있는 의미를 찾아내는 역량도 함께 계발되어야 한다.

(3) AI 교육의 세 번째 유형은 AI 개발 교육이다. AI 시대 AI 개발자를 양성하는 과업이야 말로 국가의 경쟁력을 좌우할 중차대한 일이다. 이를 위해서는 기초 학문에 대한 교육이 필수적으로 진행되어야 한다. 뿐만 아니라 AI 개발자의 경쟁력은 '사고력'에서 좌우된다는 것을 잊어서는 안 된다. 기초 학문으로 다져진 SW 코딩 개발자는 'AI 개발자'로서 성공적인 성취를 할 수 있을 것이다.

5 AI의 도입에 따른 교육 분야의 변화

AI의 도입으로 인하여 교육 분야 관련자들은 혜택을 받을 것인가? 아니면 오히려 피해를 볼 것인가? 교육 분야와 긴밀한 관련이 있다고 생각되는 학습자, 교수자, 행정가, 학부모 등 모두가 변화의 영향을 받을 수 있을 것이며, 예상되는 변화 사례들을 정리하면 다음과 같다.

(1) 첫 번째, 학습자들은 교육 분야에서 AI가 도입됨으로써 무엇을 할 수 있고, 무엇을 기대하며, 무엇이 좋아지는가? 이러한 질문에 한 마디로 요약하자면 학습자들은 이전과는 차별화되는 고품질의 교육 서비스를 제공받을 수 있다. 학습자에게 제공 가능한 고품질의 교육 서비스 사례를 정리하면 다음과 같다.

(1.1) 학습자의 특성과 수준에 적합한 1:1 맞춤형 교육을 받을 수 있다. 학습자가 이용하는 다양한 AI 교육 서비스(플랫폼)에서 생성되는 학습활동 데이터는 빅데이터로 구축되어 학습자들의 다양한 특성(성향)을 분석할 수 있게 된다. 예를 들면, AI 교육 서비스 플랫폼을 이용하는 학습자의 접속 시간, 접속 장소, 활동 시간, 활동 기록, 스마트 패드 이용 필적, 안면 인식 시스템의 아이트래킹, 음성 인식 시스템의 음량과 음색 등과 같은 모든 데이터는 학습자의 성향을 분석하는 데 이용 가능하며, 이를 통하여 추천된 제안 사항 등은 학습자의 시행착오를 줄여주는 정보로 활용되어, 결과적으로 학습자의 성취도를 높여주게 될 것이다.

(1.2) 전통적인 교육에서는 상상할 수 없었던 학습 경험을 제공할 수 있다. 즉, AI 기술의 도움으로 학습 경험이 확장된다는 것이다. 예를 들어, AI 기술과 증강 현실(Augmented Reality: AR) / 가상 현실(Virtual Reality: VR) / 혼합 현실(Mixed Reality: MR)이 결합될 경우 현실감과 몰입감 있는 교육의 시행이 가능해질 것이다. 이는 그동안 시공간의 제약을 극복할 수 있는 방안으로 각광받아왔던 기술들과는 차원이 다른 것이다. AI 기술과 첨단 기술과의 결합은 비단 AR/VR/MR 기술과의 결합만은 아니다. AI는 기존 첨단 기술은 물론이고, 앞으로 출현할 첨단 기술에 이르기까지 모든 기술과의 결합으로 학습 경험을 확장할 수 있다. 학습 경험의 확장 역시 개인별 맞춤식으로 제공 가능하다. 전통적인 교육 현장에서 경험할 수 없었거나, 경험할 수는 있었으나 그 효과가 미비했던 것에 이르기까지 AI 기술은 교육과 접목됨으로써 학습자에게는 신세계를 경험할 수 있게 하는 원천이 될 것이다.

(1.3) 궁극적으로 AI 교육은 학생들의 '사고력' 향상에도 도움을 줄 수 있고, 그렇게 되어야 한다. 그것이 AI 교육의 핵심 목표인 것이다. 대부분의 전문가들은 SW 교육의 핵심 목표가 미래 세대들에게 CT를 계발시키는 것에 동의한다. AI 교육도 예외일 수는 없다. 대부분의 사람들은 'SW 중심사회'에서의 사고력은 CT라는 것에 동의하였다. 그렇다면 AI 시대의 사고력은 무엇인가? AI도 SW라는 사실을 감안한다면 크게 달라질 것도 없다. CT는 AI 시대를 넘어 그 이후의 사회에서도 미래 세대들의 필수 역량일 것이다.

(2) 두 번째, 교수자들은 교육 분야에서 AI가 도입됨으로써 무엇을 할 수 있고, 무엇을 기대하며, 무엇이 좋아지는가? AI 도입으로 인한 교수자들에게 미칠 변화를 정리하면 다음과 같다.

(2.1) 혹시 교수자들은 AI로부터 일자리를 빼앗길 수도 있는가? 전통적으로 교수자들이 수행했던 여러 가지 일들은 AI가 대행할 것이 틀림없다. 가장 확실하고 빨리 대체될 일들로 예상할 수 있는 분야는 단순하고 반복적으로 이루어지는 일들일 것이다. 예를 들면, AI는 학생들의 평가를 위한 선다형이나 단답형 시험 채점을 넘어서서, 학생들의 작문을 평가하고 코멘트해주는 경지에 이를 것이다. 그러나 이러한 일들을 예상할 수 있기에 우리들은 인간 교수자만이 할 수 있는 일들, 아니 더 잘할 수 있는 일들을 찾아야하고 대비해야 한다. 전통적인 교수자의 역할은 변할 것이고 변해야 한다. 결과적으로 교육 분야에 AI의 도입으로 교수자들은 교육의 질을 개선하고 향상시킬 수 있는 역할을 찾아야 할 것이다.

(2.2) 교수자는 AI와의 협업을 강화해 나갈 것이다. AI가 분석하는 빅데이터 중에는 학습자와 관련된 것만 있는 것은 아니다. 교수자의 활동과 관련되는 데이터도 분석 대상이 된다. AI가 교수자의 활동을 분석한 내용을 제공하면, 교수자는 빅데이터 분석에 기반한 자신의 강점과 단점을 확인할 수 있게 된다. 결과적으로 교수자는 자신의 강점을 살리고 단점을 보완함으로써 더 좋은 교수 설계와 교수 활동을 할 수 있게 될 것이다.

(2.3) 학교 현장에서 처리하는 교수자의 업무 중에는 교육 본연의 내용과는 거리가 있는 행정 업무의 비중도 무시할 수 없을 정도로 많은 것이 사실이다. AI의 도

입으로 교수자들이 수행하던 행정 업무에도 많은 변화가 있을 것으로 예상된다. 단순하고 반복적인 행정 업무들은 자동화가 진행될 것이고, 이를 통한 교수자들의 행정 업무는 줄어들 것이다. 특히, 학생과 학부모들을 대상으로 하는 상담 중 인간 교수자의 개입 없이도 진행될 수 있는 것들은 학습자의 특성을 분석한 정보를 기반으로 지능형 챗봇이 수행할 수 있을 것이다.

6 특이점의 시대를 대비하자

2005년 미래학자 Ray Kurzweil은 자신의 저서 '특이점이 온다(The Singularity is Near)'[22]에서 2029년에 컴퓨터의 지능이 인간의 지능을 넘어설 것이라고 했으며, 이 시점을 '특이점(singularity)'이라고 명명했다.

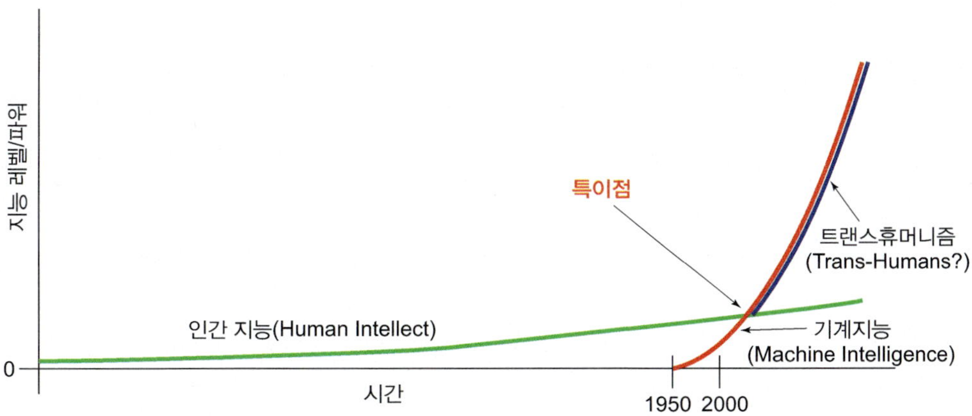

그림 1.10 특이점 그래프[23]

Ray Kurzweil의 예측 이후 특이점의 시대에 대한 전문가들의 논쟁은 지금도 현재진행형이다. 특이점의 시대가 올 것인가? 특이점의 시대가 온다면 그 시기는 언제쯤일까? 누가 뭐라 해도 인간은 만물의 영장이고, 가장 높은 지능으로 먹이사슬의 최상위에 군림하고 있는 존재다. 인간의 지능은 단순 계산 처리 능력과 기억 능력만으로는 설명이

22. Ray Kurzweil(2005). *The Singularity Is Near: When Humans Transcend Biology*. Viking.
23. Ray Kurzweil(2005). *The Singularity Is Near: When Humans Transcend Biology*. Viking.

안 된다. AI는 오감을 넘어서 직감과 눈치까지 작동해야 인간의 지능과 견줄 수 있을 것이다.

그렇기 때문에 AI가 인간의 지능을 넘어서는 것과 그 시기는 아마도 가까운 시기에는 어려울 것으로 예측한다. 그러나 AI 기술은 하루가 다르게 발전하고 있는 것도 사실이다. 특정 영역에서는 이미 인간의 능력을 뛰어넘는 성능을 발휘하고 있기도 하다. 그렇기 때문에 AI의 발전으로 미래에는 AI가 교사의 역할을 대신할 것이라는 예측도 나오는 상황이다. 이러한 측면에서 교육 분야 종사자들은 어떤 준비를 해야 할 것인가?

이제 교육 분야는 물론이고 사회 전 분야에서 AI를 배제하거나 무시할 수 없는 상황이 되었다. 전술하였듯이 교육에서 AI를 활발히 도입하고 활용할 경우 학습자는 물론이고 교수자들에게도 혜택은 돌아간다. 지금은 우리 모두가 AI를 교육에 적용하는 방법을 고민할 때이다. AI가 특정 분야에서 성공적으로 작동하기 위해서는 빅데이터와 컴퓨팅 파워의 지원은 필수적이다. 여기에 AI에게는 충분한 학습 과정이 필요하며, 이것 또한 엄청난 비용이 들어가는 과정이다.

그렇기 때문에 이제부터 우리들은 AI가 교육 분야에 적용될 경우 큰 효과를 기대할 수 있는 대상(예, 내용, 응용, 방법 등)을 찾아야 한다. 작게 시작해도 큰 성과를 낼 수 있으면 최고다. AI 교육이 성공적으로 정착하는지, 아니면 그저 그런 일회성 유행으로 끝날 것인지, 이도저도 아니면 AI가 인간 교사를 대체할 것인지는 우리들에게 달려있다고 해도 과언은 아니다.

1.5 요약

- "특정 기계가 지능적인가?"에 대한 관심과 이에 대한 정의는 컴퓨터의 아버지라 불리는 Alan Turing(1912~1954)이 1950년에 발표한 논문에서 튜링 테스트에 대한 내용을 발표하면서 시작되었다. 그러나 AI를 컴퓨터 과학의 한 분야로 정립하고 발전시킨 동력은 1956년 다트머스 대학에서 개최되었던 다트머스 학회로부터 시작되었다.
- 1980년 미국의 분석철학자인 John Searle은 AI 연구의 철학적 의미에 대해 비판과 한계를 지적했으며, 처음으로 약인공지능과 강인공지능 개념을 사용하면서 AI를 분류하였다. 이후 AI 기술 발전에 따른 특이점 시대의 도래가 예상되면서 초인공지능 개념도 등장하였다.
- 1950년대 AI의 개념이 소개된 이후로 몇 차례의 희망과 좌절을 경험하였다. AI는 지금까지 두 번의 황금기와 두 번의 암흑기를 거쳐 현재는 세 번째 황금기를 맞이하고 있다. 사실 지금 맞이하고 있는 세 번째 황금기는 이전에 경험한 것과는 차원이 다른 AI 황금기이다.
- 'AI 역량'이든 'AI 리터러시'이든 중요한 것은 '사고력'이라는 것을 잊어서는 안 된다. 그렇기 때문에, 'CT'의 중요성은 감소하기보다는 더욱 커질 것이다.
- 성공적인 AI 교육 서비스가 시행되기 위해서는 충분한 데이터의 확보와 이를 이용한 학습이 선행되어야 한다. 이러한 측면에서 AI 교육에서는 '데이터'에 대한 이해가 선행되어야 한다.
- AI 교육을 받는 모든 학생들이 AI 전문가 또는 AI 개발자가 되어야 하는 것은 아니다. 이러한 기조는 SW 교육과 일맥상통한다. 그렇기 때문에 SW 교육에서는 사고력 계발에 집중하였던 것도 사실이다. 그러나 AI 교육의 시대는 AI 서비스를 활용할 수 있는 역량도 중요할 것으로 예상된다.

- AI 교육은 'AI 개념 교육', 'AI 활용 교육', 'AI 개발 교육' 등으로 분류할 수 있다.
- AI의 도입으로 인하여 교육 분야와 긴밀한 관련이 있다고 생각되는 학습자, 교수자, 행정가, 학부모 등 모두가 변화의 영향을 받을 수 있을 것이다.

1.6 연습문제

1. 기존 AI의 다양한 정의를 종합적으로 고려하여 자신이 생각하는 인공지능을 정의하여 봅시다.

2. AI를 능력에 따라 약인공지능, 강인공지능, 초인공지능 등으로 분류하는 기준을 논하여봅시다.

3. 1959년 Arthur Samuel의 기계학습에 대한 정의를 확인하고, 그 의미를 다양한 측면으로 해석해봅시다.

4. 1980년대 두 번째의 AI 황금기가 시작된 계기 중 하나인 전문가 시스템의 구성을 확인하고, 구성요소들의 역할을 정리해봅시다.

5. 2010년대 이후부터 지속되고 있는 세 번째 AI 황금기는 이전에 경험한 두 번의 AI 황금기와는 어떤 측면에서 차이가 있는지를 정리해봅시다.

6. 시대적인 환경과 기술의 발전에 따라 변화해 온 리터러시의 개념과 의미를 정리해봅시다.

7. AI 시대에 미래 인재들이 갖추어야 할 AI 역량에 대한 자신만의 생각을 정리해봅시다.

8. AI가 교육에 접목된 사례를 찾아봅시다.

9. AI 교육을 분류하고 유형별 특성과 목표를 정리해봅시다.

10. AI의 도입에 따른 교육 분야의 변화를 분석하고, 교수자의 입장에서 미래를 예측해봅시다.

11. 특이점의 시대는 올 수 있을 것이라는 전문가들의 의견과 특이점의 시대는 올 수 없다는 전문가들의 의견 사이에서 자신의 입장을 정리하고, 자신이 정리한 입장을 정당화하여봅시다.

CHAPTER 02

인공지능 서비스

김현배(부산교대)

학습목표

- 우리 주위의 인공지능 서비스를 이해하고 체험할 수 있다.
- 인공지능 서비스를 정의할 수 있다.
- 인공지능 서비스의 특징을 말할 수 있다.
- 초등교육에서 인공지능 서비스를 활용할 수 있다.

2.1 발전하는 인공지능 서비스, 달라지는 세상

인간의 지적 능력을 컴퓨터로 구현하는 과학 기술인 인공지능(AI; Artificial Intelligence)은 세상을 달라지게 만들었다. 오늘날의 인공지능은 상황을 인지하고 논리적으로 판단하며, 최근에는 음악을 작곡하거나 그림을 생성해내는 등 창의적인 작업을 수행하는 능력뿐만 아니라 감성적인 기능을 수행하는 능력까지 갖추고 있다. 2000년대에 다음과 같은 다양한 조건들이 갖추어져 인공지능 기술의 발전을 가져왔다. 첫째 혁신적 알고리즘이 구현되었다. 둘째 컴퓨팅 성능이 높아졌다. 셋째 스마트폰과 네트워크의 발전으로 실시간 다양한 데이터가 쉽게 수집되고 축적할 수 있었다. 이러한 세 가지 여건을 바탕으로 발전된 인공지능 기술은 다양한 서비스를 통해 급속히 우리 생활 속으로 들어왔으며, 이로 인해 우리가 살아가는 세상의 모습을 크게 바꾸어 가고 있다.

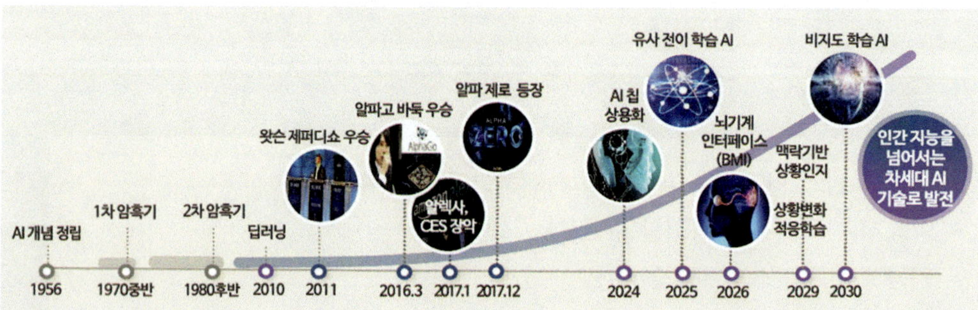

그림 2.1 인공지능 기술의 성장 (출처=과학기술정보통신부 웹진)

인공지능은 연구자마다 정의하는 것이 다르며, 오늘날 이르기까지 여러 연구자와 단체에 의해 규정되고 있다. 인공지능이란 1956년 미국 다트머스 대학에서 열린 연구 집회에서 비롯된 것으로, 이 집회에서는 인공지능이 '복잡한 계산이나 기계 제어를 위해 사용되던 컴퓨터를 사고에 사용한다.'라는 방향으로 논의되었다. 이것은 컴퓨터 과학자이자 인지 과학자였던 존 매카시에 의해 처음 사용되었다. 이후에도 인공지능에 대한 정

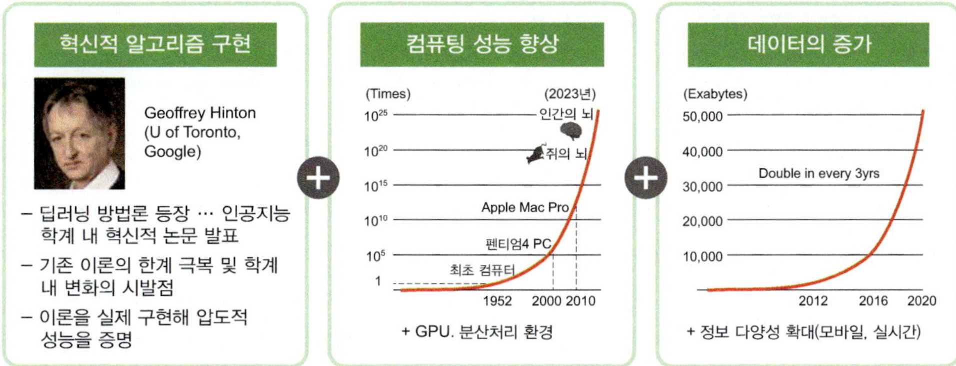

그림 2.2 인공지능 기술의 발전 배경(LG경제연구원, 2017)

의는 다양하게 규정되어 있으나, 모두 다트머스 대학에서 언급된 '지능적인 기계를 만드는 과학 및 엔지니어링'이라는 점에서는 크게 벗어나지 않는다고 볼 수 있다.

표 2.1 인공지능의 다양한 정의

구분	개념
존 매카시(1956)	지능적인 기계를 만드는 과학 및 엔지니어링
마쓰오 유타카(2015)	인간의 인지, 추론, 학습 능력 등을 기계(컴퓨터)로 모방하는 기술
ETRI(2017)	기계(컴퓨터)가 인간 수준의 인지, 이해, 추론, 학습 등의 사고 능력을 모방하는 기술
Gartner(2018)	사람과 자연스러운 대화를 나누고, 인간의 인지 능력을 향상시키거나, 반복적인 작업 수행 시 사람들을 대체함으로써 인간을 모방하는 기술
과학기술정보통신부(2018)	인지, 학습 등 인간의 지적 능력(지능)의 일부 또는 전체를 컴퓨터를 이용해 구현하는 지능

(KISTEP, 2018)

2.2 인공지능 서비스

1 인공지능 서비스 개념

인공지능 서비스란 개발된 인공지능 기술을 우리 생활에 편리하게 사용할 수 있도록 만들어진 프로그램을 말한다. 백창화(2019)는 인공지능 서비스를 인간의 인지, 학습, 이해, 판단 등에 대한 지적인 능력을 기기에 구현하여 제공하는 서비스라 이야기하고 있다. 기존 서비스의 특징을 이해하고 이것과는 차별화된 인공지능 서비스의 특징을 알아보자.

표 2.2 기존 서비스의 특징과 인공지능 서비스의 특징

기존 서비스의 특징	인공지능 서비스의 특징
1. 생산과 소비가 동시에 함께 발생하는 비분리성	1. 초지능성을 기반으로 한 무인화 서비스(언택트)
2. 형태가 특정하게 존재하지 않는 무형성	
3. 다양한 상황 변화의 요인으로 변하는 이질성	2. 빅데이터를 기반으로 한 맞춤형 플랫폼
4. 제품처럼 재고 형태로 따로 보관할 수 없는 소멸성	3. 시간과 공간을 뛰어넘는 초연결성 서비스

2 인공지능 서비스의 특징

초지능성을 기반으로 한 무인화 서비스(언택트)

인공지능 서비스는 기존의 서비스(비분리성과 무형성)와 다르게 직접 대면하지 않아도 서비스를 제공할 수 있다. 무인화 서비스는 소비 패턴의 변화로 사람을 대신하는 새로운 개념으로, 주변 환경을 스스로 지각하고 지능적으로 판단하며 그에 따라 적합하게

행동하는 서비스이다. 또한 소비자의 특성을 정확히 파악하여 서비스를 제공하기도 하는데, 이중에는 인지 정보를 바탕으로 하여 고객 상황을 스스로 인식하여 서비스를 제공하기도 한다. 인공지능 서비스는 이러한 무인 시스템을 기반으로 한 사용자 중심의 서비스를 제공하는 특징이 있다.

빅데이터를 기반으로 한 맞춤형 플랫폼

기존 서비스는 사전에 정해진 절차에 따라 제공되었기 때문에, 소비자의 다양한 요구와 필요에 유동적으로 대응하기 어려웠다. 하지만 인공지능 서비스는 사용자와의 상호 소통기반 시스템을 구축하고 있기 때문에, 사용자 맞춤형 플랫폼 서비스를 제공할 수 있다. 이는 방대한 양의 빅데이터를 기반으로 사용자의 의도를 이해하고, 목적에 따라 적합한 작업을 수행하는 것으로, 예로는 고객의 선호도와 요구사항에 적합한 상품을 찾아 추천하는 맞춤형 플램폼 서비스를 예로 들 수 있다. 인공지능 서비스는 이러한 데이터와 정보를 축적하여 사용자 개인에게 최적화된 서비스를 제공한다.

시간과 공간을 뛰어넘는 초연결성 서비스

기존 서비스는 따로 보관하기 어렵고 시간이 지나면 소멸된다는 특징이 있는 반면, 인공지능 서비스는 언제 어디서나 실시간으로 고객 요구에 대응하며 시간과 공간의 제약을 뛰어넘는 초연결성 서비스를 제공한다. 인공지능 서비스들이 서로 연결되면서 초연결 지능 사회가 구현 가능하며, 이는 인공지능 기술을 활용하여 모든 사물을 네트워크로 연결한 스마트 라이프를 구현하는 서비스이다.

2.3 인공지능 서비스의 사례

인공지능 서비스는 이미 우리 삶에 가까이 다가왔다. 여러 기업은 발전된 인공지능 기술을 다양한 분야에 적용함으로써 보다 편리하고 사용자에게 한걸음 다가가는 서비스를 제공하고자 노력하고 있다. 오늘날의 인공지능 서비스는 복잡한 인공지능 기술을 사용자가 쉽고 편리하게 활용할 수 있도록 기존의 가전제품에 포함시키는 등 다양한 형태로 발전되어 제공되고 있다. 그 대표적인 예가 바로 음성인식 비서 서비스이다. 이러한 음성인식 비서 서비스를 탑재한 인공지능 스피커는 일상에서 흔히 사용되고 있으며, 최근에는 자동차에 탑재하여 음성으로 차량을 제어하는 서비스도 등장했다. 이 외에도 인공지능 서비스의 복합적인 모델인 자율주행차 등 우리 삶에 다양한 분야에서 인공지능 서비스가 활용되고 있다. 이러한 인공지능 서비스의 제공 범위는 점차 넓어지고 있으며 헬스케어, 핀테크, 무인 편의점, 번역 서비스 등으로 확대되어 우리 삶에 더욱 가까이 다가올 것으로 전망된다.

표 2.3 인공지능 서비스의 사례

1. 인공지능 스피커		음악 재생 인터넷 정보 검색 날씨와 교통 정보 타이머와 스케줄 관리 라디오 뉴스 팟캐스트 IPTV 연동 서비스 쇼핑과 음식 주문 일상 대화 및 통화 가정용 사물인터넷 기타 편의 기능

표 2.3 인공지능 서비스의 사례(계속)

<table>
<tr>
<td>2. 스마트 홈, 스마트 가전제품</td>
<td></td>
<td>인공지능 탑재된 냉장고, 세탁기, 청소기 등
스마트 홈, 스마트 제어와 케어
사용자 환경과 기호에 맞는 최적의 작동
소비자에 맞는 맞춤형 서비스
생활 상황(온도, 습도, 먼지 등)에 맞는 서비스
전기 소모 상태 점검 및 운영
기기의 문제 진단 및 관리</td>
</tr>
<tr>
<td>3. 인공지능 기반의 챗봇</td>
<td>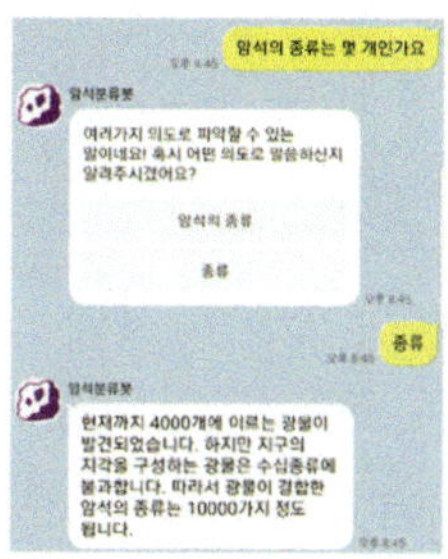
</td>
<td>금융 자산 관리 서비스
서비스 상담 및 자문
자료 분석 및 의사 결정 지원
고객 문의 답변 및 상담
모니터링 서비스
병원 검진 예약 등 생활 밀착형 서비스
통합 민원 서비스
법률, 세금 서비스
교육 서비스</td>
</tr>
<tr>
<td>4. 자율주행차</td>
<td>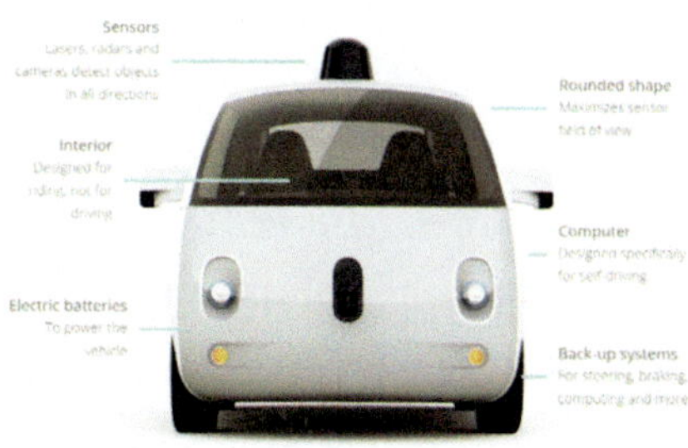
</td>
<td>차량 경로 설정 및 운영
차량 상태 점검 및 관리
자동 긴급 제동
차선 변경 및 경로 이탈 관리
커뮤니케이션 및 정보 제공
차량용 인포테인먼트
원격 모니터링과 제어
고속도로 자율주행
자율 주차 서비스</td>
</tr>
<tr>
<td>5. 기타</td>
<td colspan="2">스마트 닥터케어
인공지능 기반 핀테크
스마트 쇼핑
스마트 인포테인먼트
무인 편의점
번역 서비스</td>
</tr>
</table>

(백창화, 2019 재인용)

1 인공지능 스피커 서비스

인공지능 스피커의 인공지능 비서 개념

개인 비서의 정의: 중요한 직위에 있는 개인에게 직속되어 있으면서 기밀문서나 사무를 맡아보는 직위, 또는 그 직위에 있는 사람(출처: 네이버 국어사전)

현재 음성인식 기술을 바탕으로 한 서비스 분야 중에서 가장 친숙하고 사용자들이 많은 서비스 분야가 AI 스피커(인공지능 스피커)이다. 시장 조사 기관 카날리스(Canalys)에 따르면 전 세계적으로 AI 스피커를 가장 많이 구매한 나라는 미국이었으며, 그런 미국 사람들이 가장 많이 이용하는 AI 스피커는 아마존에서 개발한 '알렉사'였다.

인공지능 비서 서비스란 말 그대로 인공지능이 개인 비서의 역할을 해주는 서비스를 의미한다. 인공지능 비서 서비스의 주요 역할은 업무를 더욱더 빠르게 처리할 수 있도록 사무 보조를 해주고, 삶의 질을 높일 수 있는 각종 편의 서비스를 제공해준다.

인공지능 스피커에 사용된 인공지능 기술

비서 역할을 하려면 개인에 대한 많은 정보(데이터)가 필요하다. 사용자가 주로 다니는 길, 사는 집, 주로 듣는 음악, 좋아하는 음식, 일정 패턴, 금융 계좌 등 다양한 개인정보에 쉽게 접근할 수 있어야 한다. 사용자가 개인 비서와 함께 지내는 시간이 늘어날수록 비서는 사용자에 대한 데이터를 더욱 많이 수집할 수 있을 것이다. 따라서 이러한 인공지능 비서는 사용자의 이동 경로를 확인하기 위해 스마트폰에 탑재되어 있거나, 사용자가 집에서 주로 어떤 취미 생활을 하는지 파악하기 위해 인공지능 스피커 형태로 존재하기도 한다. 더 나아가서는 스마트 가전제품과 연결되어 음성인식 인터페이스를 통해 제어할 수 있을 것이다.

인공지능 비서의 원리는 기계학습(머신러닝)과 인공신경망(딥러닝)을 활용하는 다른 인공지능과 동일하다. 먼저 클라우드 데이터 센터 속에 인공신경망을 적용한 기본 인공지능 패키지(모델)를 설치한 후 지도학습과 비지도학습이라는 두 가지 기계학습 기법을 통해 인공지능 비서의 처리 능력과 처리할 수 있는 분야를 확대시킨 것이다.

인공지능 비서는 여기에 한 가지 기능을 더 가지고 있다. 사람의 말을 듣고 이를 이해할 수 있는 기능, 바로 '자연어 처리' 기술이다. 보다 자연스러운 비서 서비스를 제공하기 위해서 인공지능 비서 모델은 기계학습과 인공신경망 기술을 활용해 사람의 말을 듣고 이해할 수 있는 기능을 지속적으로 습득하고 있다.

인공지능 스피커가 제공하는 서비스

인공지능 스피커는 날씨 정보 제공, 개인 일정 관리, 사물인터넷 제어, 외국어 번역 등 다양한 서비스를 제공하고 있다.

- **날씨 정보 제공**: 사용자가 외출할 때 인공지능 비서가 현재 날씨와 향후 날씨에 관한 정보를 알려준다. 또한 특정 일시에 특정 위치의 날씨가 어떨지 물어보면 이를 음성 또는 시각화된 데이터로 알려주는 기능도 있다.

- **개인 일정 관리**: 인공지능 비서가 캘린더 앱과 서비스에 입력된 정보를 바탕으로 스마트폰 등의 기기에 알람을 띄워 일정을 차질 없이 진행할 수 있게 도와주는 기능이다. 또, 약속 장소로 이동하는 최적의 방법까지 제시해 약속 시간에 늦지 않도록 돕는 서비스도 함께 제공한다.

- **사물인터넷 제어**: 최근에 인공지능 비서는 사물인터넷 기기를 제어할 수 있는 기능을 적극적으로 포함하기 시작했다. 기존에는 사용자가 스마트폰 앱 등을 통해 사물인터넷을 직접 제어했다면, 이제는 인공지능 비서가 사용자의 행동 패턴을 분석해 스마트 TV, 에어콘, 보일러, CCTV, 냉장고 등의 사물인터넷 기기를 알아서 조작하고 있다.

- **외국어 번역**: 사용자의 음성을 듣고 이를 사용자가 원하는 언어로 자동 번역하는 기능을 제공한다. 인공지능 비서가 외국인과 대화할 때 중간에 참여하여 동시 번역을 제공하기도 한다.

- **특정 앱과 서비스 실행하기**: 사용자가 음성으로 특정 앱과 서비스를 실행하라고 명령하면 이를 실행해주는 기능을 수행한다. 최근에는 앱과 서비스 실행뿐만 아니라 앱과 서비스의 모든 기능을 음성으로 조작할 수 있는 능력도 갖춰나가고 있다.

- **궁금한 것 알려주기 및 잡담**: 인공지능 비서는 사용자가 질문하는 것에 대한 답을 인터넷 검색으로 찾아서 알려주는 기능을 갖추고 있다. 또한 각종 상식, 유머, 화제의 UCC 등을 간추려서 보여주는 기능과 사용자와 소소한 잡담을 나눌 정도로 뛰어난 대화 능력을 갖추고 있다.

인공지능 스피커의 유형과 인공지능 비서의 종류

표 2.4 인공지능 스피커 유형

항목		아마존	SK텔레콤	KT	애플	삼성
서비스/기기명		에코(Echo)	누구(NUGU)	기가지니(Giga Genie)	시리(Siri)	빅스비(Bixby)
인터페이스		음성	음성	음성+영상	음성	음성+인앱
기능	미디어	I-HeartRadio, 음악 스트리밍(Amazon Music)	IPTV(Btv) 음악 스트리밍(Melon) 등	IPTV(olleh TV), 음악 스트리밍(genie) 등	SNS(페이스북, 트위터), 음악 스트리밍(iTunes)	갤러리, 음악 스트리밍, 특정 제품 및 장소 인식 후 찾아주는 것
	홈IoT	홈 IoT기기 통합제어(전등, 전지, 스마트 홈 허브 등)	스마트 홈 기기 통합 제어(조명, 스마트 플러그, 제습기)	스마트 홈 기기 통합제어(홈 캠, 도어락, 가스밸브, 에어닥터 등)	–	–
	통신	–	–	영상/ 음성 통화	영상/ 음성 통화	영상/ 음성 통화
	홈비서	일정관리 주문	일정관리, 주문/배달, 검색, 교통(TMap) 등	일정관리, 배달, 검색, 교통(KT 내비, 카카오 택시) 등	일정관리, 검색, 메모, 교통 등	일정관리, 리마인드, 날씨, 맞춤형 콘텐츠 제공

(신은희, 2017)

인공지능 비서는 크게 두 가지 형태로 나눌 수 있다. 첫 번째는 특정 플랫폼과 운영체제에 종속되어 있는 '플랫폼 관리형 인공지능 비서'다. 플랫폼 관리형 인공지능 비서는 특정 플랫폼에서 생성되는 데이터와 실행되는 앱과 서비스를 모두 세밀하게 관리하고 조작할 수 있는 것이 장점이자 특징이다. 하지만 이러한 플랫폼 관리형 인공지능 비서는 해당 플랫폼 밖에서는 서비스를 이용할 수 없다는 단점이 존재한다. 플랫폼 관리형 인공지능 비서의 대표적인 사례로 애플 시리(iOS 및 맥OS 관리), MS 코타나(윈도우10 관리), 구글 나우(안드로이드 관리) 등을 들 수 있다.

두 번째는 모든 플랫폼과 기기에서 이용할 수 있는 '오픈 API형 인공지능 비서'다. 오픈 API를 활용해 스마트폰, PC, 스마트 TV, 스마트 스피커, 스마트 냉장고 등 어떤 플랫폼과 기기에서든 인공지능 비서 서비스를 이용할 수 있다는 것이 장점이다. 덕분에 사물 인터넷 기기를 제어하는 데 주로 활용된다. 하지만 앱 형태로 인공지능 비서를 제공하기에는 서비스 수준이 낮아, 클라우드를 활용하여 개발하는 데 어려움이 있으며 따라서 다양한 기기와 플랫폼에 맞추어 개발하기가 어렵다는 단점이 있다. 오픈 API형 인공지능 비서의 대표적인 사례로 아마존 알렉사, 구글 어시스턴트 등을 들 수 있다.

인공지능 스피커의 미래

인공지능 스피커 이용에 관한 연구 중에 어린이들이 상당한 흥미를 보였다는 응답이 관찰된 사례가 있다. 알렉사(Alexa)에 관한 질적 연구에서 부모들이 자신의 자녀들이 아주 어린 나이부터 인공지능 비서와 상호작용하기 시작했으며 어느 시점까지는 사람으로 인지하는 것 같다고 기록하기도 하였다.

대화형 에이전트가 내장된 인공지능 스피커와 인간 간의 음성 상호작용을 인간이 자연스러운 의사소통으로 인식할 수 있도록, 인공지능 스피커의 사용성을 높이기 위한 노력이 지속되고 있다. 그 방안으로 정서별 인공지능 스피커의 감정표현 정도를 제안하고 있다. 이에 따라 인공지능 스피커와 인간과의 감정적 관계 형성이 가능하고 친밀한 관계로 발전할 수 있도록 설계될 것이다.

현재의 인공지능 스피커는 이용자가 원하는 일을 수행하거나 질문에 대한 간단한 대답을 하는 수준에 그치고 있어 실제 사람과 대화한다는 생각은 들지 않는다. 하지만 최근에 사람과 비슷한 수준의 대화가 가능하도록 개발된 구글 '미나'를 보면 그 생각이 달라질 수 있다. 가까운 미래에는 이러한 명령을 받아 처리하는 수준이 아닌 정보를 스스로 찾고 행동을 제안해주는 형태의 비서 역할을 수행할 것이라 생각된다.

2 스마트 홈(인공지능 기술이 포함된 가전제품)

스마트 홈 및 스마트 가전제품의 개념

스마트 홈이란 기존의 가전제품 및 주거공간에 사물인터넷(IoT) 기술을 연결하여 원격 제어 또는 기기 스스로 성능을 조정, 최적화하거나 전력소모를 절감하는 등의 기능을 제공하는 스마트 가전제품 및 관련 서비스 산업을 말한다.

스마트 홈은 ICT 융합 신산업의 한 형태로, 기존의 가전제품 본연의 성능에 충실한 것은 기본이고, 그 위에 IoT · 빅데이터, 인공지능 등의 지능적인 기능을 추가하여 편리하고 안전한 스마트 홈을 구현하는 기반 기술 또는 디바이스로 영역을 넓히고 있다.

스마트 가전제품의 특징
1. 빠른 처리 능력 : 타자를 칠 경우 1분에 40여 단어를 활용할 뿐이지만, 음성 명령은 1분에 150 단어를 처리할 수 있어 명령 수행 능력이 우수 2. 편의성 : 음성 플랫폼은 터치 기반의 시스템에 비해 조작 방법을 따로 배울 필요 없이 음성으로만 조작이 가능하고, 핸즈프리(Hands-free)로 사용자가 동시에 더 많은 일을 수행할 수 있게 하여 편의성을 제공 3. 유연성 : 기존의 텍스트 형식의 단문뿐 아니라 인공지능 기술을 활용하여 질문의 요지를 파악하고 문제에 접근하는 방식이라 다양하고 유연한 사고가 가능

데이터를 기반으로 한 제품 서비스 시스템과 스마트 가전제품 현황

빅데이터 활용, 딥러닝 알고리즘, 컴퓨팅 파워 향상 등의 기술혁신을 배경으로 글로벌 ICT 시장을 주도하는 기업들이 자체 개발한 AI를 탑재한 다양한 제품을 시장에 출시하였다. 스스로 사용자의 행동 패턴을 분석해 개인별 맞춤형 서비스를 제공하거나, 가정 내 다른 가전제품을 인터넷으로 연결하여 사용자가 원격으로 가정 내 가전제품을 조작할 수 있는 기능을 갖춘 스마트 기기가 대표적이다. 표 5는 데이터를 기반으로 다양한 서비스를 제공하는 데이터 기반 제품 서비스 시스템의 대표적인 사례이다.

표 2.5 데이터를 기반한 서비스의 예

산업	기업	내용
전자	애플	아이튠즈, 앱스토어를 통한 서비스 생태계 구축
	제록스	복사기 제조에서 문서 관리 시스템 회사로의 전환
	필립스	의료기기 제조 회사에서 의료 서비스 사업을 위해 헬스워치 등을 인수하여 서비스 회사로 변신
자동차	제너럴모터스	자동차에 텔레매틱스 서비스를 제공하기 위하여 자회사 온스타가 550만 명의 가입자를 확보하고 있음
중공업	캐터필러	GPS를 이용하여 원격지 관리 센터에서 굴삭기의 상태와 이력을 수집 분석하여 연비 향상, 부품 상태, 불법 사용 감시 등의 서비스를 제공하여 고객의 가치 극대화
건설	빈치	혁신 플랫폼인 레오나드(Leonard), 이베턴은 건설 현장과 콘크리트 플랜트를 중개하는 디지털 인터페이스로서 플랜트 관리를 최적화하고, 현장의 작업을 효과적으로 관리

대부분의 제품 서비스 시스템은 사용자에게 예정되거나 계획된 서비스를 잘 제공하고 완료한다. 하지만 환경이 변하거나 새로운 변수가 발생하여 부가적인 서비스를 제공하여야 하는 상황에 대처하기는 어렵다는 한계가 있다. 과거에는 전혀 생각하지 못했던 오프라인 프로세스와 온라인 프로세스 즉, O2O 융합 프로세스와 제품 서비스 시스템 절차에 대한 종합적인 고려가 필요한 시점이다. 이런 상황 속에서 공통된 흐름은 데이터를 통해 분석할 수 있다. 앞으로는 제품 + 서비스가 아니라 제품 + 데이터 + 서비스의 융합으로 사고 전환이 이루어질 것이다(이민화 외, 2017).

스마트 홈의 모습

1인 가구 수와 고령 인구 증가하고 삶의 질을 중시하는 트렌드가 확산됨에 따라 홈 건강, 홈 가사, 홈 에너지, 홈 안전 등 다양한 스마트홈 서비스에 대한 요구가 증가하였다.

스마트홈 서비스 제공을 위해 공통적으로 필요한 주요 기술은 1) 실시간 모니터링 2) 맞춤형 정보 제공 3) 상황 예측 정보 제공 4) 원격제어·지능형 자율제어 5) 가사 도우미

홈로봇 6) 실시간 온오프라인 연계 등을 들 수 있다. 스마트홈 기술은 AI 스피커 등을 통해 음성으로 가전을 제어하는 스마트홈 3.0 초기 단계에 진입하였으며, 스마트홈 4.0 단계에서는 외부 환경·근린시설과의 연동을 통한 스마트시티로 확장될 전망이다.

표 2.6 스마트 홈 4.0 (커넥티드 홈) 모습

구분	스마트 홈 1.0	스마트 홈 2.0	스마트 홈 3.0	스마트 홈 4.0
개념	홈 오토메이션	홈 네트워크	홈 IoT	홈 인텔리전스
기능	단순 제어, 단방향 모니터링	인터넷 연동, 가전 원격 제어	음성 제어, 스마트 그리드	자율 지능 제어 · 협업, 컨시어지(비서) 서비스
적용범위	공간 제한 (댁내, 수동형)	공간 확장 (댁내, 모바일)	공간 극복 (초연결)	지능화 사회(AI, 현실 · 가상 융합)
플랫폼	폐쇄형 개별 플랫폼	웹기반 개별 플랫폼	홈 IoT융합 플랫폼	개방형 지능 융합 플랫폼
제어기기	월패드	스마트TV	가전 간 연결성, AI스피커	자율 지능형 협업 · 감성 가전

출처 : 한국산업기술평가관리원(KEIT)

스마트 홈의 미래

CES 2018의 주제는 스마트 시티(Smart Cities)였으며, 2017년 스마트 홈에서 한 단계 나아간 새로운 시대를 미리 볼 수 있었다. 스마트 시티는 사람, 전자제품, 자동차, 집 등 모든 요소가 연결되어 있는 개념이다. 이를 가능하게 한 것은 모바일, 인공지능(AI), 사물인터넷(IoT), 자율주행차, 5G 등의 기술이었고, 이러한 차세대 기술들을 접목한 다양한 스마트 가전제품들이 CES 2018에서 소개되었다. 음성인식 비서는 인공지능 스피커뿐만 아니라 커피메이커, 로봇청소기, 자동차 등 다양한 가전제품 속에 탑재되고 있다. 이렇게 음성인식 비서를 활용하는 곳은 점점 많아지고 있다. 이미 삼성의 빅스비, 아마존의 알렉사 등도 많은 주목을 받았고, 앞으로는 더욱 다양한 제품과 접목해 우리의 삶을 편리하게 만들어 줄 것으로 보인다.

IoT 가전을 포함한 세계 스마트 홈 시장 규모는 '17년 U$840억 규모에서 '23년 U$1,550

억으로 연평균 10.7%로 빠르게 성장할 전망이다(SA).

현재까지는 상대적으로 접근성이 용이한 스마트홈이 사물인터넷 초기 시장을 선도하는 모습을 보이고 있으며, 향후에는 전 산업 부문으로 사물인터넷(IoT)이 확산되어 '20년 스마트홈 시장'은 전체 사물인터넷 시장의 약 9%를 차지할 전망이다.

3 인공지능 기반의 챗봇

인공지능 기반의 챗봇 개념

"챗봇이 앱을 대체하고 디지털 개인 비서가 새로운 메타 앱이 되고, 컴퓨터와 사람 사이의 모든 상호작용에 AI가 침투할 것" - MS CEO 사티아 나델라

챗봇(Chatbot)은 채팅과 로봇의 합성어로, 문자나 음성 상호작용으로 사람 간의 대화와 유사한 형태의 의사소통을 할 수 있는 컴퓨터 프로그램을 의미한다. 인공지능 챗봇은 딥러닝(Deep Learning), 자연어 처리(Natural Language Processing), 기계학습(Machine Learning), 빅데이터(Big Data)등 다양한 AI 기술이 결합하여 탄생한 결과물로, 사용자가 챗봇과 대화를 더 많이 나눌수록 데이터가 축적되어 사용자의 음성이나 대화 내용 등을 더욱 잘 인식하게 되는 진화형 모델이다.

챗봇은 이러한 인공지능 기술을 기반으로 사람의 질문에 적절한 답을 해주고 필요한 서비스를 제공해줄 수 있으며(민수진, 김헌진, 송근혜, 2017; 강희주, 김승인, 2017), 금융 등 복잡한 지식 상담 서비스나 쇼핑몰에서 궁금한 사항을 물어보고, 날씨나 교통상황 등 사용자 상황에 적합한 정보를 제공하는 데 사용되고 있다.

인공지능 기반의 챗봇 구축 단계

인공지능 기반 챗봇 구축은 총 3단계로 진행된다. 1단계로 챗봇 서비스, 2단계 지능형 비서, 3단계 감성 비서이다. 최근에는 챗봇 서비스 이후 모델인 지능형 비서 구축으로 진행하고 있다. 앞으로는 감성 비서의 형태로 챗봇이 제공될 가능성이 높을 것이라 생각된다.

표 2.7 챗봇 구축 3단계

구분 단계	1단계 챗봇 서비스	2단계 지능형 비서	3단계 감성 비서
제공 방식	텍스트, 음성	텍스트, 음성, 시각 자료	텍스트, 음성, 시각 자료, 행동 인지
입력 방식	폐쇄형, 개발형 일부	폐쇄형 일부, 개방형	개발형, 폐쇄형 복합 사용
주요 기술	패턴 매칭, 키워드 및 연관어 추출 등	딥러닝, 머신러닝, 자연어 처리, 기타 신기술 융합	감성인지 기술, 데이터 정형화 기술
내용	• 학습된 내용에 대한 질의 응답 • 사용자와 단순한 형태의 소통 • 검색을 통한 결과 제공	• 사용자의 패턴, 상황을 고려한 개인 맞춤형 서비스 제공 • 간단한 업무 처리	• 감정 교류를 통한 서비스 및 각종 서비스에 대한 선제적 대응

인공지능 기반의 챗봇 현황

국내 행정기관에서도 챗봇 서비스를 이용하고 있다. 행안부의 '민원24', 대구시의 '뚜벗', 강남구의 '강남봇' 등이 챗봇을 활용한 사례이다. 특히 법무부에서 국민들이 언제 어디서든 스마트폰과 PC를 이용하여 생활 법률 관련 궁금증을 해소할 수 있도록 서비스를 개발하여 운영 중이다.

표 2.8 법무부 '버비' 발전단계

구분	1세대	2세대
접근 방법	인터넷 버비 웹 사이트	카카오톡 추가
문답 지식 분야	부동산 임대차, 임금, 해고	상속 분야 추가
문답 지식 컨텐츠	28,894건	43,651건 추가
카드 뉴스 및 오디오 카툰	154건	53건 추가(범죄 피해 예방 등)
공공 데이터 개발	없음	공공 데이터 포털 오픈
자체 학습 기능	없음	있음

최근에는 챗봇을 쉽게 개발할 수 있는 플랫폼이 많아지고 있다. 구글의 Dialogflow, IBM Watson Conversation 등은 세계적인 대표적인 챗봇 플랫폼이라 할 수 있다. 우리나라에서 사용되는 챗봇을 개발하기 위해서는 한국어를 보다 정확하게 인식하고 자연어 처리(NLU: Natural Language Understanding)를 할 수 있는 국내의 챗봇 플랫폼이 더 유리하다. 국내의 챗봇 플랫폼은 Danbee.ai, 카카오 오픈 빌더, Clozer 등이 있다.

인공지능 기반의 챗봇 미래

가트너는 2020년까지 모든 고객 서비스의 80%가 챗봇으로 대체될 것이라고 전망했다. 시장조사 업체 테크나비오에 따르면 글로벌 챗봇 시장은 연평균 35.2% 성장하여 2021년에는 약 31.7억 달러로 확대될 것으로 예상하고 있다. 이와 같이 시장에서 챗봇에 대해 거는 기대는 아주 크다.

현재 인공지능 기반의 챗봇의 적용 분야로는 금융권 및 정부기관이 주류를 이루고 있으며, 향후에는 교육 등 다양한 분야에서 적용될 것으로 예상된다.

챗봇에서 제공하는 개인화 추천 서비스가 미디어 콘텐츠 플랫폼의 필요조건으로 자리잡고 있다. 따라서 개인에게 적합하고 필요한 미디어를 제공해주는 사업이 발전 가능성이 높다. 최근 미디어 플랫폼 사업은 인공지능 알고리즘 기반 추천 서비스 플랫폼을 사용하는 이용자들의 데이터를 수집하여 분석하는 과정에서 이용자를 이해하려고 노력하고 있으며, 지속적으로 개선하려는 모습을 보이고 있다. 챗봇에서도 이러한 개인화 추천 서비스가 적용되면서 사용자에게 보다 편리한 서비스를 제공해주기 위해 많은 노력을 하고 있다. 앞으로 인공지능 기반 챗봇 서비스가 발전하기를 기대해 본다.

4 자율주행차(Autonomous Vehicle)

자율주행차의 개념

자율주행차는 운전자가 직접 조작하지 않아도 자동차가 주행 환경을 인식해 위험을 판단하고 주행 경로를 계획해 스스로 운전하는 자동차이다. 감지시스템, 중앙제어장치, 액추에이터 등으로 구성되며, 로봇 및 컴퓨터공학, GPS, 정밀센서, 전자제어 등 첨단기술을 필요로 한다. 세계 각국의 유명 자동차 회사는 물론, 애플까지 나서서 자율주행차 도입을 위한 연구개발을 진행 중이다.

자동차의 자율주행이 가능하도록 하는 자율주행 기술은 '운전자 보조 시스템(ADAS, Advanced Driver Assistant System)'이라고 부르는데, 크게 인식, 판단, 제어 분야로 구성된다. ADAS를 사람에 적용시켜보면, 인지는 눈에, 판단은 뇌에, 제어는 혈관·근육·신경계에 해당한다. 이러한 세 가지 구성 요소는 유기적으로 작동하며 자동차의 자율 주행을 가능하게 한다.

자율주행차에 포함된 인공지능 기술

자율주행차는 기계학습, 자연어 처리, 이미지 처리, 음성 인식 등의 인공지능 기술을 활용한다. 자율주행차의 인공지능(AI, Artificial Intelligence) 시스템은 자동차 내외부에 설치된 라이다(Lidar) 센서, 레이더, 초음파 센서(Sensor), 적외선 카메라, 모노/스테레오 카메라 등을 통해 외부 정보를 수집 · 분석한 후 자동차 스스로 주변 환경을 인식하여 위험한 상황을 판단하고 주행 경로를 계획하는 등 스스로 안전한 주행이 가능하도록

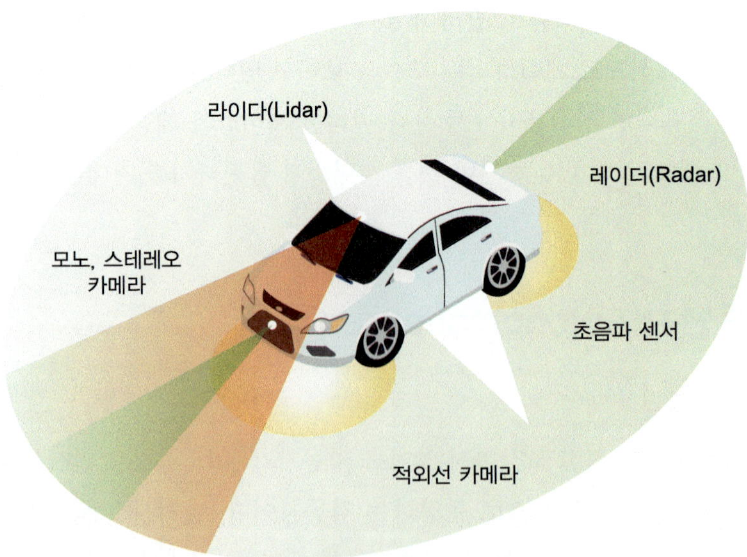

그림 2.3 자동차용 인공지능 시스템 (권영일, 2016)

해준다. 또한 시각(Visual), 청각(Audio), 촉각(Haptic) 등 다양한 인터페이스를 통하여 운전자의 상태 및 감성, 성향 및 차량의 주변 상황을 종합적으로 판단하고, 운전자의 음성을 인식하기 위한 음성 인식 기술도 활용되고 있다.

표 2.9 자율주행을 위한 데이터 수집에 활용되는 센서

시스템	카메라센서	라이다센서	레이더	초음파센서	적외선카메라
핵심기능	주변 물체 식별 사람 인지, 차량 인지, 사물 인지 파악	주행 환경 파악 차 주변 100–500m지역 3D(입체) 지도화	물체 감지 및 속도 측정 앞차 멈추면 즉시 제동해 충돌 방지	주변 물체 감지 1.2~4.5m	중/장거리 적외선 카메라 야간물체 감지160m
현재수준	단일 렌즈(모노)로 촬영 물체 인식은 가능하나 원근감이 없는 2D(평면) 사진	차 천장에 고정하는 원통형 높은 가격, 차 외관 디자인에 큰 영향	전파 송수신해 물체와의 거리 파악 어떤 물체인지 식별이 어려움	5m 이내의 근거리 장애물 감지를 위해 사용된다.	야간운전을 위해 물체 인식 상황판단
개발중인 신기술	렌즈 2개(스테레오)로 촬영 물체 인식도 되고 원근감도 표현 가능	차 안에 내장할 수 있는 고정형 낮은 가격 차 안쪽에 숨길 수 있어 디자인 영향 없음	이미지 형태로 촬영 가능 어떤 물체인지 식별도 가능	능동적 주차 보조(Active Parking Assist) 및 자율주차(Auto Parking)에 응용	야간 시각(NV: Night Vision)기술 개발

자율주행 기술은 자율화된 수준에 따라 크게 5단계로 나눌 수 있다. 이는 미국 교통부 도로교통안전국(NHTSA, 2013)에서 처음 제시한 것으로, 이후 유럽의 BAST(독일연방도로공단), VDA(독일자동차협회)에서 자율주행의 기능적 정의를 이야기하면서 자율주행 기술이 발전하였다. 민간 단체인 세계자동차공학회(SAE, 2016)에서 수정안을 통해 자율주행 기술 레벨이 제안되었고 이후 미국 교통국 및 UN에서 공식적으로 반영하여 채택하였다. 다음 아래 그림 2.4와 그림 2.5로 소개한다.

	Level 0	Level 1	Level 2	Level 3	Level 4
	No-Automation	Funtion specitic Automation	Combined Funtion Automation	Limited Seif-Driving Automation	Full Self-Driving Automation
설명	주행 보조 장치 없음	단일 주행 보조 기능	복수의 주행 기능 융합 보조	제한적 자율 주행	안전한 자율 주행
예시		크루즈 컨트롤, 긴급 제동, 차선 유지	차선 유지 기능 + 적응형 크루즈 컨트롤	자율 운전단, 단, 위급 상황시 운전자 개입 필요	모든 환경에서 자율 주행 가능

그림 2.4 자율주행 단계별 분류(미국 교통부 도로교통안전국 NHTSA)

미국자동차공학회(SAE) 기준 자율주행차 발전 단계

단계 (Level)	정의	주행제어 주체	주행 중 변수 감지	차량 운행 주체
00 No Automation	**전통적 주행** 운전자가 모든 것을 통제, 시스템은 경고와 일시적인 개입만	인간	인간	인간
01 Driver Assistance	**부분 보조 주행** 속도 및 차간 거리 유지, 차선 유지 등 시스템이 일정 부분 개입	인간 및 시스템	인간	인간
02 Partial Automation	**보조 주행** 특정 상황에서 일정 시간 동안 보조 주행, 필요시 운전자가 즉시 개입	시스템	인간	인간
03 Conditional Automation	**부분 자율주행** 고속도로와 같은 조건에서 자율 주행, 필요시 운전자가 즉시 개입	시스템	시스템	인간
04 High Automation	**고도 자율주행** 제한 상황을 제외한 대부분의 도로에서 자율주행	시스템	시스템	시스템
05 Full Automation	**완전 자율주행** 탑승자는 목적지만 입력, 운전대와 페달 제거 가능	시스템	시스템	시스템

그림 2.5 자율주행차 발전단계(SAE, 2109)

자율주행차의 미래

초연결과 초지능의 결합으로 자동차 자체가 사물인터넷이 되는 자율주행차가 주목받고 있다. 즉, 네트워크에 연결된 자율주행차가 다양한 형태로 서비스를 제공하는 것으로, 여러 가지 인공지능 기술의 혼합체로 생각된다. 자율주행차는 차량과 차량, 차량과 사물을 통신하며 도로 상황과 안전에 대한 정보를 제공하며 스마트폰처럼 스마트 홈과 스마트 시티의 중요한 연결 수단이 될 것이다.

자율주행차에도 음성인식 기술을 통해 지능형 개인 비서가 탑재될 수 있다. 이미 많은 자동차 회사들이 음성인식 기술 기반의 서비스를 탑재하였고 서비스 범위를 넓히기 위한 계획을 세우고 있다. 현재는 주행 중에 음성인식을 통해 창문을 올리고 내리거나 볼륨을 조절하는 등 단순 제어가 가능하고 날씨 정보, 교통 상황 등 다양한 정보를 제공하고 있다. 이러한 인공지능 서비스는 점점 진화하여 차량 내부뿐만 아니라 집이나 회사 등 나와 연계된 공간을 연결하면서 다른 공간의 스마트 가전제품 또는 전자기기까지 컨트롤할 수 있을 것으로 예상된다.

유럽 주요 국가와 미국, 일본 등은 2단계의 '부분 자동화'가 가능한 차량 개발을 완료할 계획이고, 구글은 관련 업체 중 유일하게 4단계 자율주행 차량 개발을 목표로 하고 있다. 우리나라의 경우, 미국에 비해 평균 4.6년의 격차가 나는 등 자율주행 기술 수준이 취약한 편이다. 하지만 올해부터는 산업통산자원부 등 정부 지원을 통해 본격적으로 자율주행차 관련 기술개발에 박차를 가할 계획이라고 하니, 국산 자율주행차를 볼 날도 얼마 남지 않은 것으로 보인다.

인공지능 자율주행 자동차 산업이 성장하기 위해서는 자동차 기술과 전기/전자, 정보통신 기술이 잘 접목될 수 있도록 핵심 부품 개발을 위한 정부의 기술개발 지원이 필요하다. 또한 인공지능 모듈 등 자율주행 자동차 관련 시스템이 안정적으로 활용될 수 있도록 표준 인증, 법 제도 및 인프라를 포함한 산업 생태계 구축도 중요하다. 가까운 미래에는 사용자의 다양한 요구를 만족할 수 있는 자율주행 자동차 플랫폼이 다양해질 것으로 예상된다.

5 기타(인공지능 번역 서비스)

인공지능이 다양한 분야로 빠르게 확산되고 있는 가운데, 인공지능 기술 도입으로 변화의 폭이 큰 분야가 여럿 있다. 그 중 대표적인 인공지능 서비스로 인공지능 번역 서비스를 소개하고자 한다. 정보통신(IT) 기술 전문지 닛케이일로트로닉스는 일본을 중심으로 인공지능 번역 서비스의 현황을 자세히 안내하고 있다.

이 전문지는 인공지능을 이용한 '신경망 기계 번역(Neural Machine Translation, NMT)은 빠른 속도로 발전하고 있으며, 어학 공부를 하지 않아도 세계 사람들과 의사소통이 가능한 시대가 이미 왔다'고 말했다.

엑스트라(Xtra)는 자동번역 서비스 사업을 하고 있는 업체이다. 이 업체의 사장인 후루야 유이치는 2016년 11월에 구글이 온라인 번역 서비스 ' 구글 번역'의 번역을 통계 기계 번역(Statistical Machine Translation, SMT)의 심층학습 기반의 NMT로 바꾸어서 번역 성능을 급격히 높였을 때, 이는 50년에 한 번 나오는 파괴적 기술이라고 표현했다.

통계 기계 번역(SMT)은 2000년 전후에 다소 정확도가 향상되었지만, 그래도 출력 결과를 사람에게 읽히는 문장으로 그대로 사용할 수는 없었다. 하지만 2013년에 NMT가 등장한 이후 정확도가 의미 있게 높아졌으며, 2016에는 번역 정확도의 지표가 되는 '블루(Blue) 스코어'가 SMT의 거의 20을 넘어섰다. 심지어 2018년에는 35를 넘었는데, 이는 사람에게도 문제없이 의미가 잘 전달되고 문장으로 사용해도 될 수준이다. 놀라운 것은 이 값이 블루 스코어가 잘 나오지 않는 영어를 독일어로 번역한 경우라는 것이다. 현재 특정 언어 간에는 이미 '인간 수준'으로 번역이 가능하다. 여기서 '인간'은 일반인이 아니라 전문 번역사 수준을 의미한다. 가장 먼저 이 수준에 도달한 것은 마이크로소프트인데, 이는 중국어를 영어로 번역하는 모델을 2018년 5월에 공개하였다. 2019년 8월에 열렸던 'WMT 2019'에는 영어의 독일어 번역이 '인간 능가'라는 결과를 발표했다. 앞으로 이러한 인공지능 번역 서비스가 언어의 장벽을 낮출 것이다.

2.4 인공지능 서비스 체험

2.4.1 인공지능 기반의 챗봇 체험

1 관련원리 및 활동 목표

챗봇은 어떻게 입력된 텍스트를 인식하고 반응할까? 챗봇과 대화할 수 있다는 것은 사용자의 의도를 파악하고 그 의도에 알맞은 대답을 하는 형태로 대화 흐름이 이루어져 있음을 의미한다. 대부분의 챗봇을 제작하는 플랫폼에는 시나리오 또는 대화 흐름의 항목이 있다. 사용자가 입력한 문장을 분석하여 사용자의 의도를 알아내어 대답하는 방식이다.

이번에는 인공지능 챗봇과 대화하면서 자신이 원하는 정보나 자료를 찾아보고 앞으로 챗봇의 활용분야와 가능성에 대해 알아보자.

2 학습동기 유발 활동

먼저 카카오톡의 뉴스봇을 활용하면서 챗봇과 대화해보자. 뉴스봇은 실시간으로 사용자의 요구에 알맞은 뉴스를 검색하여 알려준다.

TALK 카카오톡 – 검색기능 – '뉴스봇' 검색

개인화 추천 서비스를 이용하는 비중은 뉴스가 51.12%, 음악이 27.12% 그리고 영상이 43.9%로, 뉴스를 이용할 때 소비자들의 개인화 추천서비스 이용 비중이 높았다(배현진, 2019).

그림 2.6 뉴스봇

카카오 '뉴스봇' 서비스는 카카오톡 뉴스봇과 대화를 통해 분야별 뉴스와 생활에 필요한 정보, 그리고 검색기능까지 제공하는 뉴스 챗봇이다. 사용자가 관심 있는 분야를 지정해 받아볼 수 있고, 원하는 시간대에 카카오톡 메시지와 같은 형식으로 뉴스를 받을 수 있다.

카카오 뉴스봇의 목적은 바로 뉴스 검색과 알림의 간편화다. 언제, 어디서나, 설치없이 뉴스에 접근 가능하고 내가 원하는 뉴스를 쉽게 검색하고 알릴 수 있다는 것이다. 기존의 뉴스와는 다르게, 접근성이 우수한 카카오톡 채팅방으로 옮겼다는 점에서 더 쉽게 뉴스를 접할 수 있다. 간단한 뉴스를 검색해보면서 이러한 챗봇 서비스를 가능하게 해주는 기술은 무엇일지 생각해보도록 한다.

3 활동방법

본격적으로 과학교육 분야에 활용되고 있는 챗봇과 대화를 해보자. 과학 교과에서 암석을 분류하는 활동을 챗봇과 대화하면서 진행할 수 있다. “암석 분류해줘” 또는 “암석 분류하기”라고 입력하면 챗봇과 대화하면서 암석을 분류할 수 있다.

카카오톡 – 검색기능 – ‘암석 분류봇’ 검색

표 2.10 암석 분류봇 챗봇

<table>
<tr><th>챗봇 화면</th><th>사용 방법</th></tr>
<tr><td>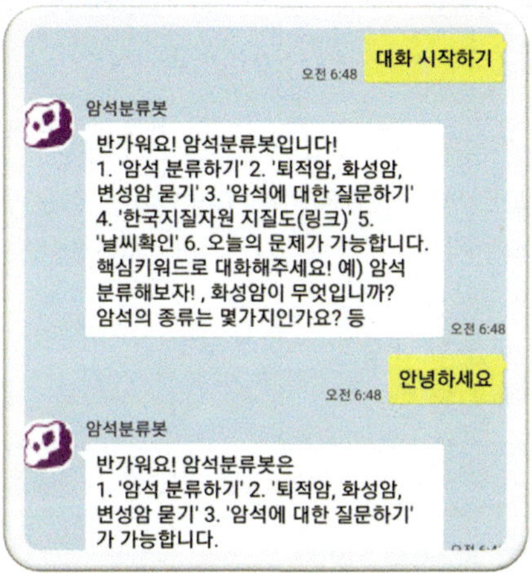
</td><td>인사하기 기능이다. 사용자가 간단히 인사하면 암석 분류봇은 간단한 인사와 함께 자신이 할 수 있는 것에 대해 안내해준다.
1. 암석 분류하기
2. 퇴적암, 화성암, 변성암 묻기
3. 암석에 대한 질문하기
4. 한국지질자원 지질도(회원가입 필수)
5. 날씨 확인
6. 오늘의 문제</td></tr>
<tr><td>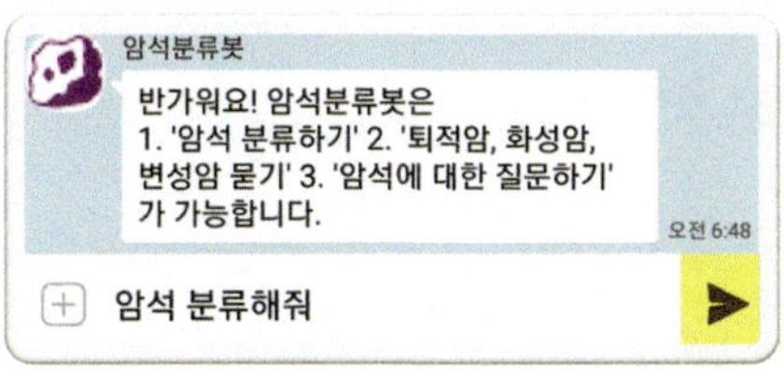
</td><td>암석 분류하기 기능이다. 암석 분류해줘, 암석 분류, 암석을 분류해 봅시다. 등 자연어를 인식하여 암석을 분류하는 관찰 관점들을 안내한다.</td></tr>
</table>

간단히 암석을 분류하는 활동 이외에도 챗봇에는 다양한 질문과 답변이 포함되어 있다. 현재 암석분류봇에는 암석과 관련된 1500개의 질문이 포함되어 있다. 예를 들면 암석의 종류는 몇 개인가요?, 기체로 이루어진 암석도 있나요?, 우리나라에서 대부분 발견되는 암석은 무엇인가요?, 암석의 가격에 대한 질문, 먹을 수 있는 암석 등 초등학생들이 궁금해할 질문이나 암석에 관련된 전문지식에 관한 질문들이 포함되어 있다.

챗봇과 함께 즐겁게 암석에 관해 대화를 나누어보면서 학습자는 챗봇이 어떠한 방식으로 사용자의 의도를 파악하고 대답하는지 체험하게 된다.

다음은 과학실험 안전교육을 위한 인공지능 과학GO 챗봇을 활용해보자. 초등학교 과학실험에 활용되는 실험실 응급대처요령과 실험기구를 안내하고 있다.

카카오톡 - 검색기능 - '인공지능 과학GO' 검색

표 2.11 인공지능 과학GO 챗봇

<table>
<tr><th>챗봇 화면</th><th>사용 방법</th></tr>
<tr><td>
</td><td>인사하기 기능을 가지고 있다. 사용자가 간단히 '안녕'이라고 인사하면 인공지능 과학GO는 간단한 인사와 함께 자신이 할 수 있는 것에 대해 안내해 준다.
1. 실험실 응급 대처 요령
2. 안전장비 사용 방법
3. 실험 기구 사용법
4. 실험 기구 설명 영상
5. 인공지능 과학GO 사이트
6. 인공지능 과학GO 앱
7. 가상환경 실험실</td></tr>
<tr><td>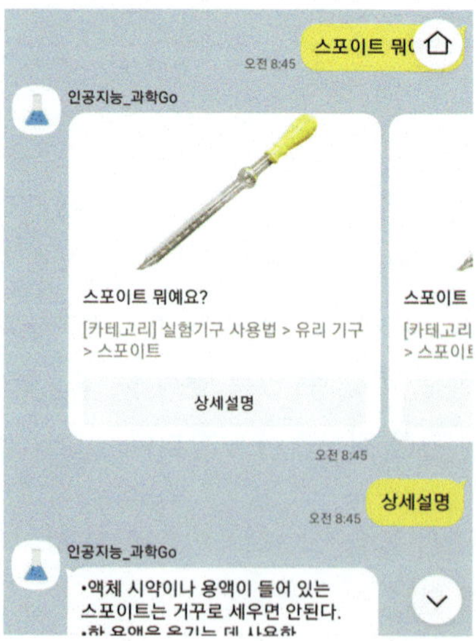
</td><td>실험 도구에 대해 안내해 주는 기능이다. 실험 기구에 대해 질문을 하면 해당 실험 기구의 상세 설명과 유의사항을 알려준다. 또한 초등학교 3~6학년 학생들이 실험 기구에 대해 질문한 내용을 바탕으로 실험 기구에 대한 궁금증을 해소할 수 있는 질문, 답변 서비스를 제공한다.

예) 스포이트 뭐에요?</td></tr>
</table>

4 활동 유의점

챗봇이 대답을 잘한 경우와 하지 못한 경우에 어떤 차이가 있는지 살펴보자. 챗봇은 핵심 키워드 중심으로 문장을 인식하여 사용자 의도를 파악하기 때문에 핵심 키워드가 잘못된 경우에는 대답을 하지 못한다. 따라서 챗봇을 설계할 때에는 시나리오 또는 대화흐름을 잘 설계해야 하고 사용자의 의도를 파악하기 위한 데이터가 필요하다.

2.4.2 인공지능 스피커 체험

1 관련원리 및 활동 목표

인공지능 스피커는 분위기에 맞는 음악 재생뿐만 아니라, 영어 대화, 주문배달, 각종 정보제공 등이 생활 전반에 있어 사용자의 명령을 수행하고 도와주는 인공지능 비서 역할을 하고 있다. 최근에는 사물인터넷(IoT)로 스마트 가전과 연결되는 구심점 역할을 하고 있다. 이러한 인공지능 스피커로 무엇을 할 수 있을까? 구글 홈(미니)와 구글 어시스턴트로 체험을 통해 알아보자.

2 학습동기 유발 활동

구글 홈(미니)은 다음과 같은 절차로 설치할 수 있다.

1. 전원 케이블을 구글 홈(미니)에 연결한다.
2. 전원 어댑터를 콘센트에 꽂는다.
3. 호환 가능한 스마트폰 또는 태블릿에서 Google Home 앱을 다운로드 및 실행한다.
   Google Home 앱 URL
   https://play.google.com/store/apps/details?id=com.google.android.apps.chromecast.app

구글 홈(미니)는 다양한 서비스를 추가하여 활용 가능하다.

Google Home 앱 설정

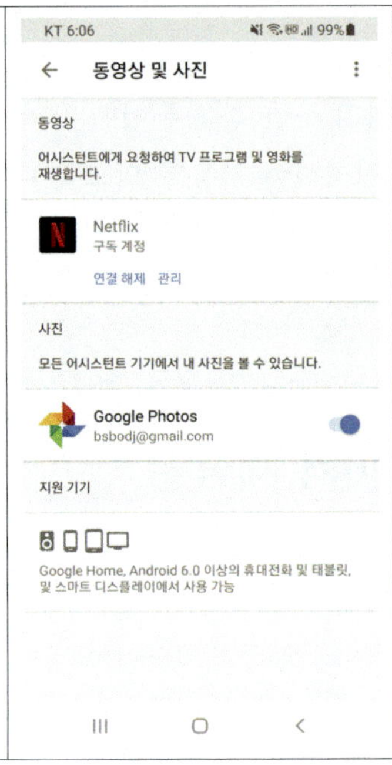

동영상 및 사진 서비스

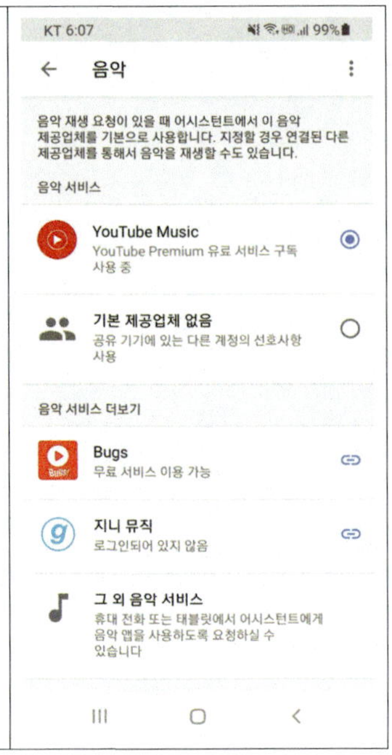

음악 서비스

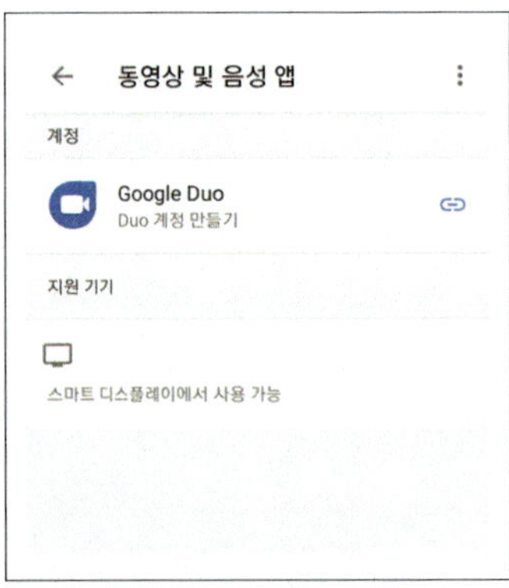

동영상 및 음성 앱 설정

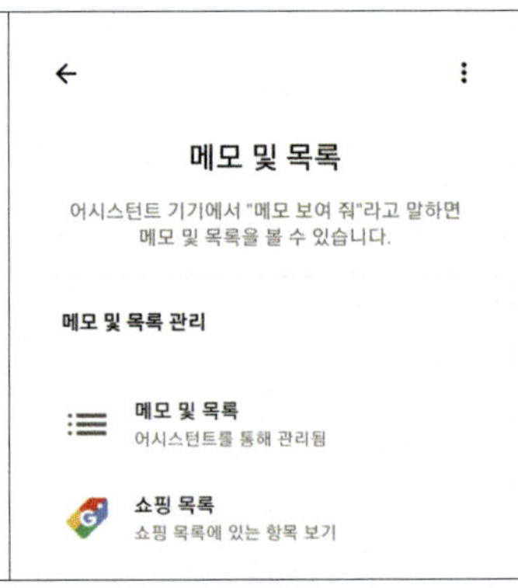

메모 및 목록 관리

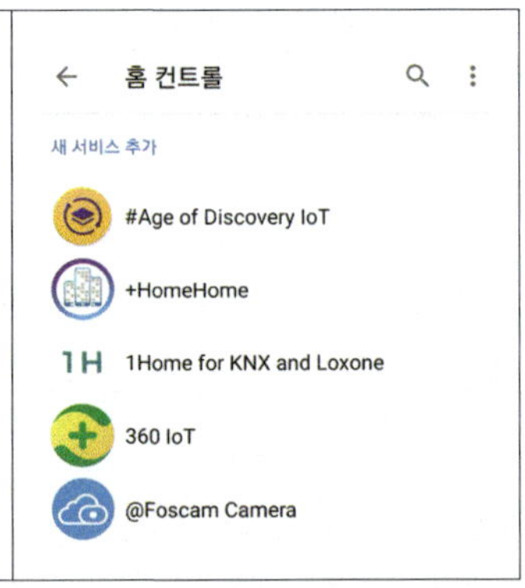

홈 IoT 설정

(OK Google 또는 Hey Google)이라는 말로 시작하면 인공지능 스피커가 명령을 받아들일 준비가 된, 활성화 상태가 된다.

음악 및 영상 스트리밍 : 유튜브 영상 콘텐츠와 유튜브 뮤직으로 원하는 음악과 영상을 검색하여 음악을 재생한다.

- (오케이 구글) 클래식 음악 틀어줘~ / (헤이 구글) 볼륨 높여줘~
- (오케이 구글) 겨울왕국의 into the unknown 틀어줘~ / (헤이 구글) 이 곡 가수가 누구야?
- (오케이 구글) 대한민국 전통음악 틀어줘~

3 활동방법

1. 영상을 활용하기 위해서는 TV또는 모니터에 크롬캐스트를 연결하고 동일한 무선 인터넷(wifi) 환경에서 활용할 수 있다. (크롬캐스트에 이름이 '거실TV'인 경우)

   - (오케이 구글) 거실TV에서 미키마우스 틀어줘~

2. **정보검색** : 단순정보, 카테고리(날씨, 교통, 금융정보, 단위변환), 지역 업체 정보 확인, 궁금증 해결이 가능하다.

   - (헤이 구글) 스페인 인구는 몇 명이야?
   - (헤이 구글) 세종대왕 출생년도는 언제야?
   - (헤이 구글) 오늘 날씨 어때?
   - (헤이 구글) 오늘 코스피 지수가 어떻게 돼?
   - (헤이 구글) 가장 가까운 슈퍼마켓이 어디야?
   - (헤이 구글) 25 곱하기 87은?
   - (헤이 구글) 영어로 '맛있다'가 뭐야?

3. **일정관리** : 개인 일정을 관리해주는 서비스로 시간, 알람, 타이머, 일정, 리마인드 등의 기능을 제공한다.

   - (오케이 구글) 지금 몇시야?
   - (헤이 구글) 내일 아침 7시에 깨워 줘 / (오케이 구글) 알람 좀 이따 다시 울려 줘~
   - (헤이 구글) 8분 타이머 맞춰 줘 / (헤이 구글) 빵 굽기 타이머 1시간으로 설정해 줘~

- (오케이 구글) 오늘 일정 어떻게 돼? / (헤이 구글) 오늘 첫 번째 일정은 뭐야?
- (헤이 구글) 이번 주 금요일 오후 5시에 케이크 찾으러 가라고 알려 줘
- (헤이 구글) 아빠한테 전화하라고 리마인드해 줘

4. **구글 서비스 및 교육, 엔터테인먼트 서비스** : 구글 지메일, 구글 캘린더, 구글 포토, 구글 번역 등 다양한 서비스를 제공한다.
   - (오케이 구글) 지구에서 달까지 거리
   - (헤이 구글) '어떻게 지내세요'가 영어로 뭐야?
   - (헤이 구글) 오늘의 뉴스 알려 줘 / (오케이 구글) 스포츠 뉴스 알려 줘
   - (헤이 구글) How are you? / (오케이 구글) Children's song
   - (헤이 구글) Tell me a story
5. **루틴 설정**: 홈 앱에서 자주 사용하는 루틴을 설정할 수 있다.
   - 맞춤 루틴 만들기 : 자신만의 루틴을 추가하여 설정할 수 있다.
   - 루틴예약 : 인공지능 스피커에서 자동으로 시작되도록 맞춤 루틴을 예약할 수 있다.

4 활동 유의점

이밖에도 구글 한국 블로그에 다양한 활용방법이 안내되어 있다.
https://korea.googleblog.com/2018/10/googlehome.html

인공지능 스피커는 현재 상용화되어 우리 생활에 활용되고 있지만, 주변 환경에 따라 인식률의 차이를 보일 수 있다. 첫 번째 주변 소음으로 음성 인식이 잘되지 않을 수 있다. 또한 사람마다 목소리의 특성이 달라 인식 정도가 다르므로 개인차가 발생할 수 있다.

2.5 결론

미래 사회에서 살아가기 위해서는 인공지능 서비스에 친숙해지고 잘 활용할 수 있어야 한다. 인공지능 서비스는 우리가 생각한 것보다 빠르게 확대되고 있으며, 지금도 우리는 생각하지도 못하고 알지도 못하는 사이에 인공지능 기술을 포함한 다양한 인공지능 서비스 속에서 살아가고 있다. 우리가 자주 사용하는 스마트폰과 인터넷 검색엔진 등에도 우수한 인공지능이 활용되고 있기 때문이다.

하지만 초등학생들은 인공지능 서비스가 어디에서 어떻게 활용되고 있는지 잘 인지하지 못할 수도 있다. 인공지능은 그만큼 우리 생활에 가까이 다가와 있으며 그 존재를 파악하기 어려울 정도로 자연스럽게 우리 생활에 스며들어 있다. 초등학교 교육은 학생의 일상생활과 학습에 필요한 기본 습관 및 기초 능력, 바른 인성을 함양하는 데 중점을 둔다. 이러한 목표를 가진 초등학교에서 우리 생활 속 인공지능 서비스의 존재를 인식하고 이를 효과적으로 활용할 수 있는 기본 소양을 갖출 수 있도록 지도할 필요가 있다.

학생을 가르치는 교사는 수많은 인공지능 서비스가 유기적으로 작동하는 사회 환경에서 살아갈 학생들에게 인공지능 서비스에 대한 지식, 기능을 가르쳐야 할 것이다. 또한 이를 무조건적으로 받아들이는 것이 아니라 인공지능 서비스가 제공하는 정보를 비판적으로 생각할 수 있는 힘도 길러야 할 것이다.

인공지능을 개발하거나 활용하는 기술자가 세계적으로 높은 대우를 받고 있다. 다가올 미래 사회에서 활약할 인공지능 개발자나 기술자를 꿈꾸는 학생도 있을 것이다. 초등학교 시기부터 인공지능에 대한 흥미와 관심을 불러일으키는 교육이 시작된다면, 미래 사회의 핵심 인재 육성에 도움이 될 수 있을 것이다.

최첨단의 산업현장뿐만 아니라 교육현장에도 다양한 인공지능 서비스가 도입될 것으로 예상하고 있다. 이러한 서비스를 학생들과 함께 쉽고 재미있게 알아보는 것이 중요하다. 다양한 인공지능 서비스가 우리 삶에 많은 영향력을 미칠 것이기 때문에, 학생들은 인공지능이 어떻게 작동하는지, 인공지능 서비스가 우리에게 어떠한 도움을 주는지 파악할 필요가 있다.

초등교육에서 인공지능 윤리교육은 필수적으로 이루어져한다. 인공지능이 중립적이지 못하고 특정 가치에 편향되어 동작하게 된다면, 이는 수많은 사회적 부작용을 초래할 수 있다. 초등교육에서 이러한 인공지능의 윤리적 이슈에 대해 생각할 수 있는 기회를 제공하고, 발전된 기술을 올바르게 활용할 수 있는 소양을 길러주는 것이 중요하다.

2.6 요약

오늘날의 인공지능 서비스가 존재하는 것은 1. 우수한 알고리즘, 2. 처리 속도(컴퓨팅 파워) 증가, 3. 네트워크 발달로 인한 데이터 증가로 정리할 수 있다. 이러한 기반을 바탕으로 인공지능 기술이 발전하여 편리한 인공지능 서비스로 우리에게 제공될 수 있게 되었다.

인공지능 기술은 기계학습, 지식 추론, 시각 지능, 언어 지능 등 다양한 분야에서 발전되고 있다. 인공지능은 우리 생활에 편리하게 사용될 수 있도록 만들어진 프로그램으로 서비스되고 있다.

인공지능 서비스란 개발된 인공지능 기술을 우리 생활에 편리하게 사용할 수 있도록 만들어진 프로그램을 의미한다.

인공지능 서비스의 특징은 1) 초지능성을 기반으로 한 무인화 서비스(언텍트), 2) 빅데이터를 기반으로 한 맞춤형 플랫폼, 3) 시간과 공간을 뛰어넘는 초연결성 서비스이다.

일상생활에 많이 활용되는 인공지능 서비스의 사례는 인공지능 비서(스마트폰, 인공지능 스피커), 스마트 가전제품, 인공지능 기반의 챗봇, 자율주행차 등이 있다.

인공지능 비서는 인공지능이 개인의 비서 역할을 해주는 서비스를 의미한다.

스마트 가전제품은 스마트홈으로 연결되어 빠른 처리 능력, 편의성, 유연성을 가진 맞춤형 서비스를 제공할 것이다.

인공지능 기반의 챗봇에 적용된 인공지능 기술은 패턴 인식, 자연어 처리, 시멘틱 웹, 텍스트 마이닝, 상황 인식 컴퓨팅 등으로 SNS를 기반으로 언제 어디서나 설치 없이 활용할 수 있을 것이다.

자율주행차는 인공지능 시스템을 갖추고 있으며, 라이다 센서, 레이더, 초음파 센서, 적외선 카메라, 모노, 스테레오 카메라 등을 활용하여 주변 상황을 종합적으로 파악하여 위험 여부를 판단하고 운전자의 조작없이 차량을 주행한다.

인공지능 기술과 서비스가 우리 생활에 활용될 것이므로 인공지능에 대해 알고 이를 올바르게 활용할 수 있는 지식과 기능을 길러야 한다. 또한, 인공지능의 판단과 결과를 무조건 수용하는 것이 아니라, 그 결과를 비판적으로 해석하고 윤리적으로 가치있는 결론을 얻기 위해 신중하게 생각하는 태도를 기르는 것이 중요하다.

2.7 연습문제/실습

1. 인공지능의 발전을 가져오게 된 3가지 요인을 기술하시오.

2. 인공지능 서비스의 개념을 정의하고 인공지능 기술과의 차이점을 서술하시오.

3. 인공지능 비서에게 오늘 날씨를 묻고, 인공지능 비서에 들어가 있는 인공지능 기술들을 적어보시오.

4. 인공지능 비서가 제공하는 서비스 종류의 예와 특징을 적어보시오.

5. 인공지능 챗봇(뉴스봇, 암석 분류봇, 바다 탐험대, 인공지능 과학GO 챗봇)을 체험하고 앞으로 챗봇이 발전하려면 어떤 서비스를 보완해야 할지 생각해보시오.

6. 자율주행차에 사용된 인공지능 기술과 시스템을 적어보시오.

7. 인공지능을 초등학생에게 가르쳐야 하는 이유를 적어보시오.

참고문헌

- [웹진] 인공지능 시대, 우리나라의 R&D 전략은? (2018.06. / 과학기술정보통신부)
- Gartner, "Understanding Gartner's Hype Cycles," 2018. 8. 20.
- Forbes, "What's New In Gartner's Hype Cycle For AI, 2019," 2019. 9. 25.
- 우지환(2019). 인공지능 기술 최신 동향. 삼성전자 삼성리서치
- 나영식, 조재혁(2018). 인공지능(SW). KISTEP 기술 동향 브리프.
- 산업 정책 조사팀(2018). 국내외 가전산업 동향 및 트렌드 분석. 한국무역보험공사

  – 스마트 가전: 스마트홈으로의 진화
- 장지혜, 주다영(2019). 인공지능 스피커의 정서별 감정 발화에 따른 사용성 평가. 한국 HCI 학회 학술 대회, 705-712
- 배현진(2019). 알고리즘 기반 추천 서비스 플랫폼에 대한 사용자 인식에 관한 연구. 연세대학교 정보대학원 석사학위 논문
- 맹혜련(2018). 인공지능 기반 자연어 처리 기술의 현황 및 서비스 연구 : 3종류의 기계 통번역 장치 정확도 분석. 호서대학교대학원 석사학위 논문
- 장예빛(2019). AI 스피커 이용자의 이용 동기 및 AI 스피커에 대한 관계 유형 인식이 즐거움에 미치는 영향. 한국콘텐츠학회 논문지, 19(11), 558-556.
- 김수상(2019). 데이터 기반 인공지능 제품 서비스 시스템의 지속적 사용 의도에 영향을 미치는 요인에 관한 연구. 숭실대학교 박사학위 논문
- 편집부(2017). 인공지능(AI) 가전제품 문제점 및 개선 방안. 한국소비자원 조사보고서, 1-33.
- 편집부(2018). CES 2018 가전, 자동차 트렌드와 시니어 마케팅. 마케팅, 52(2), 38-50
- 민윤정(2019). 교육 분야 챗봇의 적용 사례 연구: 초등 과정 중심. 한국경영과학회 학술대회 논문집, 3920-3939
- '뉴스봇! 오늘 사회 기사 보여줘' https://it.donga.com/29939/
- 박준호, 윤경일, 민성태(2019). 인공지능 기반의 챗봇 시스템 기술 동향. 솔루게이트

- 권영일 KISTI 마켓 리포트(2016). 자율주행 자동차용 인공지능 시스템
- 백창화(2019). 인공지능 서비스의 품질 평가 방법 개발. 대진대학교 박사학위 논문
- 자율주행차, 어디까지 알고 있니? http://www.ndsl.kr/ndsl/issueNdsl/detail.do?techSq=77
- 아이뉴턴(2018). 기초부터 미래의 전망까지 인공지능. 아이뉴턴

CHAPTER 03

규칙으로 문제 해결하기

이용배(전주교대)

학습목표

- 자동 분류의 개념과 단계별 처리 과정을 이해할 수 있다.
- 규칙 기반 분류에 대한 개념을 이해하고 전문가 시스템에 적용하는 과정을 이해할 수 있다.
- 일상에서 규칙 기반으로 작동되는 시스템을 이해할 수 있다.
- 도형 사이의 관계를 추론해서 규칙을 만들어 내고 다음 도형을 예측할 수 있다.
- 도형 그리기를 하면서 반복되는 규칙을 찾아내고 직접 프로그램으로 옮길 수 있다.

3.1 개요

1 자동 분류란

현재 인터넷에 축적되는 웹 자원이나 멀티미디어 문서는 개수를 측정하지 못하는 수준이 되었으며 각종 사물인터넷(Internet of Things, IoT) 기기로부터 실시간 발생되는 데이터의 양 또한 수십 페타바이트(Petabyte, 1015)에 이르며 너무 방대하고 다양한 형태로 진화되었다. 이러한 데이터의 특징을 가트너(Gartner Inc)의 더그 레이니(Doug Laney)는 데이터의 급성장에 따른 데이터의 양(volume), 데이터 입출력의 속도(velocity), 데이터 종류의 다양성(variety)이라는 세 개의 차원으로 통합하여 빅 데이터로 정의하였다.

빅 데이터가 나오면서 같이 관심을 받고 있는 분야가 1930년대에 등장했다 새롭게 다

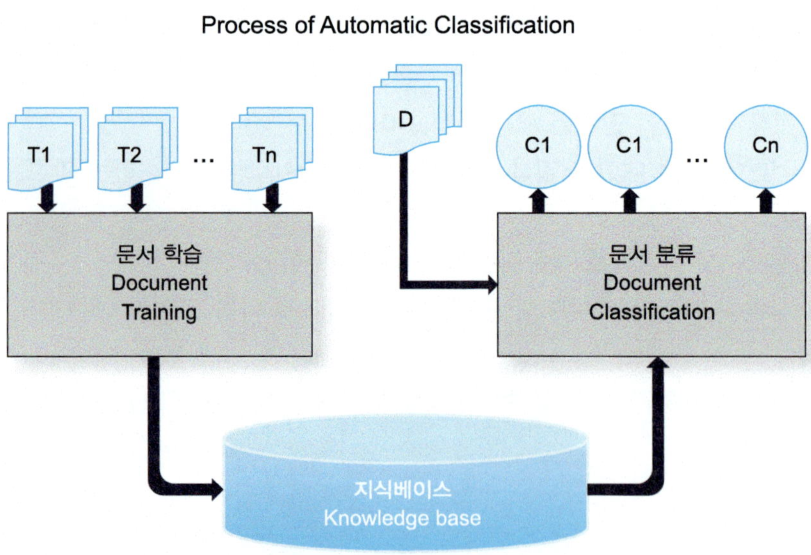

그림 3.1 자동분류기의 구조

시 돌아온 인공지능이다. 인공지능에 대한 연구의 시작은 컴퓨터의 개발 시점으로 보는 1936년에 앨런 튜링(Alan Mathison Turing, 1912-1954)이 만든 튜링 기계(Turing machine)로 인식하는 것이 일반적이다. 연구자들은 1960년대까지 새로운 시대가 올 것 같은 꿈에 부풀어 있다가 인공지능 이론이 소프트웨어나 하드웨어로는 해결할 수 없는 실제의 벽이 너무 높음을 깨닫고 1970년대부터는 인공지능 분야의 하위 분야인 기계학습, 로봇공학, 데이터 시각화 등의 영역으로 옮겨갔다. 2000년 중반에 들어와서 강력한 컴퓨팅 파워를 기반으로 한 딥러닝(deep learning) 기술의 등장과 빅 데이터는 인공지능을 다시 불러오는 계기가 되었다.

그럼 인공지능을 가능하게 하는 빅 데이터를 가지고 무엇을 할 수 있을까라는 질문에 대한 답은 분석을 통한 예측이라고 아주 간단하게 말할 수 있다. 거대 데이터를 인공지능 기술을 적용하여 빠르게 분석한 후 아직 경험하지 못한 환경, 미래, 새로운 데이터에 대해 확률적으로 높게 나오는 값으로 방향을 설정해주는 것이다. 빅 데이터를 빠르게 분석하는 기술 중에 중요한 기술로 인식되는 것이 기계학습(machine learning)과 자연어 처리(natural language processing), 자동 분류(automatic classification), 데이터 마이닝(data mining)이다.

자동 분류는 문서 학습 과정과 문서 분류 과정으로 크게 구분할 수 있다. 문서 학습 과정에서는 범주별로 학습 문서(T_1, T_2,..., T_n)를 수집하여 문서에 있는 범주를 대표할 수 있는 자질(feature)이라고 불리는 특성을 뽑아내고 자질이 범주에서 차지하는 확률 값도 함께 계산하여 지식 베이스(knowledge base)를 구성하게 된다. 문서 분류 과정에서는 새로운 문서(Documents) 또는 자료(data)가 들어왔을 때 이 문서가 어떤 범주에 속할지를 지식 베이스 정보를 활용하여 해당하는 범주(C_1, C_2, ..., C_n)에 문서를 할당하게 된다.

2 문서 학습(Documents training) 과정

문서 학습 과정은 범주별 특성을 학습하는 과정이기 때문에 범주 학습이라고 하면 더 이해가 쉬울 수 있다. 점선으로 표시된 범주별 학습 문서를 수집하여 베이지언, SVM, KNN 등의 분류 알고리즘으로 구현한 범주 학습 프로그램을 통해 최종적으로 지식 베이스를 구성하는 것이다. 지식 베이스는 범주별 자질과 확률 값으로 구성되는데 자질

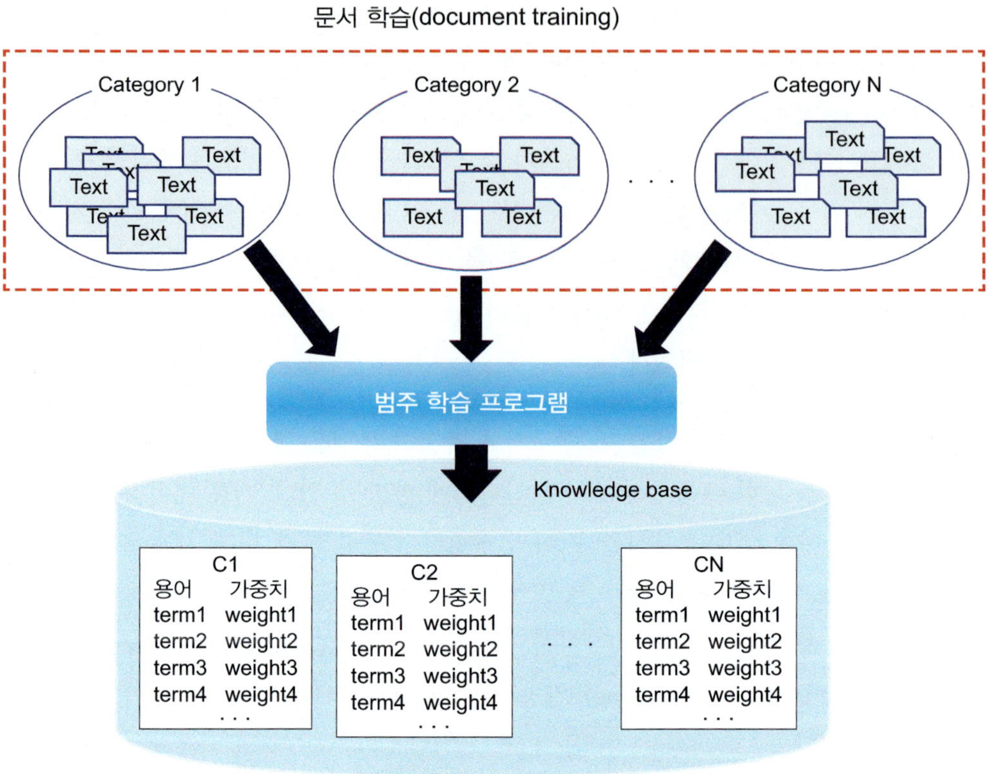

그림 3.2 문서 학습 과정

은 일반적으로 문서에 포함된 중요한 용어, 즉 단어가 될 수 있으며 확률 값은 해당 단어가 범주의 특성을 얼마나 나타낼 수 있는지를 분류 알고리즘으로 계산한 가중치가 된다. 따라서 지식 베이스에는 범주별로 범주를 대표할 수 있는 (용어, 가중치)의 쌍이 일련으로 구성되어 있다.

이때 자동 분류기가 학습 과정 후 생성하는 지식 베이스가 자질과 확률 값의 구조이면 일반적으로 확률 기반 분류라고 부르고 범주를 구분할 수 있는 규칙이면 규칙 기반 분류(rule base classification)라고 부른다.

3 문서 분류(Document classification) 과정

새로운 문서가 입력되었을 때 분류하는 방법은 일반적으로 입력된 문서의 용어 벡터(D)와 지식베이스의 범주별 용어 벡터(C_i)와의 유사도를 계산하여 가장 유사도가 높은 범주에 문서를 할당하는 방식을 사용한다.

$$sim(D, C_i)$$

i는 1, 2, 3, . . . , n (n은 범주의 개수)

예를 들어, 범주의 개수가 9개이면 문서와 9개 범주와의 유사도를 모두 계산한다.

- $sim(D, C_1) = 0.35$
- $sim(D, C_2) = 0.41$
- $sim(D, C_3) = 0.27$
- $sim(D, C_4) = 0.19$
- $sim(D, C_5) = 0.42$
- $sim(D, C_6) = \mathbf{0.87}$
- $sim(D, C_7) = 0.56$
- $sim(D, C_8) = 0.63$
- $sim(D, C_9) = 0.65$

이 경우에는 유사도가 가장 높은 범주 6이 문서가 속한 범주가 된다.

3.2 규칙으로 문제 해결하기

1 규칙 기반 분류의 이해

규칙 기반 분류는 개요에서 설명한 자동 분류의 문서 학습 과정이 생략될 수 있으며 만일 문서 학습 과정이 있다면 학습 후 생성되는 지식 베이스의 구조는 (용어, 가중치) 구조가 아닌 규칙의 집합(rule collection)이 된다. 문서 학습 과정이 생략된 경우, 규칙은 사람이 직접 수작업으로도 만들 수 있으며 문서 분류 과정에서는 규칙들을 조합하여 가장 적용 범위를 넓게 할 수 있는 규칙으로 재구성하여 입력된 문서를 분류하게 된다.

이제 전문가 시스템에서 규칙을 만들어가는 과정을 살펴본다.

의사 선생님이 뎅기열(dengue) 환자를 진단하는 과정을 생각해보자.

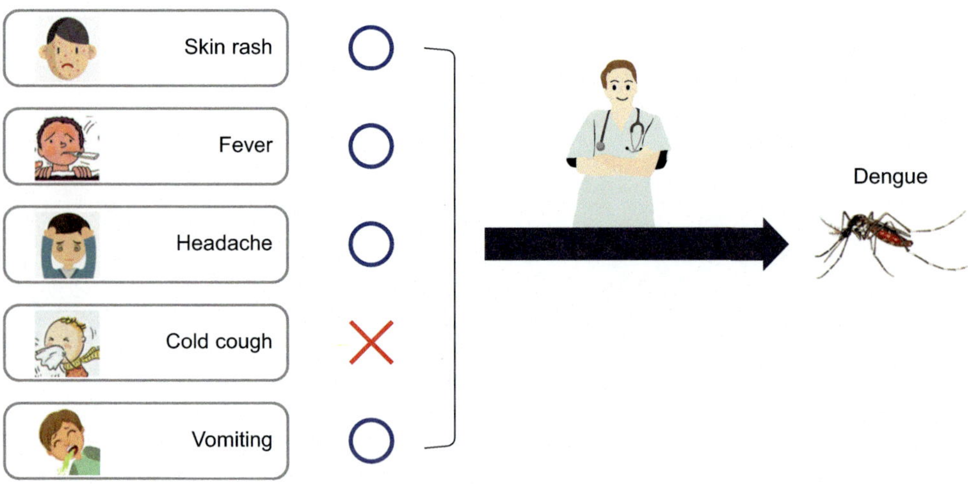

그림 3.3 의사가 뎅기열 환자를 진단하는 과정

피부 발진이 있고 열이 나고 두통과 함께 구토 증세를 보이는데 기침 감기 증상이 없을 때 의사 선생님은 환자에게 뎅기열 진단을 내린다.

이렇게 진단을 하는 것은 그동안 의사들이 학습해 온 결과라고 할 수 있으며 병원에 진단 기록으로 남아 있다. 이 자료를 언어 처리 과정과 기계 학습 과정을 거쳐 규칙 집합을 만들어 낼 수 있다.

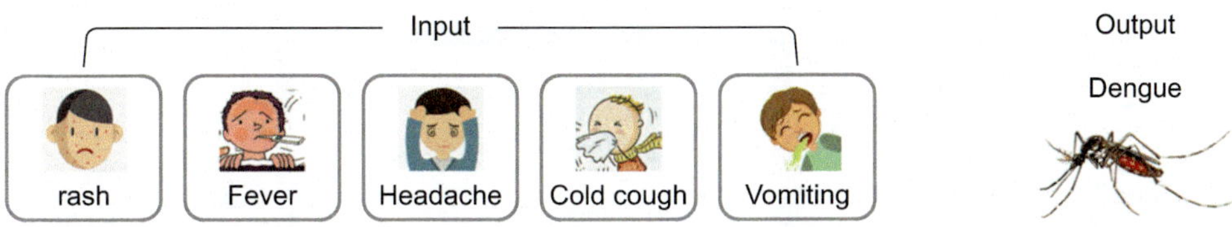

rash	Fever	Headache	Cold cough	Vomiting	Dengue
1	1	0	0	0	0
1	0	1	1	0	0
1	0	0	1	1	0
1	1	1	0	1	1
1	1	1	1	0	0
	⋮		⋮		⋮
0	1	1	1	0	0
0	0	1	0	1	0

○ : 1 ✕ : 0

그림 3.4 자료 전처리 과정을 거쳐 학습 문서 구성

과거의 진단 기록 문서에서 필요한 부분만을 뽑아내고 컴퓨터가 처리하기 쉬운 상태로 만든 다음 환자가 해당 항목에 증상이 있으면 1, 없으면 0으로 표기하여 진단 기록 문서를 디지털화한다. 디지털화한 자료에서 환자별로 뎅기열로 진단한 환자와 그렇지 않은 환자를 모든 경우의 수로 나열하면 이것이 규칙을 만들기 위한 학습문서 집합이 된다.

학습 문서 집합으로 기계 학습 과정을 거치고 실제 진단에 사용할 수 있는 유형들을 뽑아내면 분류 규칙을 만들 수 있다. 학습 문서는 과거의 경험과 기록을 디지털화한 것이기 때문에 환자를 진단할 때마다 정보를 추가하고 학습 문서를 늘리면 더 정확한 기계 학습으로 전문가 시스템의 진단 정확도도 높일 수 있다.

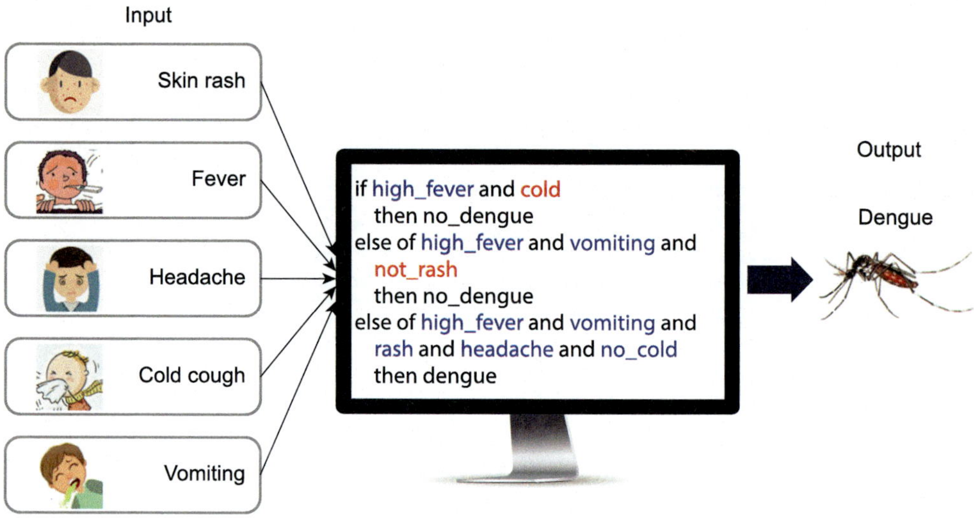

그림 3.5 분류 규칙을 프로그래밍하여 전문가 시스템을 완성

기계 학습 결과로 얻은 분류 규칙이 문제를 해결하기 위한 알고리즘이라고 할 수 있으며 이것을 컴퓨터가 해석할 수 있도록 프로그래밍하면 그 결과물이 뎅기열 진단 전문가 시스템이 되는 것이다.

2 규칙 기반 분류의 응용

챗봇(Chatbot)

챗봇은 문자나 음성을 통해 사람과 대화를 하듯이 특정한 작업을 수행하도록 제작된 컴퓨터 프로그램을 의미한다.[1] 토크봇(talkbot), 채터박스(chatterbox) 또는 그냥 봇(bot)이라고도 한다. 이러한 챗봇은 온라인의 다양한 분야에서 많이 사용되고 있는데 인공지능 기술이 적용된 챗봇도 있지만 정해진 규칙에서 동작하는 챗봇이 대부분이다. 규

1. Chatbot, https://en.wikipedia.org/wiki/Chatbot

칙기반 챗봇이라고 해서 단순 규칙만을 사용한다고는 볼 수 없고 여기에도 언어 처리 기술과 정보검색 기술 등 기계 학습이 내제되어 동작하고 있다.

규칙 기반 챗봇은 사용자의 문장에 특정 단어가 들어가 있는지를 검사하여 그에 해당하는 답변을 주거나 질문에 해당하는 문장과 챗봇에 저장해둔 문장에서 가장 유사한 문장을 찾아내고 그에 해당하는 답변을 주는 방법을 사용한다.

표 3-1 챗봇의 응답 규칙

```
if "안녕" in sentence
   then return "반가워~ 넌 이름이 뭐니?"
if "심심" in sentence
   then return "우리 뭐하면서 놀까?"
if "배고파" or "배고픈" or "배고프" in sentence
   then return "먹고 싶은거 있어? 맛있는 거 먹으러 가자"
```

유사한 문장을 찾는 방법은 문서 분류(document classification) 과정에서 언급했던 두 문장을 벡터로 나타내고 두 벡터의 내적을 구하는 *sim*(*A*, *B*) 방법을 사용하거나 단순히 글자 수를 비교하여 계산하는 자카드 유사도를 사용하기도 한다.

$$J(A, B) = \frac{|A \cap B|}{|A \cup B|} = \frac{|A \cap B|}{|A| + |B| - |A \cap B|}$$

예를 들어, 사용자의 문장이 A이고 챗봇이 저장하고 있는 문장이 B라고 할 때 사용자가 "안녕하십"을 입력하고 엔터키를 눌렀을 때 챗봇은 아래와 같이 두 가지 경우로 계산할 수 있다.

J(안녕하십, 안녕하세요) = 3/6 = 0.5

J(안녕하십, 안녕하십니까) = 4/6 = 0.67

챗봇이 보유한 문장이 "안녕하세요"와 "안녕하십니까" 두 개라면 유사도를 모두 계산한 후 유사도가 높은 "안녕하십니까"로 인식하고 챗봇은 응답할 때 속어와 줄임말 등을 피하고 존칭을 사용할 수 있다.

실제 상용으로 사용되고 있는 대부분의 챗봇은 분야별, 서비스별로 특화되어 학습된 데이터를 저장하고 있으며 여러 분야를 모두 학습하고 적용하도록 만들어진 것은 드물다. 사용자의 대화 내용이 입력되면 해당 범주내에서 규칙에 기반하여 검색된 결과를 주는 방식이므로 사용자의 기대만큼 답변을 못할 경우도 있다.

1페이지 2페이지

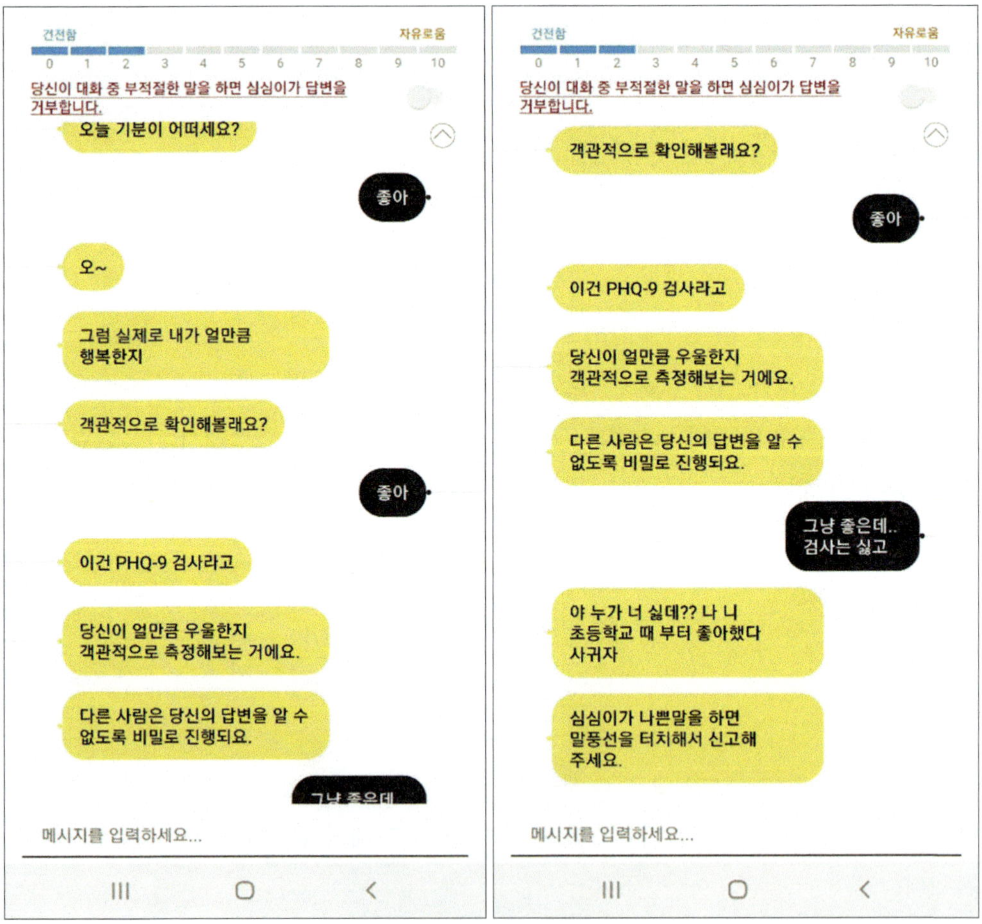

그림 3.6 챗봇과의 대화

1페이지에서 2페이지로 가면서 왼쪽 챗봇의 응답이 오른쪽 사용자의 질문에 대한 맥락을 이해하지 못하고 주제를 벗어나고 있는 것을 볼 수 있다.

식품 선별기

농산물을 상품-중품-하품으로 구분해 주는 시스템을 식품 선별기라고 부른다. 여러 사람이 함께 모여 수작업으로 분류하던 것과는 달리 현재는 기계 학습과 센서 기술의 융합으로 자동화되고 더 위생적인 환경으로 바뀌었다. 선별기의 운반 벨트로 농산물이 섞여서 들어오면(①) 카메라 센서가 농산물을 인식하고 무게 및 이미지 정보를 판별기에 보낸다(②). 판별기는 이미지와 무게 등을 분석하여 미리 학습된 규칙에 따라 농산물의 품질을 판단하고 해당 라인으로 보내는 작업이 순차적이며 동시에 진행된다. 여기에서 판별기는 농산물의 생김새, 색깔, 무게 등의 항목을 확인하고 학습된 규칙에 의해 분류하는 역할을 한다. 식품 선별기의 디지털화하여 저장하고 기계학습을 통해 규칙으로 만들어내는 과정은 챗봇과 유사하다.

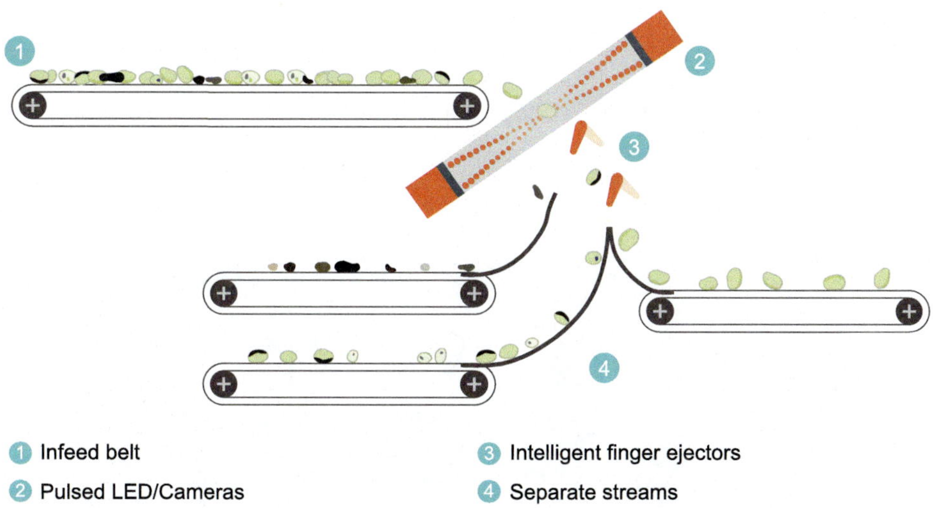

그림 3.7 식품 선별 시스템('copyright TOMRA Food')

3 단순화된 규칙 기반 분류

초중고 과정에서 기계 학습을 이해하고 규칙 기반 분류를 학습하기에는 여건상 어려움이 있을 수 있다. 따라서 이 구조를 단순화하여 기계 학습 과정을 생략하고 문제를 분석한 후 바로 규칙을 찾아내는 과정으로 들어가면 초등학교 과정에서도 여러 과목에서 응용이 가능하다.

이제 규칙을 찾아보는 활동과 찾아낸 규칙을 프로그램으로 옮기는 학습을 경험해 본다.

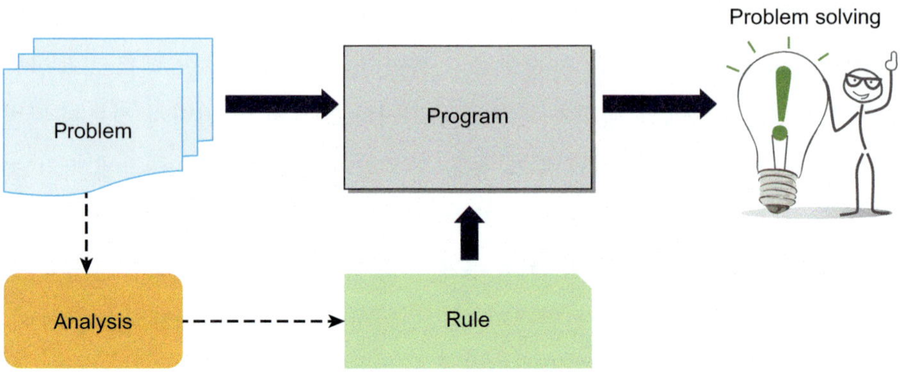

그림 3.8 규칙으로 문제 해결

규칙 찾기 게임

아래 도형을 관찰한 후 그 안에서 규칙을 찾아보자. 찾아낸 규칙을 적용하면 빈 칸에는 A~H 중 어떤 도형이 적합할지 생각해보자.

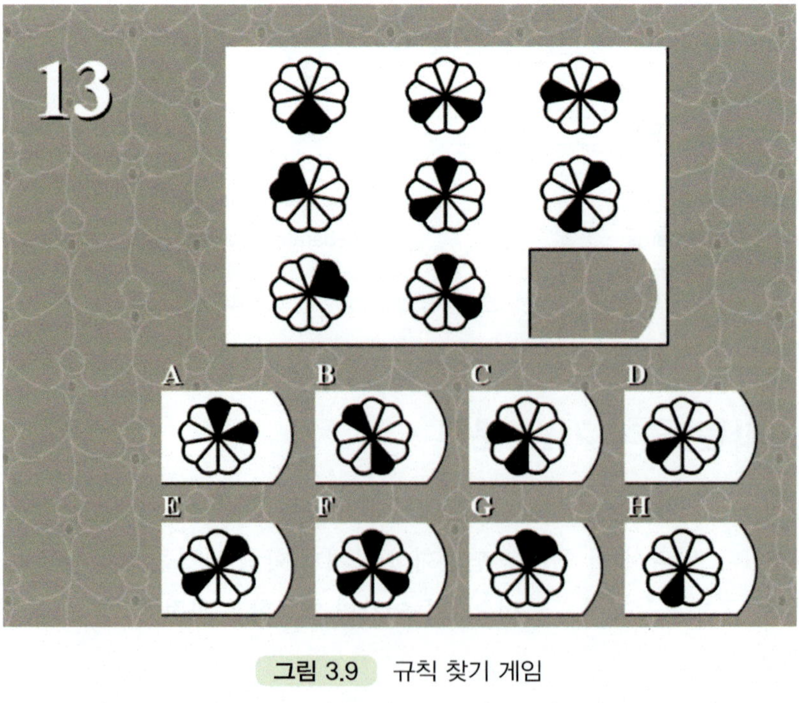

그림 3.9 규칙 찾기 게임

우선 꽃잎은 모두 2개씩 색이 칠해져 있기 때문에 빈칸에 들어갈 꽃잎도 2개 색이 칠해져 있어야 한다. 첫 번째 줄을 보면, 첫 번째 꽃의 색이 칠해진 꽃잎은 사이가 붙어 있고, 두 번째 꽃잎은 사이에 2개 꽃잎이 있고, 세 번째 꽃은 사이에 4개 꽃잎이 있다. 색이 칠해진 꽃잎 2개의 사이가 벌어지는 규칙이 0-2-4가 된다. 두 번째 줄도 첫 번째 줄과 규칙이 같다. 따라서 빈 칸에 들어갈 꽃 모양은 색칠한 꽃잎 2개의 사이가 4개 벌어진 B와 E 중에 있다. 그런데 세 번째 줄 꽃잎은 오른쪽으로 사이가 벌어져 있기 때문에 규칙을 적용하면 B가 적절한 꽃잎 모양이 된다.

이 활동은 [www.iqtest.dk]에서 더 다양하게 접할 수 있다.

도형에서 규칙 찾기

초급 프로그래머는 도형 그리기를 할 때 어떻게 시작해야 할지를 잘 모르는 경우가 많이 있다. 축적된 프로그래밍 학습 경험에서 도형 그리기는 반복되는 규칙만 찾아내면 절반은 성공한 것이며 그 규칙을 알고리즘으로 표현한다든지 규칙이 단순하다면 직접 프로그래밍으로 변환해 보는 것이 좋다.

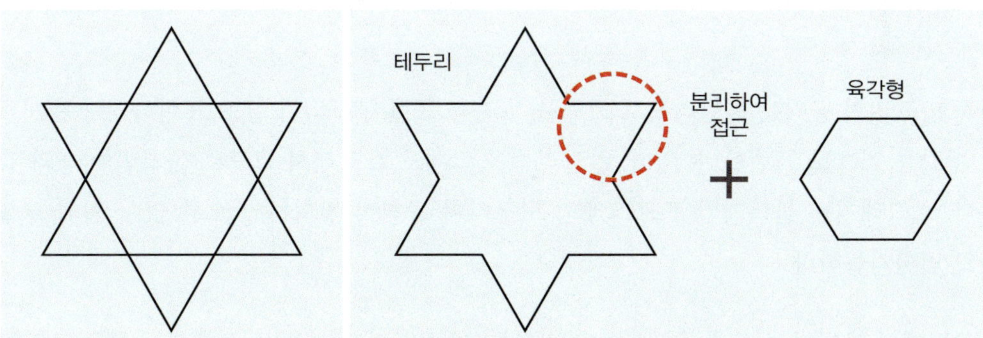

그림 3.10 다윗의 별 그리기 접근법1

다윗의 별 혹은 유대인의 별이라고 불리는 도형은 한붓그리기가 가능할까? 외부 테두리와 내부 육각형을 분리하여 생각하면 한붓그리기가 가능하다. 정다면체 도형이 한붓

그리기가 가능하다는 의미는 반복되는 동작이 있다는 것이고 반복되는 동작을 찾아내면 그것이 도형그리기 규칙이 된다.

외부 테두리는 둥근 점선으로 둘러싸인 뾰족한 부분 그리기를 6회 반복하면 되며 내부 육각형은 직진+회전을 6회 반복하면 완성된다.

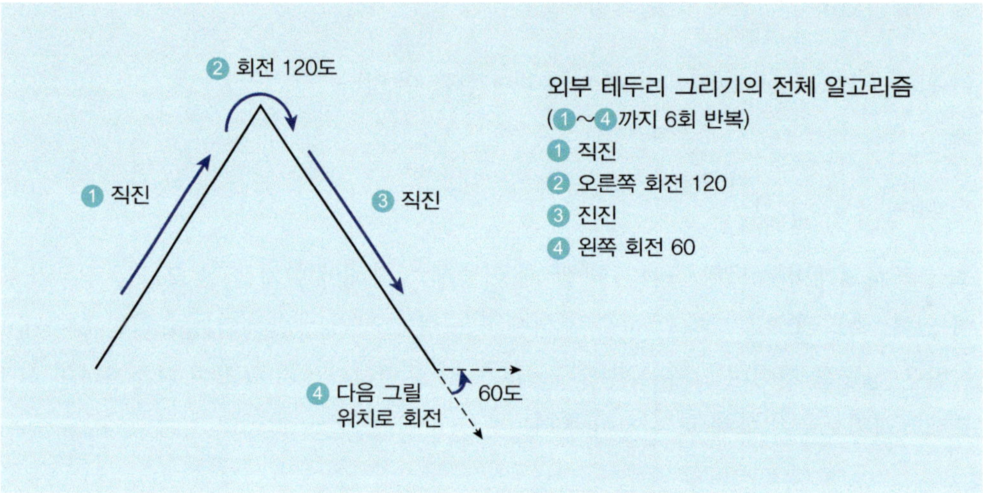

그림 3.11 뾰족한 부분 그리는 규칙

도형 그리기 규칙은 간단하므로 그림을 그려서 표현해도 되고 글로 표현하거나 순서도와 같은 기호로 표현할 수 있다. 알고리즘을 그대로 스크래치 코드로 옮기면 아래와 같다. 스크래치는 블록기반 프로그래밍 도구이며 규칙이 명확하면 오류 없이 쉽게 코드로 변환가능하다.

그림에서 보듯이 스크래치 코드는 전체 알고리즘을 해당 기능을 수행하는 블록으로 변환한 것 외에는 다른 블록이 추가된 것이 없다.

그림 3.12 다윗의 별 그리기 프로그램-접근법1

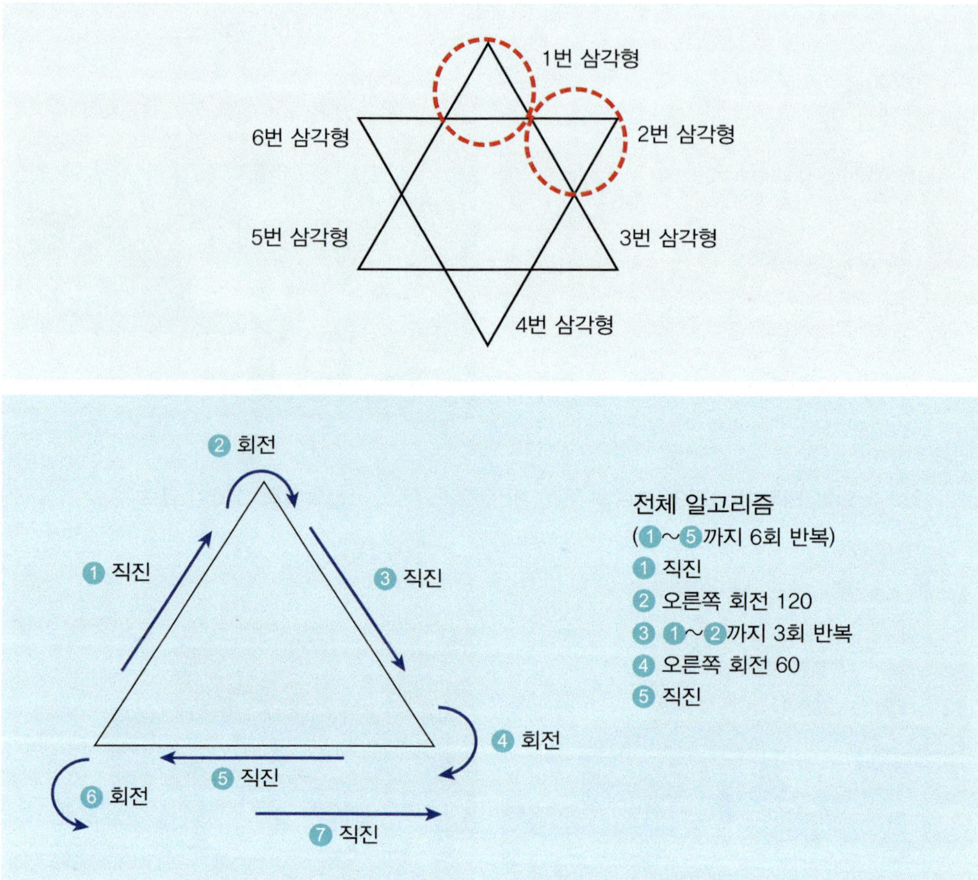

그림 3.13 다윗의 별 그리기 접근법2

다윗의 별 그리기는 앞에서 그린 외부 테두리와 내부 육각형을 그리는 방법 외에 정삼각형이 6개 모여서 이루어진 도형으로 접근할 수도 있다. 그럼 더 간단하게 삼각형을 6개만 그리면 완성된다. 여기서 중요한 점은 삼각형을 하나 그린 후 다음 삼각형 그릴 위치로 이동하는 것까지를 반복 규칙 한번으로 생각하고 알고리즘을 만들어야 한다.

삼각형 1개를 그리고 다음 위치로 이동하는 동작 단계는 총 7단계로 구성되지만 삼각형 1개 그릴 때 반복규칙을 또 사용할 수 있기 때문에 그림 설명보다는 전체 알고리즘이 5단계로 더 단순하다.

삼각형 6개로 그리는 다윗의 별 스크래치 코드는 아래와 같다.

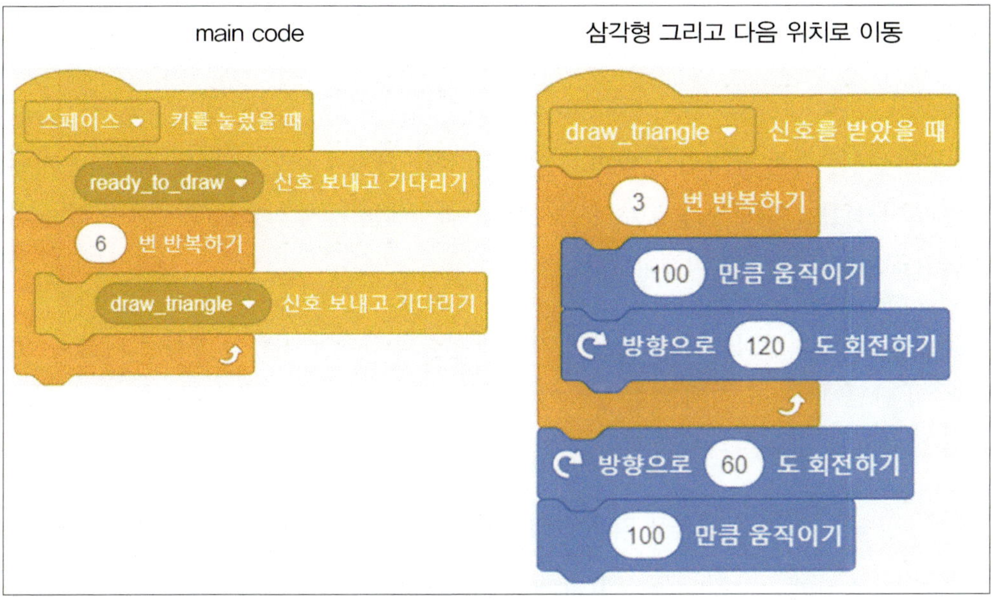

그림 3.14 다윗의 별 그리기 프로그램–접근법2

3.3 결론 및 요약

이 단원에서는 자동 분류란 무엇이고 어떤 과정을 거치며 어떤 기능을 수행하는지에 대해 알아보았다. 특히 자동 분류의 문서 학습 과정에는 기계 학습이나 언어 처리 등의 기술이 포함된다는 것도 이해하였다.

자동 분류는 분류 방식에 따라 확률에 기반한 분류와 규칙에 기반한 분류로 나눌 수 있는데 이 단원에서는 규칙에 의한 분류에 중점을 두고 분류 방법과 응용 분야 등에 대해 다루었다. 주요 내용은 다음과 같다.

- 규칙 기반 분류 기술을 적용한 의료 진단용 전문가 시스템을 구성하는 방법
- 규칙 기반 분류 기술을 응용한 챗봇의 동작 방법
- 여러 개의 도형을 추론하여 변형되는 규칙을 찾아내는 활동
- 도형 그리기를 할 때 반복 구간을 찾아내고 동작 규칙을 여러 관점에서 접근해 봄
- 도형 그리기에서 찾아낸 규칙을 스크래치로 변환하여 결과를 확인함

이 단원이 프로그래밍 중심 단원이 아니기 때문에 스크래치 기능이나 동작 방법 등은 생략되어 있으나 화면에 나온 블록을 모두 사용하여 그대로 구현하면 결과를 바로 확인할 수 있다.

이 단원은 기본적인 간단한 블록기반 프로그래밍을 1학기 수강 후 수업을 접하면 더 효과적일 것이라 생각하며 기계학습, 언어처리, 딥러닝 등의 용어에 대한 대략적인 의미를 찾아보고 학습에 참여하면 좋을 것으로 기대한다.

3.4 연습문제

1. 규칙 찾기 게임

아래 도형에서 규칙을 찾고 빈칸에 들어갈 적절한 도형은 무엇일지 생각해보자.

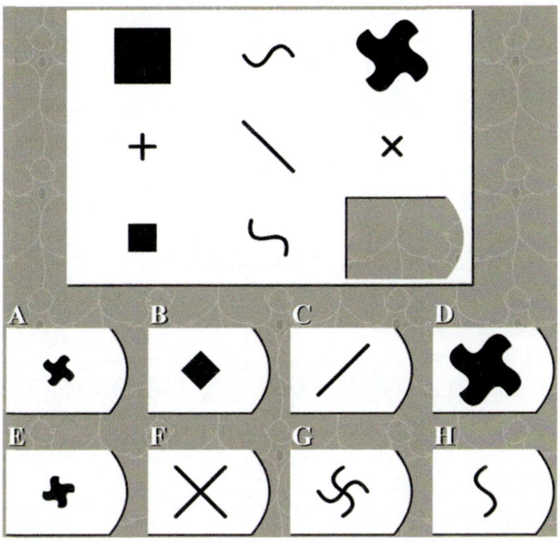

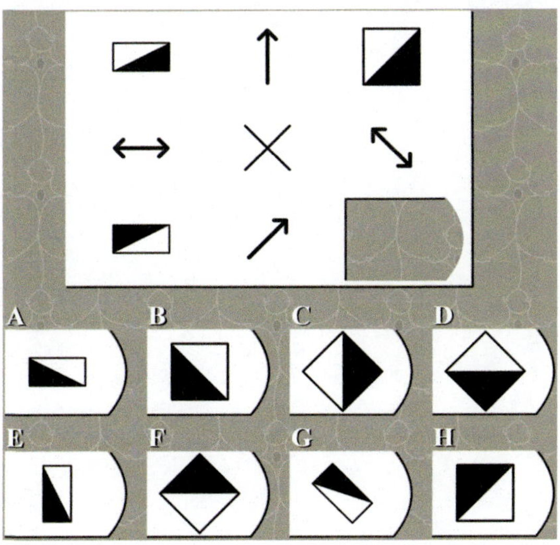

2. 다음 도형을 아래 두 가지 접근법으로 반복 규칙을 찾아내고 스크래치의 반복 블록을 사용하여 프로그래밍 하시오.

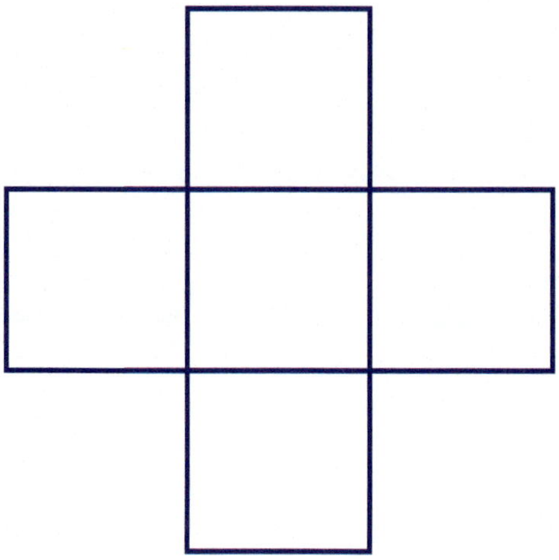

– 외부 십자 모양의 테두리와 가운데 정사각형을 분리하여 접근하시오.
– 정사각형 4개로 이루어진 도형이라 생각하고 접근하시오.

3. 주변에서 규칙 기반 분류 기법이 적용된 시스템이나 활동은 어떤 것이 있는지 나열해 보고 왜 그런지 설명해 보자.

CHAPTER 04

확률에 따라 문제 해결하기

한정혜(청주교대)

학습목표

확률 · 통계의 개념과 종류를 이해할 수 있다.

- SW와 인공지능 프로그램에서 확률 개념을 이용한 사례를 찾고 이해할 수 있다.
- 블록 프로그래밍 언어와 파이썬을 이용하여 확률기반 프로그래밍을 할수 있다.
- 선형회귀 확률 모형을 이해하고, 으며, 파이썬의 수과학, 통계 라이브러리를 활용하여 학습을 통한 예측 머신러닝 프로그래밍을 할 수 있다.

4.1 개요

1 확률의 종류

확률은 이산과 연속분포로 나뉘는데, 여기서는 프로그램에 주로 활용될 수 있는 주요한 몇 가지 분포만 제시하고자 한다. 자세한 것은 확률통계 책을 참고하면 좋을 것이다.

일양분포(균일분포)

확률 변수 X가 폐구간 $[1, n]$ 내의 모든 구간에서 균일한 확률을 가지는 가장 기본적인 분포로, 확률질량함수 $P(X)$는 다음과 같다.

$$P(X=x)=\begin{cases} \frac{1}{n} & x=1,2,3,\ldots,n \\ 0 & \end{cases} \quad \text{단, } \sum_{x=1}^{n} P(x)=1$$

그림 4.1 이산 일양 확률분포

베르누이 분포

이산형 확률 변수 X의 결과가 2가지(발생했을 때 1, 발생하지 않았을 때 0)가 각각 p, $1-p$의 발생 확률을 가지는 베르누이 분포의 확률질량함수 $P(X)$는 다음과 같다.

$$P(X=x)=\begin{cases} p & x=1 \\ 1-p & x=0 \end{cases}$$

그림 4.2 베르누이 분포

이항 분포

베르누이 시행을 독립적으로 n번 반복했을 때 사건 X가 나타나는 확률 p를 가질 때 $X \sim B(n, p)$와 같이 표기하며, 확률질량함수 $P(X)$는 다음과 같다.

$$P(X=x)=\binom{n}{x}p^x(1-p)^{n-x} \qquad x=0, 1, 2 ..., n$$

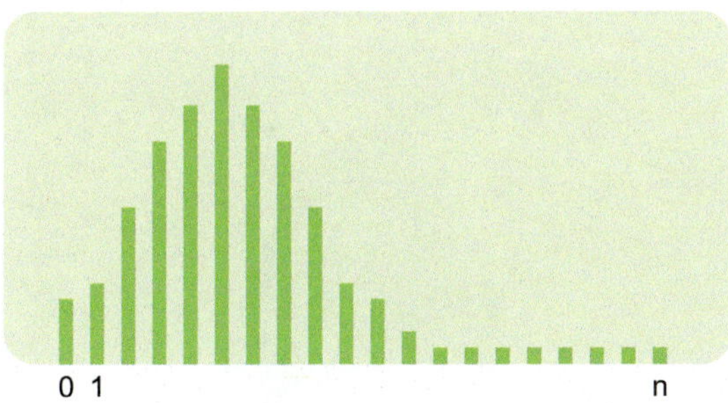

그림 4.3 이항분포

포아송 분포

단위 시간, 단위 공간 내에서 특정 사건 X가 평균 λ회만큼 발생하는가를 표현하는 이산확률분포로 $X \sim Poisson(\lambda)$로 표현하며 확률질량함수는 다음과 같다.

$$P(X=x)=\frac{\lambda^x e^{-\lambda}}{x!} \qquad \lambda>0, x=0, 1, 2, ...,$$

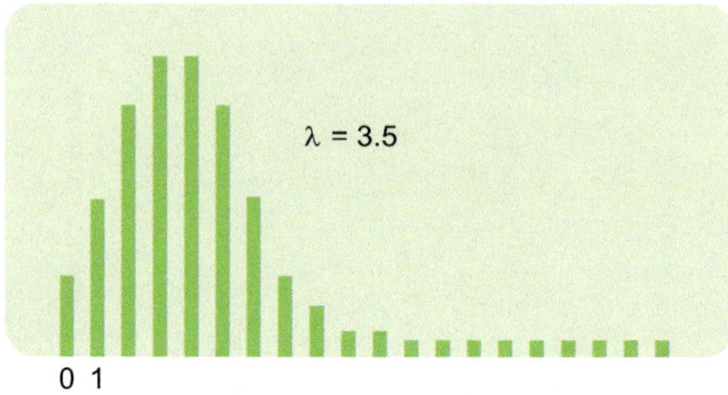

그림 4.4 포아송 분포

정규 분포(가우스 분포)

평균값을 중심으로 좌우 대칭인 종 모양을 이루는 연속확률분포로 확률변수 X가 평균이 μ이고, 분산이 σ^2인 정규분포를 따른다면 $X \sim N(\mu, \sigma^2)$로 표현하며, 연속확률변수 X의 확률밀도함수 $f(x: \mu, \sigma)$는 다음과 같다.

$$f(x)=\frac{1}{\sigma\sqrt{2\pi}}e^{-\frac{1}{2}\left(\frac{x-\mu}{\sigma}\right)^2} \qquad -\infty<x<\infty$$

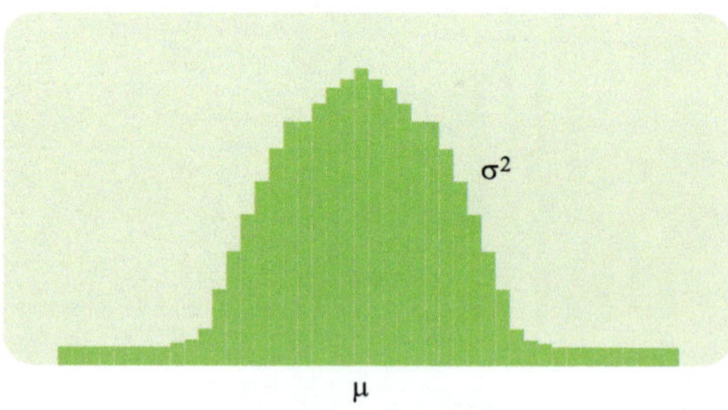

그림 4.5 정규분포

회귀 모형

설명변수 X와 반응변수 Y에사이의 인과관계를 확률 함수식으로 표현한 것으로 다음과 같은 단순 1차 선형회귀식을 사용한다.

$$Y_i = \beta_0 + \beta_1 X_i + \epsilon_i \qquad \epsilon_i \sim N(0,1)$$

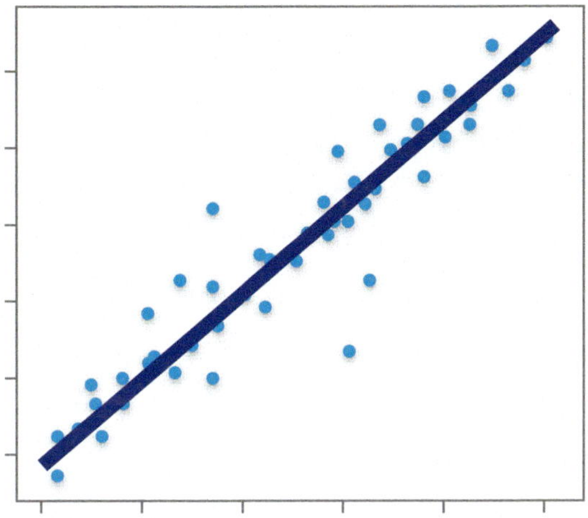

그림 4.6 1차 선형회귀모형

판별 모형

두 변수 X와 Y의 분포에 따라 이 두 변수를 서로 분리(판별)하기 위한 확률 모형으로, 두 집단의 판별일 경우 회귀 모형 등식과 동일하며 판별 점수와 판별 계수가 다를 뿐이다.

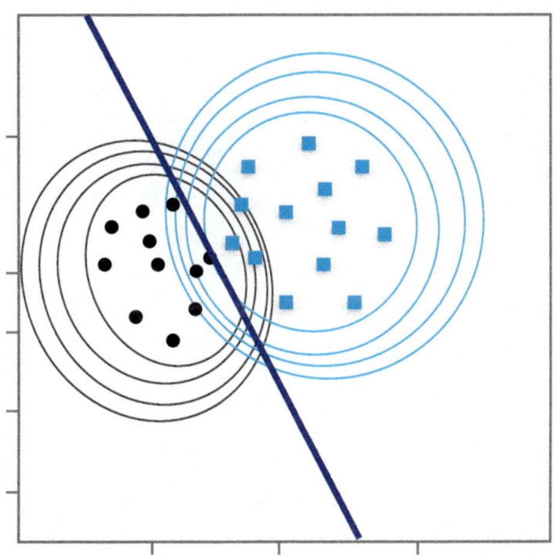

그림 4.7 2개 집단 선형 판별 모형

2 확률 · 통계와 인공지능

확률은 어떤 사건이 실제로 일어날 것인지 혹은 일어났는지에 대한 가능성을 수치화한 것이며, 통계는 자연적인 현상이나 자료의 집단적 발생 가능성을 집계하거나 의사를 결정하기 위하여 예측을 수치화를 하는 것이라고 할 수 있다. 따라서 자연이나 사회 현상 등의 어떤 문제를 대비하거나 해결하기 위하여 수치화된 자료에 대하여 통계패키지를 활용하여 다양한 통계적 모델에 의한 자료분석을 하여 의사를 결정한다.

최근에 인터넷, SNS, 사물 인터넷 등을 통해 사회나 자연 현상에서 집적되는 자료의 양이 엄청나게 방대한 빅데이터 일뿐만 아니라, 시간에 따라서도 유동적으로 생성되고 있다. 그런데 무엇보다도 수치화가 어려운 비정형 자료(이미지, 소리, 자연어 등)들도 포함되어 있어 정형화된 수치를 주로 다루는 기존의 통계모델로는 한계가 있었기 때문에 비정형화 형태를 포함하는 빅데이터에 대하여 예측, 진단 등의 의사결정을 지원할 필요성이 생기게 되었다. 이에 비정형 자료를 처리하고 학습하는 데 강점을 보이고 있는 인공지능 기술이 빠르게 적용되기 시작한 것이다.

인공지능과 일반 프로그램의 구분 기준은 프로그래머가 알고리즘을 세팅해 짰느냐와 프로그램이 스스로 학습하여 알고리즘을 수정해가도록 짰느냐가 될 것이다. 즉, 인공지능은 프로그램 스스로 학습하여 의사결정을 하는 부분이 다음 그림과 같이 반드시 들어가야 한다.

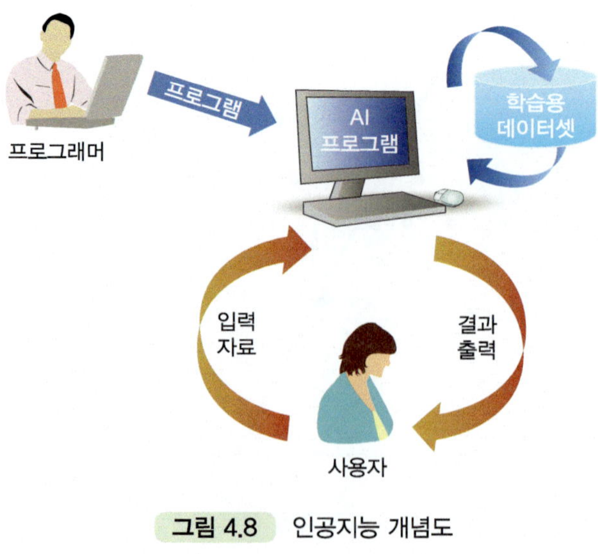

그림 4.8 인공지능 개념도

이를 정리하면 다음 표2와 같이 일반 프로그램과 인공지능을 구분할 수 있으며, 구글의 알파고와 같이 인간의 일부 능력을 스스로 학습하여 처리하는 약 인공지능과 영화 속에 나오는 인간과 같은 수준이상의 터미네이터 로봇이 가지고 있는 강인공지능으로 나뉜다.

표 4.2 일반 프로그램과 인공지능의 차이

프로그램 종류	일반 프로그램	인공지능	
		약인공지능	강인공지능
정의	특정 문제를 정해진 절차와 순서에 의해서 해결하는 프로그램	스스로 학습하여 인간의 능력 일부처럼 특정 문제를 해결하는 프로그램	스스로 학습하여 인간처럼 문제를 해결하는 프로그램
사례	성적 처리 프로그램, MS 오피스 등 각종 일반적인 프로그램	구글의 알파고, 애플의 시리, 아마존 에코의 알렉사, SKT의 누구, 네이버의 클로바, 자율주행차 등	터미네이터

다음 그림 4.9는 인공지능에서 사용되고 있는 머신러닝, 딥러닝 등의 개념적 관계를 제시하고 있다. 머신러닝에는 대부분 수치로 정형화된 자료 처리에 적합한 회귀 모형, 판

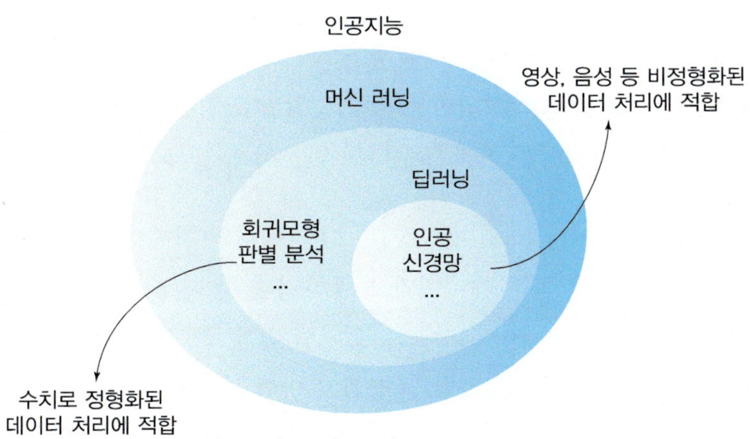

그림 4.9 인공지능 관계도

별 분석, 로지스틱 등 주로 통계모형을 기반으로 문제를 예측하거나 진단하고 있으며, 최근에 성능이 좋아 각광받고 있는 딥러닝의 경우 영상과 같이 수치로 정형화가 어려운 비정형화 데이터를 신경망 모형이나 베이지안 네트워크 등 인간의 학습 사고를 모사한 모형으로 기반으로 학습 처리하도록 하는 것이다.

머신 러닝은 지도 학습(supervised learning) 비지도 학습(unsupervised learning), 강화 학습(reinforcement learning)으로 나뉘는데, 지도 학습에는 회귀 모형과 판별 분석이 대표적이며 비지도 학습에는 군집 분석이 대표적이다. 이때 회귀 모형은 '학생들의 주요 교과 성적'과 같은 설명 변인들에 대하여 '진단평가 성적'과 같은 연속형 예측 값을 출력하고, 판별 분석은 '학생들의 학습 부진 여부'와 같은 이산형 예측 값을 출력한다. 또한 판별 분석과 군집 분석의 차이는 판별은 이미 정해져 있는 범주(예: 학습 부진 여부)에 분류하는 것이고, 군집 분석은 범주가 정해져 있지 않고 데이터들을 유사한 것끼리 묶음(예: 진단자료의 그룹)으로 분류하는 것이다 즉 이때의 묶음의 갯수는 그 데이터들의 특성에 따라 달라질 수 있을 것이다.

이 장에서는 일반 프로그램의 확률을 이용하는 경우와 인공지능에서는 딥러닝을 배우기에 앞서 머신 러닝의 지도 학습에 해당하는 부분으로서 가장 단순한 선형회귀 모형을 다루고자 한다.

3 확률을 이용한 프로그램 사례

인공지능은 원래 스스로 학습하여 의사결정을 하는 것을 의미하는데, 간혹 일반 프로그램을 마치 인공지능인 것으로 설명하는 경우도 왕왕 있지만 엄격히는 스스로 학습하여 (예측, 분류 등의) 의사결정을 하지 않는다면 인공지능이라고 할 수 없다.

다음 그림 4.10은 '카트라이더' 게임머(방장)가 AI 라이더와 함께 게임을 준비하고 있는 장면이다. 보통 게임에 참가하는 게이머가 부족하거나 할 때 AI봇을 인위적으로 넣기도 하는데, 이런 AI봇은 '포트나이트', '베그', '오버워치' 등에도 게임을 운영하기 위해서 그리고 다이나믹하게 하기 위해서 모두 등장하고 있다. 그러나 사실 이 AI들은 게이머들의 게임 데이터를 학습하여 응대하는 것이 아니고, 정해진 순서와 규칙대로 동작하는 일반 프로그램인데도 불구하고 자동으로 동작하는 에이전트 같은 의미로 그렇게 명칭을 사용하고 있다.

그림 4.10 카트라이더의 AI 라이더들

다음 그림 4.11은 '카트라이더'에서 게임을 할 때 상자열기를 하면 나오는 아이템들을 소개 하고 있다. 이러한 아이템들은 게이머들이 경기를 할 때 마다, 트랙마다 다르게 배정되고 있는데, 이러한 배정은 어떻게 하는 것일까? 특히 아이템에 따라서 희귀 아이템과 흔한 아이템의 등장 비율을 조정하고 싶은데 어떻게 하는 것일까? 일반 프로그램에서 어떤 사건이 발생할 가능성을 고려하여 프로그래밍을 하고자 할 때는 사전에 알고 있는 확률이나 난수를 기반하여 생성한 확률을 이용하는데, 베르누이 분포, 포아송 분포, 일양 분포 등 다양한 분포를 활용할 수 있는 것이다.

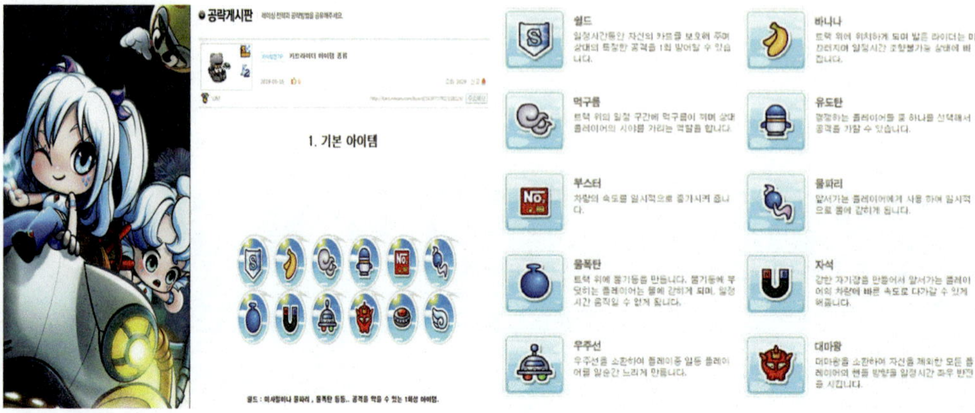

그림 4.11 카트라이더 아이템(출처:http://kart.nexon.com/)

한편, 인공지능에 사용되는 확률 사례는 어떤 것이 있을까? 인공지능 프로그램 사례로는 다음 그림 4.12와 같이 CT 영상과 각종 수치 데이터를 학습하여 암진단을 하거나 학습자의 데이터를 학습하여 최적의 개별화 학습 콘텐츠를 추천하는 등의 사례가 해당될 것이다. 이때 머신러닝의 회귀 모형, 판별 모형, 군집 분석 등 통계 모형이나 딥러닝의 신경망 모형, 베이지안 모형 등이 활용한 학습을 통하여 예측 정확도를 높이도록 하는 것이다.

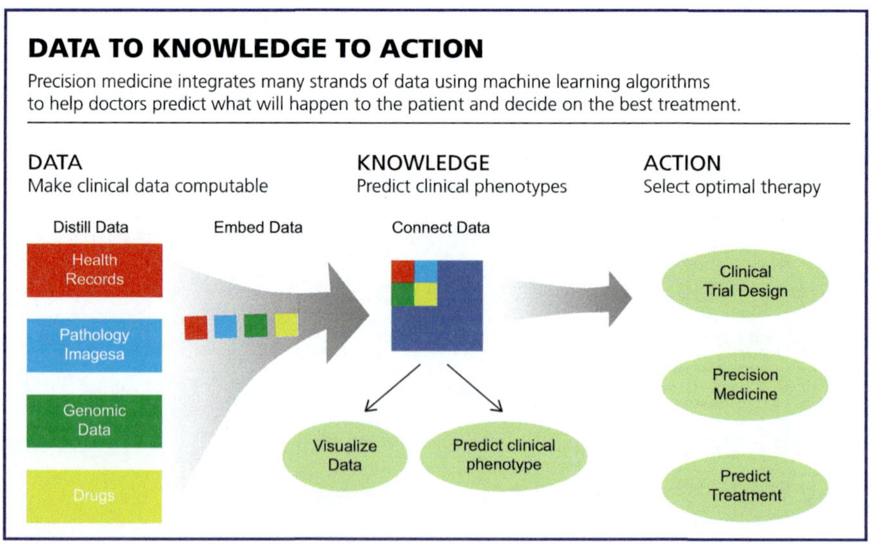

그림 4.12 CT 영상과 수치를 통한 질병 진단

그럼 프로그래밍에서 이러한 확률 모형이나 데이터 분석을 하려면 어떻게 해야 하는가? 스크래치나 엔트리 같은 블록형 프로그래밍 언어에서는 난수(0~9)를 제공하고 있어서 제한되긴 하지만 이를 활용하면 간단한 확률 문제는 해결이 되고, 좀더 다양한 분포나 분석을 위해서는 R, MATLAB을 사용할 수 있다. 그러나 직접 데이터를 학습하여 모델을 수정해나가는 인공지능은 직접 프로그래밍 언어를 활용하는 것이 편리한데, 이 장에서는 범용 프로그램 언어인 Python을 사용하고자 한다.

Python은 Numpy(수과학 계산의 기본 라이브러리), Scipy(수학,과학, 공학에 쓰이는 대수, 통계 등 라이브러리), Matplotlib(차트 등 시각화 라이브러리), Pandas(대량의 데이터 분석 툴을 제공하는 라이브러리) 등과 같은 모듈과 결합한 기능을 제공하고 있기 때문에 데이터 분석 또는 기계학습 프로젝트 등 인공지능 프로그래밍 언어로서 많이 사용되고 있다. 이 모듈들의 관계는 다음 그림 4.13과 같으며 하드웨어에서 확률 모델과 딥러닝을 지원하는 Probability도 최근 추가되었다.

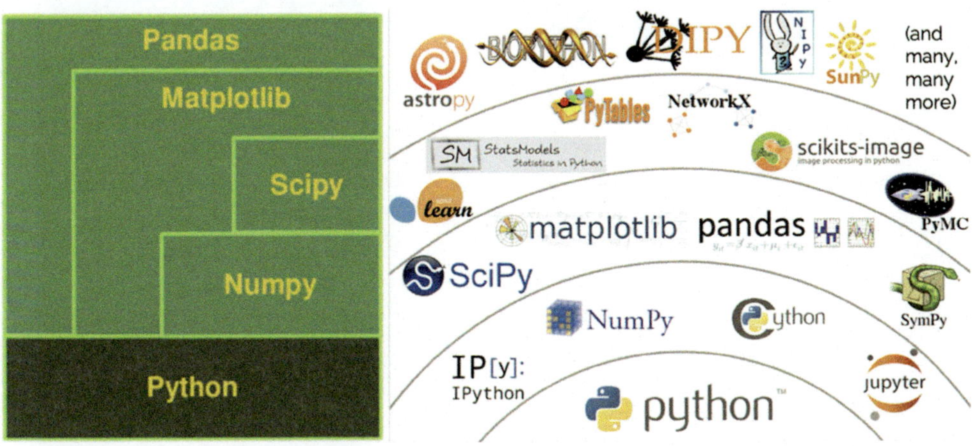

그림 4.13 파이썬의 라이브러리
(출처:왼쪽 mylearningsinaimi.wordpress.como, 오른쪽 www.alibabacloud.com))

4 머신러닝의 선형회귀 확률 모형

이 절에서는 머신러닝에서 사용할 수 있는 여러 가지 통계 모형 중에 다음 그림 4.14에서 보듯 회귀 모형을 다룰 예정인데, 회귀 모형은 변수의 개수에 따라서 설명 변수가 1개인 단순회귀 모형과 2개 이상인 다중회귀 모형으로 나뉜다. 단순회귀 모형의 경우 선형과 비선형(그림 14의 왼쪽 2개 그래프 참고)으로 나뉘며, 다중회귀 모형의 경우 설명 변수가 2개일 경우의 그림이 오른쪽 2개 그래프로, 선형일 경우는 평면이며 비선형일 경우는 구부러진 다양한 모양으로 이해하면 된다. 설명 변수가 3개 이상인 경우의 다중회귀의 그림은 불가능하고 추상적으로 이해해야 한다.

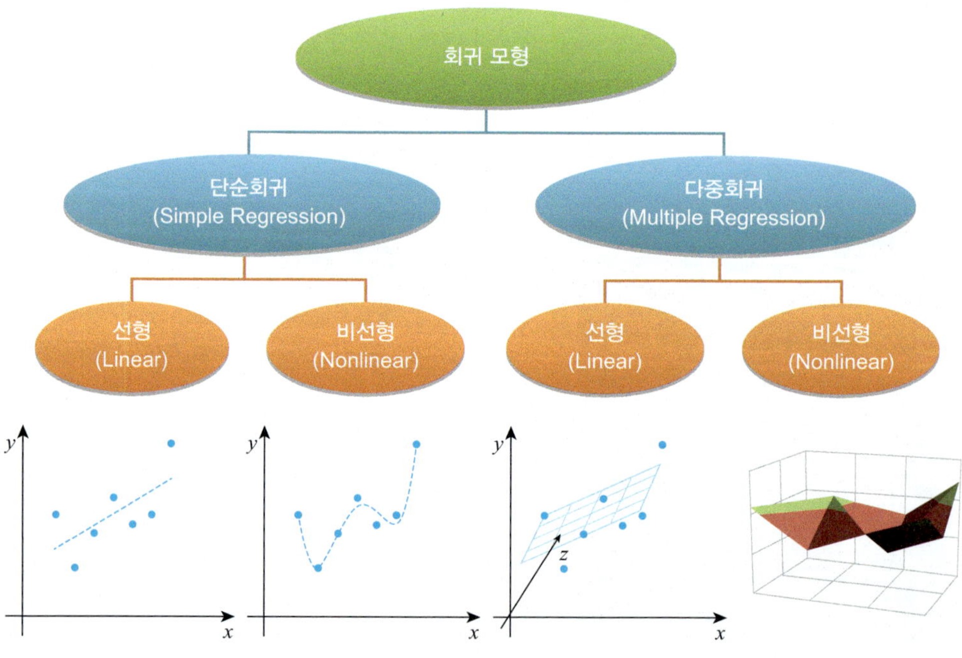

그림 4.14 회귀 모형의 종류

우리는 단순회귀 모형 중에서도 가장 기초적인 단순 선형회귀(가장 왼쪽의 직선 그래프)에 대해 머신러닝을 위한 간단한 이론을 살펴보고자 한다. 1차 선형회귀 모형 $Y_i = \beta_0 + \beta_1 X_i + \epsilon_i$ 경우, 비용함수(cost function) $\min \sum_{i=1}^{n} \{ Y_i - (\beta_0 + \beta_1 X_i) \}^2$ 를

최소로 하는 절편 β_0과 기울기 β_1을 단계를 반복하면서 찾는 개념으로 다음의 단계로 요약할 수 있다.

- 가중치 벡터 W와 상수로 이루어진 벡터 b을 임의의 값으로 초기화한다.
- 설명 자료 벡터 X을 다음의 행렬 식을 이용하여 $\widehat{Y}$를 계산한다.

$$\widehat{Y}_i = b + WX_i$$

- 반응 자료 벡터 Y와 다음의 평균 제곱 오차 행렬 계산을 통하여 비용함수를 계산한다(평균 제곱 오차는 다음 그림 4.15와 같이 정사각형의 면적의 평균합으로 이해할 수 있다).

$$Cost(W,b) = \frac{1}{n}\sum_{i=1}^{n}(Y_i - \widehat{Y}_i)^2$$

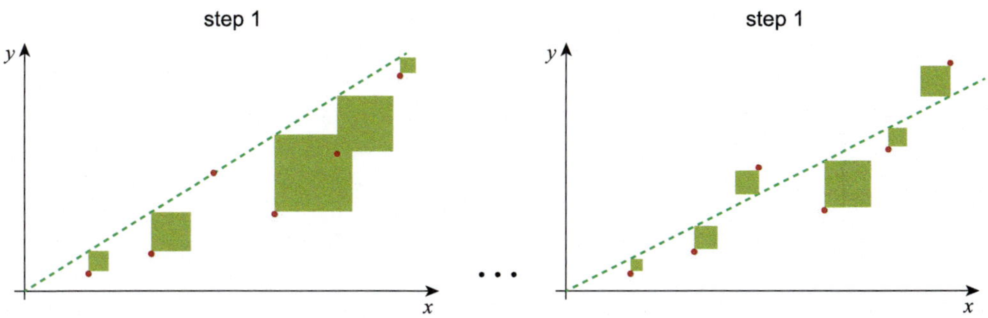

그림 4.15 단계별 최소화 면적을 계산하는 비용함수 개념도

- $Cost(W, b)$가 최소인 값을 찾기 위해 점진하강(Gradient Descent) 최적화 알고리즘 단계를 반복하여 계산한다(단, 경사하강법에도 일반, 확률적 경사하강법, 모멘톰 경사하강법 등이 있으며, 그 외에 결정트리, 서포트 벡터 머신 등 다른 알고리즘들이 있다).

4.2 확률을 이용한 문제 해결

1 엔트리를 활용한 확률 기반 아이템 출연시키기

엔트리봇이 선물 상자를 열어보면, [고추, 꿀단지, 수박, 독버섯, 퀵보드] 아이템이 나오도록 하고자 한다. 이때 수박은 가장 흔한 아이템, 에너지를 얻거나 뺏는 고추, 꿀단지, 독버섯은 흔하진 않지만 동일한 확률로 등장하고, 퀵보드는 희귀 아이템으로 등장하도록 하려 한다.

스프라이트 선물 상자에 [고추, 꿀단지, 수박, 독버섯, 퀵보드] 모양을 추가하여 준비하고 수박이 나타날 확률은 3/10, 고추, 꿀단지, 독버섯은 각각 1/5의 확률로 등장하고, 퀵보드는 1/10의 확률로 하고자 한다.

엔트리 블록의 0~9의 난수 발생을 이용하여 고추는 0과 1, 수박은 2,3,4, 꿀단지는 5와 6, 독버섯은 7과 8, 퀵보드는 9를 배정하여 해결할 수 있다. 다음과 같이 프로그램을 작성해 보고 실행해 보며, 오른쪽에는 IF~THEN 문을 다르게 표현하여 하나 더 제시했다.

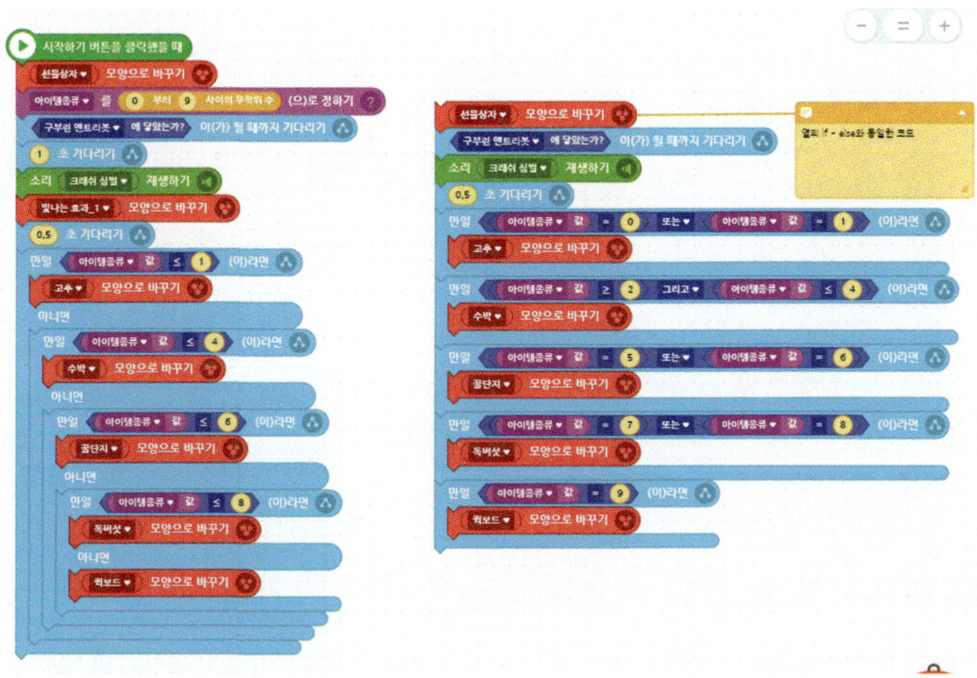

2 코랩 파이썬을 활용한 확률 기반 아이템 출연시키기

3명의 레이서가 5바퀴를 도는 게임에서, 한 바퀴 돌때마다 아이템 상자가 각 1개씩 제공되며 각 상자에는 '속도+물약', '보너스 점수+5', '꽝', '보너스 점수 +50', '속도-물약'의 아이템들이 각각 0.2, 0.25, 0.3, 0.1, 0.15의 확률로 나타나는 프로그램을 파이썬을 이용하여 작성해 보자.

```
[ ] from numpy import random

    itemset= ['속도+ 물약', '보너스 점수+5', '꽝', '보너스 점수 +50', '속도- 물약']
    probs = [0.2,            0.25,        0.3,          0.1,          0.15]

    for i in range(0, 5):  # 레이싱동안 5번의 아이템 열기 기회
      for j in range(0, 3):  # 복원추출로 3명의 레이서에 대한 3개의 아이템 배열
        print(random.choice(itemset, p=probs))
      print('-----------------------------')
```

```
꽝
속도- 물약
꽝
-----------------------------
속도+ 물약
속도+ 물약
보너스 점수 +50
-----------------------------
꽝
속도+ 물약
꽝
-----------------------------
꽝
보너스 점수 +50
속도- 물약
-----------------------------
보너스 점수+5
꽝
꽝
-----------------------------
```

3 파이썬을 활용한 확률분포를 따르는 데이터 생성하기

가장 기초적인 numpy를 활용하여 확률분포를 생성할 수 있다. 먼저 1~5사이의 정수에 대해서 일양분포로 1000개의 표본을 뽑아보도록 한다.

```
import numpy as np
import matplotlib.pyplot as plt

np.random.seed(seed=1234)
sample = np.random.randint(low=1, high=6, size=1000) # 1~5까지의 정수에 대해 일양분포로 1000개의 표본을 추출
count, bins, ignored = plt.hist(sample, bins=10) # 추출된 표본을 간격 10으로 히스토그램
```

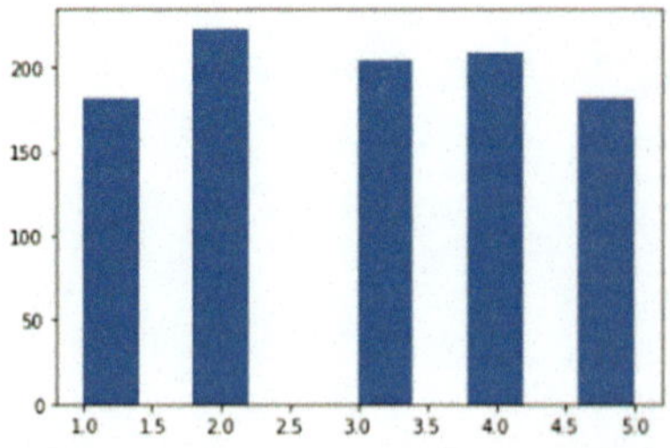

성공 확률이 0.1이고, 총 시도 횟수는 10번인 이항분포를 따르는 100개의 셈플을 생성하여 확률을 계산해보고 히스토그램을 그려보자.

```
import numpy as np
import matplotlib.pyplot as plt

# np.random.seed(seed=1234)
sample=np.random.binomial(n=10, p=0.1, size=100)  # (관심 사건이 발생할) 확률이 0.1인 것을 10번 시도했을때의 이항분포 셈플 100개
count, bins, ignored =plt.hist(sample, bins=10) # 셈플 100개에 대한 히스토그램
print(sum(np.random.binomial(n=10, p=0.1, size=100) ==0)/100) # 100개 셈플중 10| 나온 갯수의 실제 비율
print(sum(np.random.binomial(n=10, p=0.1, size=100) ==1)/100) # 100개 셈플중 10| 나온 갯수의 실제 비율
print(sum(np.random.binomial(n=10, p=0.1, size=100) ==2)/100) # 100개 셈플중 10| 나온 갯수의 실제 비율
```

```
0.35
0.31
0.19
```

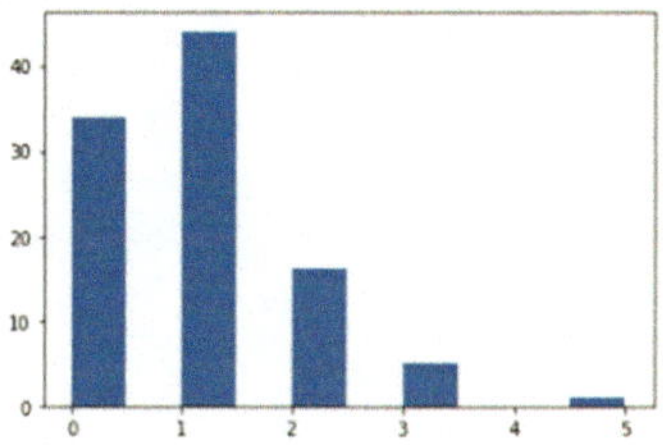

표준 정규분포를 따르는 1000개의 셈플을 생성하여 히스토그램을 그려보자.

```
import numpy as np
import matplotlib.pyplot as plt

mu, sigma = 0, 1 # 평균 0과 표준편차 1
np.random.seed(seed=1234) # 확률분포 생성시 매번 다르지 않게 생성할때 Seed값을 지정한다. 이 명령줄이 없으면 매번 다른 셈플 생성
sample = np.random.normal(mu, sigma, size=1000)  #1000개의 표본
count, x, ignored = plt.hist(sample, 100, density=True, color='cyan') #1000개 표본의 돗수에 대한 히스토그램
plt.plot(x, 1/(sigma * np.sqrt(2 * np.pi)) * np.exp( - (x - mu)**2 / (2 * sigma**2) ),
         linewidth=2, color='blue')  # 표준정규분포 곡선
plt.show()
```

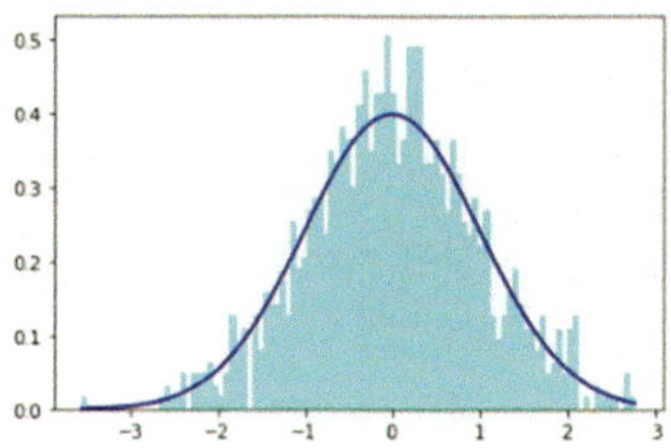

4 선형회귀 확률 모형을 이용한 문제 해결

상관관계가 있을 것으로 가정되는 학습 시간과 성적 자료를 50개를 임의로 생성해보고, 비용함수가 최소가 되도록 최대 100번 반복하여 단순 선형회귀 모형을 추정해보고 어떤 아동이 주간 학습시간이 12시간일 때 성적은 얼마일지 추정하여 학습지도 계획을 수립하고자 한다. 이 문제를 해결해보자.

앞에서 실습한 파이썬의 라이브러리와 메소드를 이용하여 다음과 같이 작성해보자. 여기서는 확률적 경사하강법을 사용했다.

```
import numpy as np
import tensorflow as tf
import matplotlib.pyplot as plt

np.random.seed(123) # Seed값 고정된 난수 생성

# y=2x의 관계를 가지는 50개 자료쌍 생성
x = np.linspace(0, 15, 50)  # 0~15까지의 학습시간 자료 벡터 50개 생성
y = np.linspace(0, 100, 50)  #0~100까지의 성적 자료 벡터 50개 생성
plt.plot(x, y, 'ro', label='y=2x')
plt.show()

# y, x가 자연적 자료의 형태를 가지기 위해서 x자료에 표준정규분포 오차항 가산
x += np.random.normal(0, 1, 50)  # 오차항을 가지는 학습자료 벡터 x자료 생성
plt.plot(x, y, 'ro', label = 'y_i + e_1i = 2x_i + e_2i')
plt.show()  # 학습용 자료 플랏

n = len(x)  # 학습시간 자료의 갯수
print('size of data=', n)

W = tf.Variable(np.random.randn(), name = 'W') #표준정규분포 난수형 벡터생성 초기화
b = tf.Variable(np.random.randn(), name = 'b')  #표준정규분포 난수형 벡터생성 초기화

learning_rate = 0.01  # 학습 하강 간격
training_epochs = 100  #학습 에포크 횟수

# 확률적 경사 하강법(Stochastic Gradient Descent)으로 학습 간격은 0.01
optimizer = tf.optimizers.SGD(learning_rate)
```

```
for epoch in range(training_epochs) :# 에포크 100번 반복
    with tf.GradientTape() as tape :  # 입력값에 의한 자동 미분(gradient)값 계산
        y_hat = W * x + b  # 예측값 벡터 계산
        cost = tf.reduce_sum(tf.pow(y_hat - y, 2)) / n # 예측값에 대한 비용 함수벡터 계산
        grad = tape.gradient(cost, [W, b]) # W, b에 대하여 cost를 미분한 벡터 계산
        optimizer.apply_gradients(zip(grad, [W, b])) # W,b,grad 벡터를 슬라이스
    if (epoch + 1) % 10 == 0 :  # 10에포크마다 결과값 인쇄
        print("Epoch = %d cost = %f W = %f b = %f" % ((epoch + 1), cost, W, b))

print("Cost = %f Weight_beta_1 = %f Bias_beta_0 = %f" % (cost, W, b))
plt.plot(x, y, 'ro', label = 'Original Data')
plt.plot(x, y_hat, label = 'Estimated Linear Regression')
plt.title('Simple Linear Regression (Avg_hours and Score)')
plt.legend()
plt.show()

print("Estimated score= %f" % (W * 12 + b))  # 평균 12시간 공부했을 때 성적 예측값
```

다음은 위 프로그램을 실행한 결과로서, 우선 상관관계가 있을 것으로 가정되는 학습 시간(X)과 성적(Y) 자료 (X_i, Y_i) 50개를 생성한 플랏이 다음과 같이 1차 선형 산점도로 나타난다. 설명 변수인 학습 시간 X에 표준정규분포 오차항 ϵ_i을 가산한 자료 ($X_i + \epsilon_i$, Y_i) 50개를 생성한 산점도가 그 다음 산점도로, 자료 분석을 위한 인위적인 생성이 완료되었다.

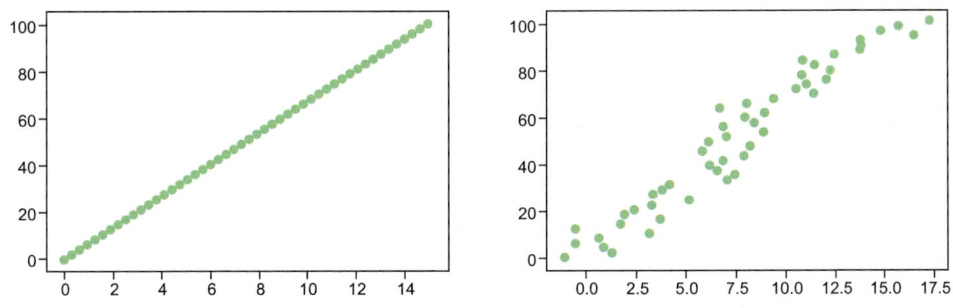

이 인위적 자료에 대하여 비용함수 $\min\sum_{i=1}^{n}\left(\widehat{Y}_i - Y_i\right)^2$ 가 최소가 되도록 하는 최적값을 구한 결과가 다음과 같다. 즉 간격을 0.01로 하는 확률 경사하강법을 최대 100번 반복하여 단순 선형회귀 모형 $\widehat{Y} = 1.66 + 6.34X_i$를 얻었고 이때 최소의 비용함수 값 57.43이다. 이 추정회귀 모형에 의거하여 12시간 학습한 아동의 경우 약 77.7점 정도를 기대할 수 있을 것으로 예측할 수 있다.

```
size of data= 50
Epoch = 10 cost = 61.050949 W = 6.466029 b = -0.043045
Epoch = 20 cost = 60.210083 W = 6.478218 b = 0.193828
Epoch = 30 cost = 59.713291 W = 6.457119 b = 0.414753
Epoch = 40 cost = 59.268780 W = 6.437016 b = 0.623718
Epoch = 50 cost = 58.871029 W = 6.417999 b = 0.821384
Epoch = 60 cost = 58.515152 W = 6.400011 b = 1.008361
Epoch = 70 cost = 58.196709 W = 6.382995 b = 1.185228
Epoch = 80 cost = 57.911774 W = 6.366899 b = 1.352531
Epoch = 90 cost = 57.656826 W = 6.351674 b = 1.510788
Epoch = 100 cost = 57.428699 W = 6.337273 b = 1.660488
Cost = 57.428699 Weight_beta_1 = 6.337273 Bias_beta_0 = 1.660488
```

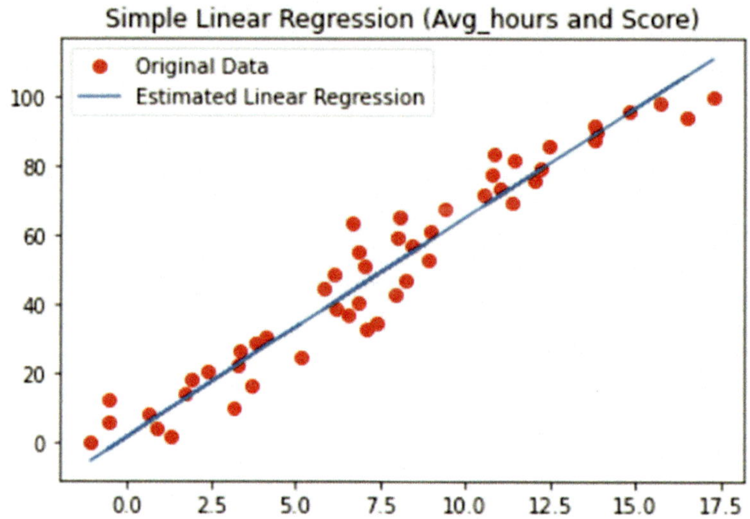


```
Estimated score= 77.707756
```

4.3 결론 및 요약

머신 러닝과 인공지능 뿐만 아니라 확률 개념은 일반 프로그램에서도 많이 사용하고 있다. 이 장에는 기본적인 확률분포를 알아보고, 확률을 이용한 프로그래밍 사례와 머신러닝의 단순회귀 모형을 기반으로하는 기초 개념을 학습하고 실습하여 보았다. 여기서는 다루진 않았지만 베이지안 확률이나 딥러닝에서 주로 처리하는 이미지, 소리 등의 자료에 대하여 확률 개념이 어떻게 적용되고 활용되는지 향후 확장하는 것이 필요하다.

- 이산 확률과 연속 확률분포의 종류와 개념을 이해한다.
- 머신러닝과 딥러닝에서 쓰이는 데이터의 종류와 확률모형의 차이를 이해한다.
- 파이썬을 이용한 수치 해석, 그래프 분석, 통계 분석, 머신러닝 등의 기본을 실습해본다.

4.4 연습문제

1. 주워진 확률에 따른 아이템 상자 열기를 만들어 보자.

   - 어린이 4명이 상자를 각자 열었을 때 7가지의 음식중 하나가 나오도록 한다.

   - 희귀성과 가격을 고려하여 7가지의 각 음식의 출현 확률을 정하고 난수 발생을 이용하여 아이템이 나타나도록 하려 한다.

   - 이때 7가지 음식의 출현 확률 막대그래프는 일양분포, 기하분포의 모양을 하도록 배정해본다.

   - 건강과 체력에 좋은 음식, 나쁜 음식으로 분류하여 정규분포와 유사하게 종모양 형태의 막대 확률로 음식 출현하도록 배정해본다.

2. 게임에서 AI 캐릭터들의 등장하는 문제를 해결해 보자.

- 돼지 농장에 늑대 A.I가 게임 평균 1.5회 출현하여 공격한다고 할 때, 어떤 확률분포를 이용하여 늑대 A.I를 출현하도록 할 것인지 생각해 보자.

$$\lambda = 1.5, P(x = 0) = 0.22, P(x = 1) = 0.33, P(x = 2) = 0.36, P(x = 3) = 0.04$$

3. 1차 선형회귀 확률모형 기반 머신 러닝 프로그래밍을 이용하여 학생의 모의고사 성적(0~100점)과 수능성적(0~150점) 100명의 자료를 임의로 생성해 보고, 모의고사 78점 학생의 수능성적을 예측해 보자.

CHAPTER 05

기계학습 이해하기

전우천(서울교대)

학습목표

- 기계학습의 정의와 기계학습 알고리즘의 종류를 이해할 수 있다.
- Weka를 사용하여 데이터를 전처리하고 분석할 수 있다.
- Weka로 분류하기 위한 알고리즘의 특성을 알고 선택할 수 있다.
- Weka로부터 얻은 분류 결과를 해석할 수 있다.

5.1 개요

1 기계학습의 정의와 기계학습 알고리즘의 종류

위키피디아에 의하면 기계학습(또는 머신 러닝)은 경험을 통해 자동으로 개선하는 컴퓨터 알고리즘의 연구이다. 기계학습은 인공지능의 주요한 분야로 간주되며, 컴퓨터가 학습할 수 있도록 하는 알고리즘과 기술을 개발하는 분야이다.즉 기계학습은 데이터를 이용해 기계를 훈련시켜서, 기계 스스로 결정을 내리거나 예측할 수 있도록 하는 인공지능의 하나의 방법이다. 이러한 기계학습 알고리즘에는 지도형 기계학습, 비지도형 기계학습, 준지도형 기계학습, 강화형 기계학습 등 4가지 주요 범주가 있다.

지도형 기계학습(Supervised Machine Learning)

현재 활용되고 있는 다수의 기계학습 알고리즘은 지도형이라고 볼 수 있다. 지도형 기계학습의 원리는, 알고리즘을 실행하면서 얻어진 결과와 정답 데이터를 비교하며 반복적으로 훈련해 나가는 방법을 사용한다. 훈련이 완료되면, 기계학습 모델과 그 알고리즘은 추론이나 예측을 위한 준비를 마친 상태가 된다고 할 수 있다.

지도형 알고리즘으로 해결할 수 있는 문제는 일반적으로 다음 두 종류가 있다.

- **분류(Classification)** : 주어진 데이터를 주어진 기준으로 분류하며, 이 경우 모델의 출력값은, 주어진 입력 데이터가 하나 이상의 클래스 또는 범주에 속할 확률을 나타낸다.
- **회귀(Regression)** : 데이터를 분석한 뒤, 모델의 출력값으로 숫자값을 나타낸다(예: 날씨, 주가 등).

현재 가장 주목받고 있는 지도 알고리즘 중 하나는 신경망(Neural Network)으로, 분류와 회귀 문제를 모두 취급할 수 있다. 신경망은 인간 뇌의 신경과 연결 방식을 그대로 모방한다. 이 신경망의 훈련 방식은 레이블이 있는 데이터를 반복적으로 보여주고, 가능한 클래스들 중 가장 확률이 높은 출력값을 계산하며, 이를 모델의 출력값으로부터 거꾸로 내려가면서 신경망의 연결에 대한 가중치(Weight) 조정을 계속 반복하여 정확한 결과가 나올 때까지 반복하는 방식으로 작동한다.

비지도형 기계학습(Unsupervised Machine Learning)

지도형 기계학습 알고리즘과 비지도형 알고리즘과의 큰 차이점은 비지도형 기계학습은 정답 레이블이 없다는 점이다. 비지도형 기계학습 알고리즘은 데이터의 구조나 분포를 이해하여, 데이터가 가진 공통점에 따라 스스로의 기준을 세워 분류한다. 비지도형 기계학습은 다음과 같이 분류할 수 있다.

- **클러스터링(Clustering)** : 클러스터링은 데이터가 그룹화되어 레이블이 된다. 예를 들어 K 평균 알고리즘은, 구매 패턴에 따라 고객을 그룹화하는 것과 같이, 중심(Centroid)점 값을 이용해 중심점 주변의 데이터들을 그룹화시킨다.

- **연관성(Association)** : 연관성이란 데이터 간의 규칙을 의미하며, 대량의 데이터로 각각의 패턴을 나타낼 수 있다. 예를 들어 Apriori 연관 규칙 분석 알고리즘은 특정 물품을 구매한 고객이 또 다른 물품을 구매할 가능성과 같이, 데이터 세트 사이의 연관성을 보여준다.

- **이상 탐지(Anomaly Detection)** : 이상 탐지란 데이터 셋에서 비정상적인 데이터를 찾는 방법을 의미한다. 이 방법이 정확하게 수행되기 위해서는 알고리즘이 작동하는 데이터 셋에 다량의 정상적인 예제와 소량의 비정상적 예제를 속하게 해야 한다.

준지도형 기계학습(Semi-supervised Machine Learning)

준지도형 기계학습은 지도형 기계학습과 비지도형 기계학습을 결합한 형태이다. 이 알고리즘은 레이블이 지정된 데이터와 지정되지 않은 데이터가 모두 포함된 경우에 주로 사용할 수 있다.

강화형 기계학습(Reinforcement Machine Learning)

강화형 기계학습은 단기 및 장기 보상을 모두 고려하여, 에이전트(Agent)에게 제공하는 누적 보상을 극대화할 수 있는 행동 모델을 형성한다. 여기서 에이전트란 여러 상태(State)와 그 상태에서 행동을 수행할 수 있는 환경에 있는 개체(Entity)를 의미한다. 주어진 상태에서 정책(Policy)을 사용하여 허용된 행동이 정의되며, 이때 에이전트의 행동의 결과를 바탕으로, 보상 혹은 처벌을 받는 형태로 훈련된다. 요약하면, 강화학습의 최종 목표는 환경(Environment)과 상호작용을 하는 임의의 에이전트를 학습시키는 것이다. 에이전트는 상태로 구성된 다양한 상황 안에서 행동(Action)을 취하며 조금씩 학습할 수 있다. 에이전트가 취한 행동은 그에 대한 응답으로 양(+)이나 음(−), 또는 0의 보상을 돌려받을 수 있다.

2 Weka 소개

Weka(Waikato Environment for Knowledge Analysis)는 뉴질랜드의 Waikato 대학교에서 개발한 기계학습 프로그램으로서 데이터 마이닝 도구로도 활용된다. 대표적인 기계학습 알고리즘들을 탑재하고 있으며, 데이터 전처리, 특징 값 선별, 군집화, 분류, 데이터 가시화, 회귀분석, 시계열 예측하는 데에 사용된다.

Weka는 Java 언어로 구축된 오픈 소스 소프트웨어 도구(GNU GPL)로서 교과 학습이나 연구 목적에서 누구나 쉽게 사용할 수 있다. 또한 웨카 내부에는 일반적으로 데이터마이닝 분야에서 필요로 하는 기본적인 알고리즘의 대부분이 구현되어 있는 동시에 데이터 분석을 위한 사용자 도구도 포함되어 있다. 뿐만 아니라 웨카는 고가의 상용 도구에 비해서도 뒤지지 않는 기능을 제공하면서도 누구나 무료로 사용이 가능하여 많은 분야에서 활용되고 있다.[1]

1. 유영재(2009). 피치웨이와 웨카를 이용한 데이터마이닝 도구의 설계 및 구현

3 기계학습 과정

Weka가 실행하는 기계학습 과정을 살펴보면 다음과 같이 크게 4단계로 표현할 수 있다. 분류하고자 하는 사물의 특징, 속성을 정의하고 기계학습 알고리즘으로 사물의 속성을 학습한 후 분류할 데이터를 속성에 따라 분류하여 결과를 산출한다.

표 5.1 기계학습 패턴 분류 절차

속성 정의 → 샘플 집 및 데이터 셋 구성 → 패턴분류 수행 → 패턴 분류 성능 평가

속성의 정의는 다른 클래스에 속하는 사물과 구별될 수 있도록 명확한 특징을 갖추어야 한다. 샘플 수집 및 데이터셋 구성에서는 기계학습이 일어나도록 트레이닝 데이터를 제공하는 것이다. 데이터에 오류가 없고 불필요한 속성이나 인스턴스는 포함되지 않도록 자료를 정제하는 과정을 거친다. 패턴 분류에서는 기계학습이 이루어지고 학습 결과에 따라 테스트 데이터를 분류한다. 다양한 기계학습 알고리즘이 사용되는데 대표적인 알고리즘이 사용된다. 기계학습의 마지막 단계에서 도출된 패턴 분류를 분석하여 성능을 평가하게 된다.

표 5.2 기계학습 패턴 분류 과정의 세부 내용

메뉴	설명
속성 정의	• Features 또는 Attributes를 의미 • 사물의 정의에 해당하는 속성을 정의
샘플 수집 및 데이터셋 구성	• 사물이 속하는 클래스별로 샘플 속성 데이터 수집 • 2차원 표의 데이터셋 을 구성
패턴 분류 행	• 기계학습 알고리즘에 따라 패턴 분류 수행 • 결정 트리, 인공 신경망, SVM, 회귀분석 등의 알고리즘
패턴 분류 성능 평가	• 패턴 분류 모델의 상대적 비교 • 분류 정확도, precision + recall 등의 평가 기준 적용

4 의사결정 트리

기계학습 패턴분류 절차 중 3단계에서는 다양한 기계학습 알고리즘을 사용하는데 많이 사용하는 것 중 하나가 의사결정 트리이다. 의사결정 트리는 의사결정 규칙을 나무 구조 형태로 도표화하여 관심의 대상이 되는 집단을 여러 개의 소집단으로 분류하거나 예측을 수행하는 분석 기법이다. 대표적인 의사결정 나무 알고리즘에는 Hartigan(1975)이 제안한 Chaid, Breiman 등 (1984)이 제안한 Cart와 Qunlan (1992)에 의해 제안된 C4.5 등이 있다. C4.5를 확장해서 웨카에서 구현한 알고리즘이 J48이다.[2]

2. 유영재(2009). 피치웨이와 웨카를 이용한 데이터마이닝 도구의 설계 및 구현

5.2 Weka로 붓꽃 분류하기

1 Weka 학습 환경 설정

Weka를 다운로드 받고 설치할 때 옵션은 default로 한다. 컴퓨터에 Java VM이 없는 경우 Weka 설치 후 jre.ext 가 실행되며 Java VM이 설치된다. Weka를 실행하면 그림 5.1과 같은 메뉴 화면이 나타난다. 각 메뉴의 기능은 표 5-3과 같이 설명할 수 있다.[3]

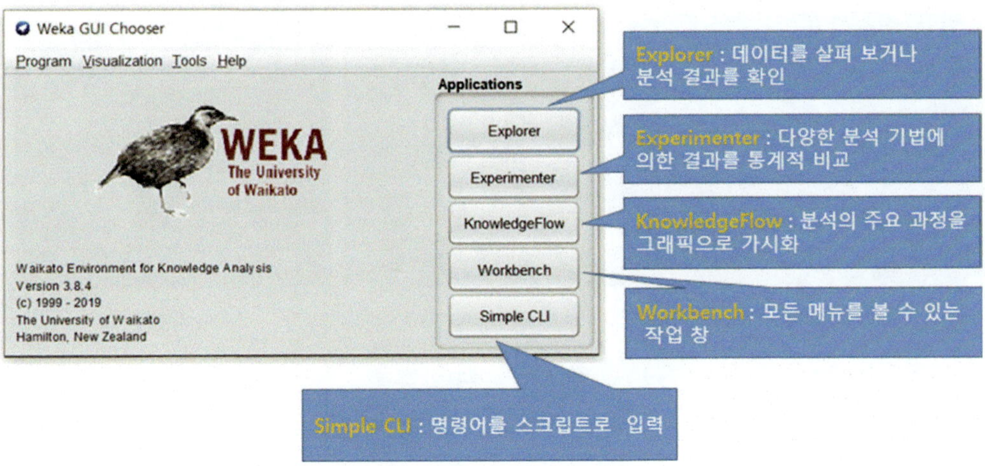

그림 5.1 Weka 실행 화면

3. https://www.youtube.com/watch?v=bJNhxqrUD_k&t=11s

표 5.3 Weka 메뉴의 기능 및 활용

메뉴	설명
Explorer	• 다양한 분석 작업을 한 단계씩 수행하고 결과 확인
Experimenter	• 다양한 알고리즘에 의한 분석 결과를 비교 분석 • 분석 모델 간의 산출 결과를 통계적으로 분석
KnowledgeFlow	• 데이터 처리의 주요 과정 모듈을 그래픽으로 가시화
Workbench	• Explorer부터 Simple CLI까지 모든 메뉴를 볼 수 있는 작업 창 • Weka 시작 후 Workbench를 실행하여 작업 시작
Simple CLI	• Weka에서 실행하는 명령어를 스크립트로 입력하는 창

2 붓꽃 분류 실습하기

붓꽃의 속성 정의

Iris–setosa Iris –versicolor Iris–virginica

그림 5.2 붓꽃의 종류

표 5.4 붓꽃 데이터 속성 정의

붓꽃의 특징		특징에 따른 판별
Sepal (꽃받침)	Length(길이)	5.1,3.5,1.4,0.2, Iris–setosa
	Width(너비)	
Petal (꽃잎)	Length(길이)	
	Width(너비)	

Weka에서 데이터셋 열기

분류 분석을 위한 데이터셋을 적용하는 과정이다. 그림 5.1 Weka의 실행 화면에서 Workbench 버튼을 눌러 작업 창으로 들어간다. Open file 버튼을 누르고 찾는 위치에서 data 폴더를 연 후, iris.arff 파일을 연다.

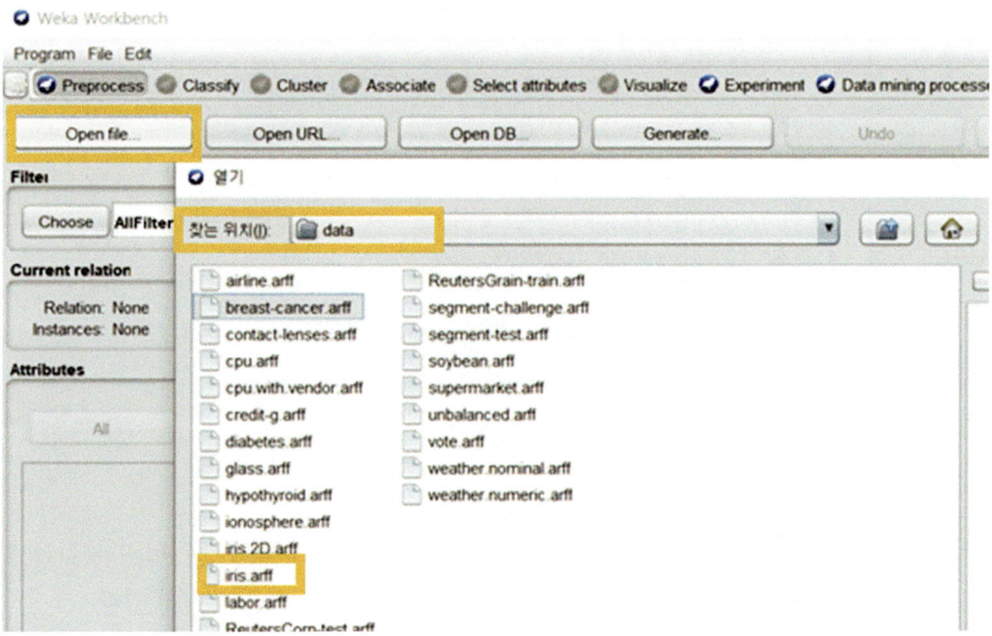

그림 5.3 데이터셋 파일 열기

Weka에서 사용하는 데이터셋의 파일은 확장자 .arff를 가지며 다음과 같은 형식을 갖추고 있다.

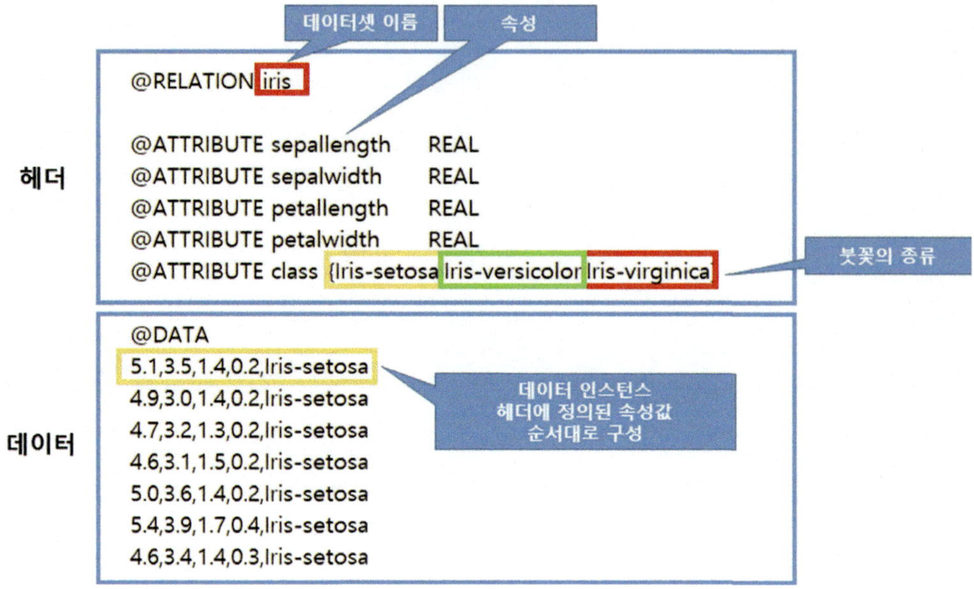

그림 5.4 데이터셋 파일 형식

데이터 전 처리

데이터셋을 모델에 분류 모델에 적용하기 전에 분류를 잘 하도록 데이터의 품질을 향상시키기 위한 처리 과정이다. 데이터 전처리 과정은 다음과 같은 방법이 있다.

- Data cleaning : 데이터를 정제, 데이터의 오류 확인
- Data integration : 데이터셋을 통합
- Data transformation : 데이터의 특징 중 불필요한 속성을 삭제하거나 속성을 통합
- Data reduction : 불필요한 데이터를 삭제

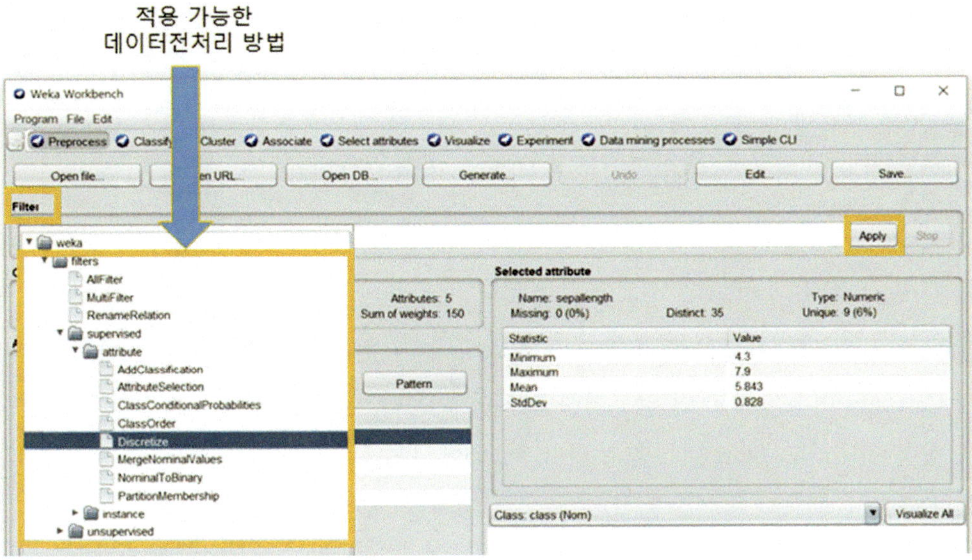

그림 5.5 데이터 전처리 필터 종류 적용하기

iris.arff 파일을 연 후, 그림 5.5와 같이 필터 버튼을 눌러 전 처리하고자 하는 필터의 종류를 찾아 클릭하고, Apply 버튼을 눌러 적용한다.

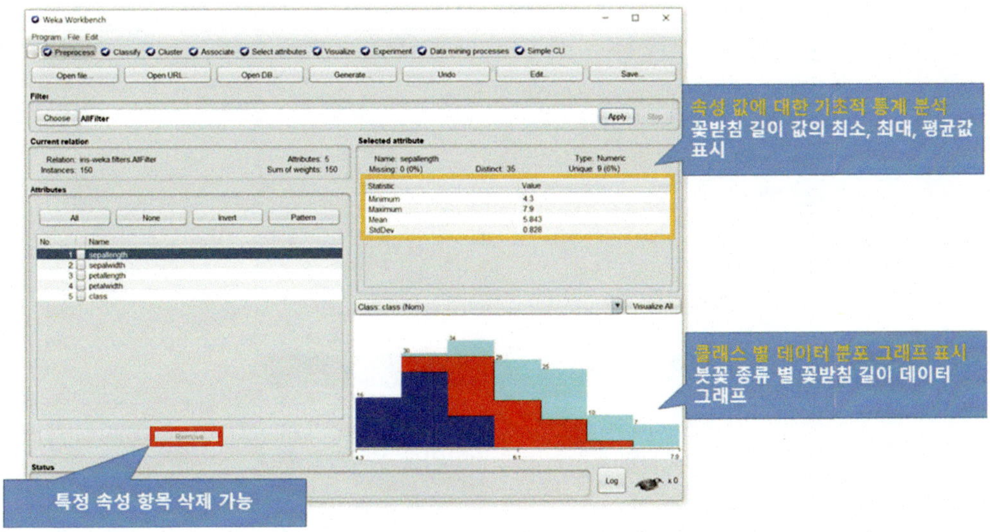

그림 5.6 데이터셋의 기초적인 통계 분석

Weka에서 iris.arff 파일을 열면 그림 5.5에서 선택한 필터의 종류에 따라 그림 5.6과 같이 자료에 대한 기초적인 통계 분석 내용을 보여준다. 각 속성 값의 최솟값과 최댓값, 평균값을 나타내 주며 각 클래스에 속하는 데이터의 속성별 분포를 그래프로 시각화하여 표현한다. 이 점은 많은 사용자들이 Weka의 장점으로 꼽는다.

알고리즘 선택하기

Weka에서 데이터 전처리를 마친 후, 사용할 분류 알고리즘을 선택한다. 그림 5.7과 같이 Calassify 버튼을 누르면 알고리즘 항목이 나온다. 데이터 처리에 적절한 알고리즘을 찾아 선택하고, Start 버튼을 누른다. Weka에서 주로 사용하는 알고리즘은 표 5.5와 같다.

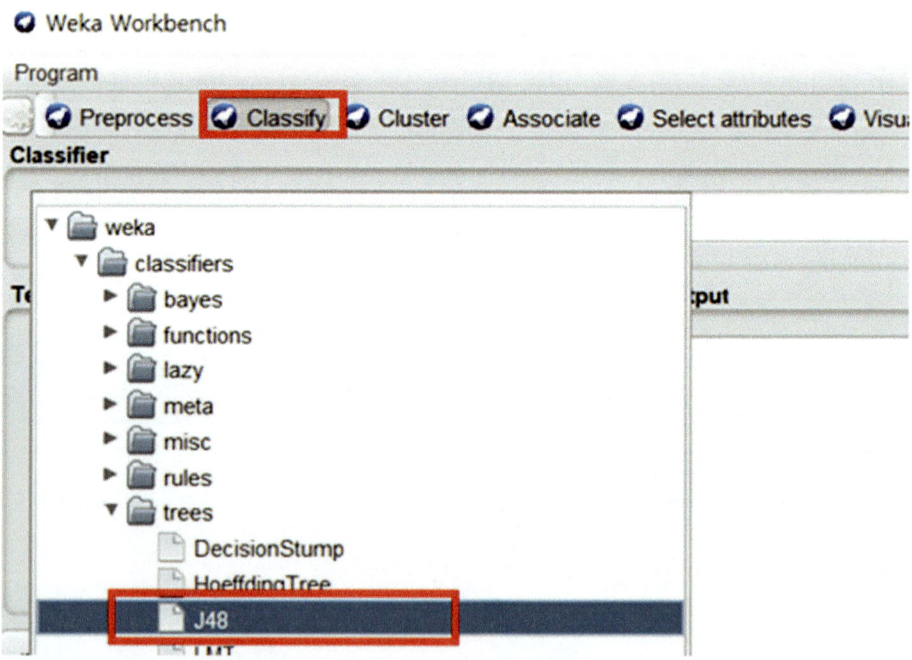

그림 5.7 분류 알고리즘 선택하기

표 5.5 분류 알고리즘의 종류

메뉴	설명
J48 (결정 트리)	• 어떤 항목에 대한 관측값과 목표값을 연결시켜주는 예측 모델로써 결정 트리를 사용 • 학습 결과 모델에서 분류 규칙을 '트리' 형태로 얻을 수 있음 • Weka에서 찾기 : calssifiers → trees → J48
Multilayer Perceptron (다층 퍼셉트론)	• 실용적으로 매우 폭넓게 쓰이는 대표적 분류 알고리즘 • Weka에서 찾기 : calssifiers → functions → MultilayerPerceptron
Random Forest	• 결정 트리의 앙상블 모델 • 결정 트리를 여러 개 만들고 각 결정트리가 특징들을 무작위로 선택하여 학습 후 테스트 셋에 대해 결과를 제공 • 결과 값에서 테스트 셋에 대해 가장 많은 많은 표를 얻은 클래스가 테스트셋의 클래스가 됨 • Weka에서 찾기 : clasifiers → trees → RandomForest

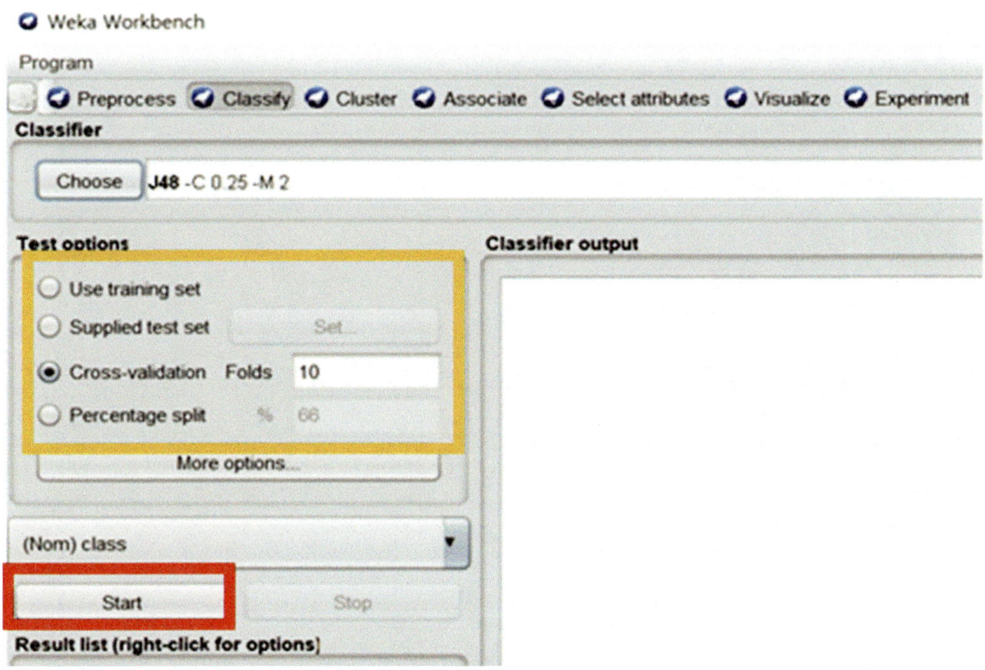

그림 5.8 J48의 테스트 옵션 선택하기

알고리즘 선택하기에서 J48(결정 트리)을 선택하면 그림 5.8과 같이 테스트 옵션을 선택할 수 있고 각 옵션의 내용은 다음과 같다.

- **Using training set** : 트레이닝 셋을 테스트 셋으로 그대로 사용
- **Supplied test set** : 테스트 데이터를 별도의 데이터셋으로 제공
- **Cross-validation Folds** : 교차 검증 평가 지표의 개수 설정
- **Percentage split** : 전체 데이터 중에서 일부 데이터만 사용하려고 할 때 미사용률 설정

패턴 분류 수행 및 결과 분석

그림 5.9는 붓꽃 데이터셋(iris.arff)으로 J48(결정트리 알고리즘)을 활용하여 패턴 분류를 수행한 결과이다. 노란색 상자 안의 내용은 분석 결과를 요약하여 나타낸다.

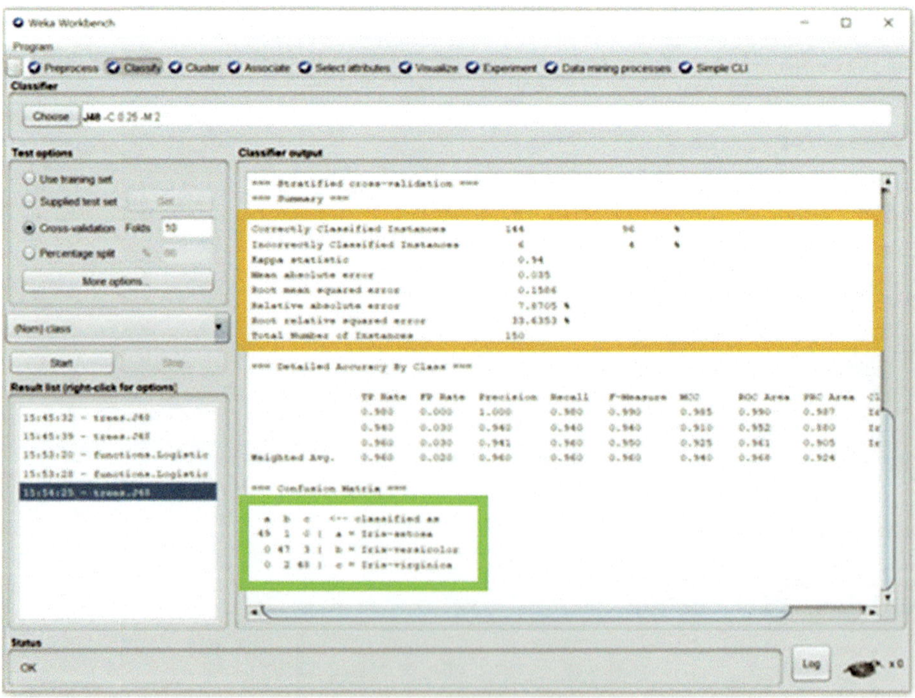

그림 5.9 J48의 패턴 분류 결과 1

그림 5.10에서는 150개의 인스턴스 중 144개를 정확히 분류하여 분류 정확도(Correctly Classified Instances)는 94%임을 나타내고 있다. 그 밖에 예측 모델의 수행 정도를 평가할 때 사용하는 카파 상관계수(Kappa statistic), 평균 절대값 오차(Mean absolute error), 평균 제곱근 오차(Root mean squared error), 상대 절대값 오차(Relative absolute error), 상대 제곱근 오차(Root relative squared error)의 값들이 나온다.

그림 5.11에서는 각 인스턴스별 분류 정확도의 결과를 나타낸다. a로 지칭된 Iris-setosa는 50개의 인스턴스 중 49개가 정확히 분류되었고 1개가 b인 Iris-versicolor로 잘못 분류되었다. 마찬가지 방법으로 결과를 살펴 보면 50개의 Iris-versicolor 중 47개는 정확하게, 그 중 3개는 c로 지칭된 Iris-virginica로 잘못 분류되고, 50개의 Iris-virginica 중 48개는 정확하게, 2개는 Iris-versicolor로 잘못 분류되었다.

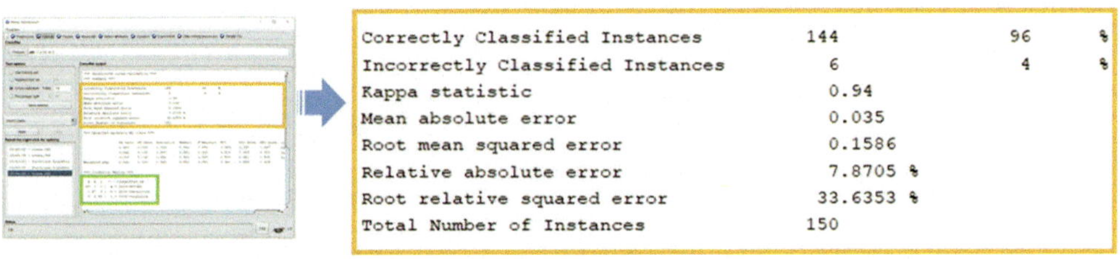

그림 5.10 J48의 패턴 분류 결과 요약 2

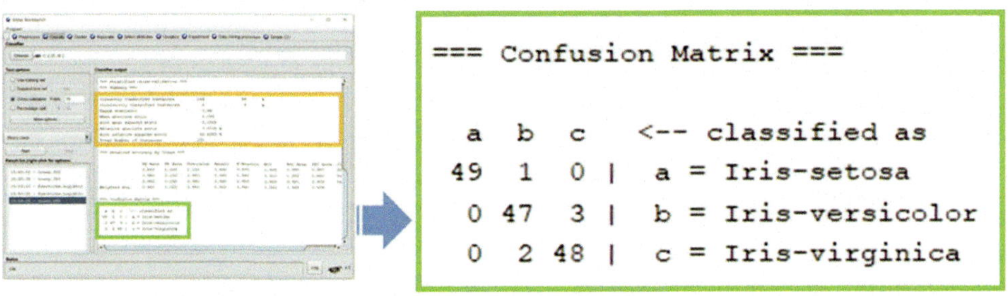

그림 5.11 J48의 패턴 분류 결과 요약 3

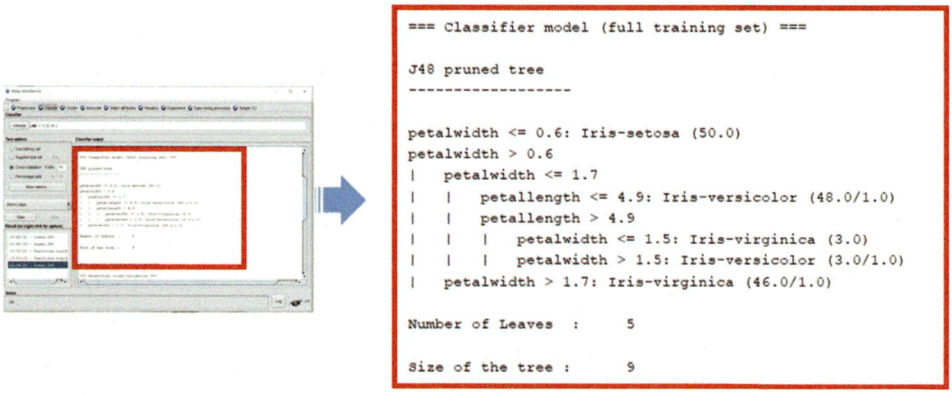

그림 5.12 J48의 패턴 분류 결과 요약 4

그림 5.12는 분석 결과 생성한 트리의 정보를 나타낸다. 트리를 시각화해 볼 수도 있다. 그림 5.13과 같이 Result list에서 수행 결과를 선택하고 오른쪽 마우스를 누른 후, Visualize tree를 선택하면, 그림 5.14와 같이 결과가 트리 형태로 나타난다.

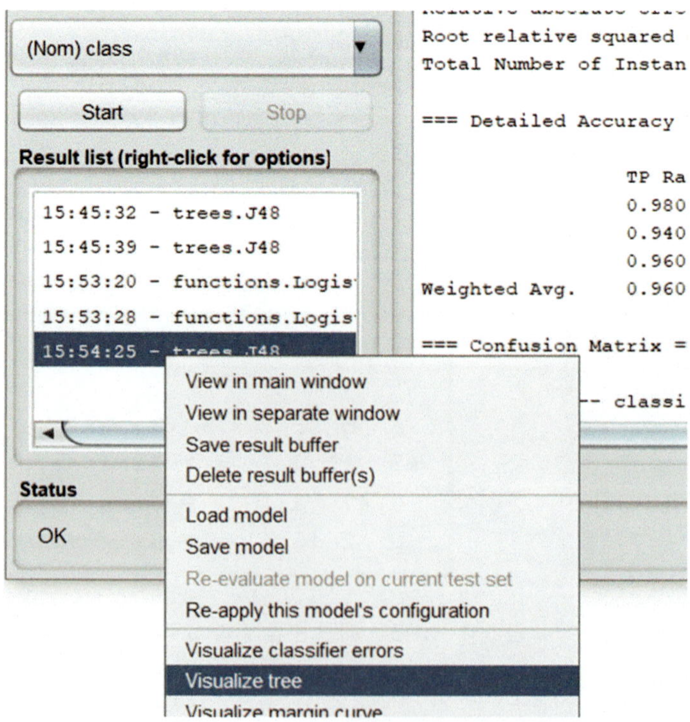

그림 5.13 J48의 패턴 분류 결과 트리로 나타내기

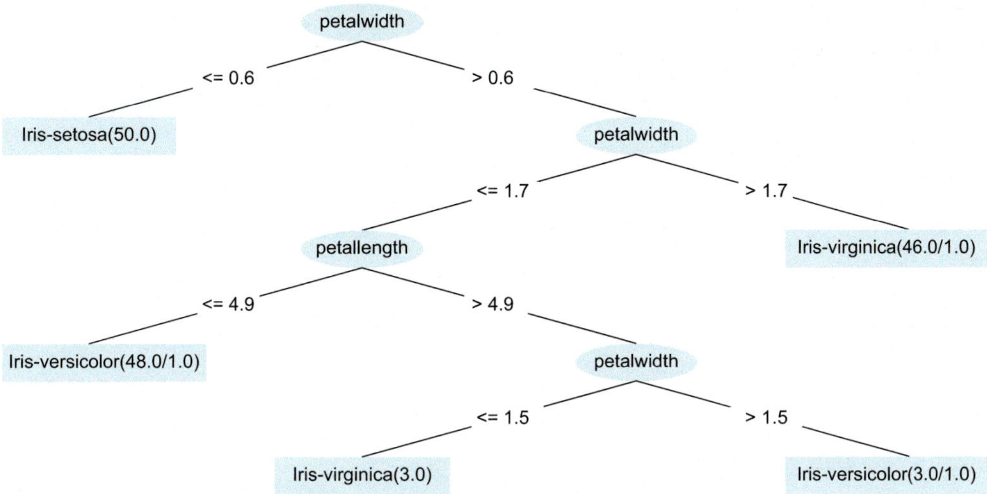

그림 5.14 J48의 패턴 분류 결과 트리로 나타내기

5.3 결론 및 요약

인공지능의 기계학습 원리를 알아보기 위해 Weka를 활용하여 기계학습 패턴 분류 절차에 대해 알아보았으며 다음의 단계를 수행했다.

- 사물의 정의에 해당하는 속성을 정의
- 사물의 종류 별로 샘플 속성 데이터 수집
- 기계학습 알고리즘에 따라 패턴 분류 수행
- 패턴 분류 성능 평가 및 분류 모델의 상대적 비교

이를 Weka의 분석 절차에 따라 붓꽃 분류를 실행했다. 데이터셋은 Weka의 기본 데이터셋 iris.arff 파일을 활용했으며 인스턴스는 주어진 대로 150개를 모두 활용했다. 데이터 전처리 과정의 의미와 방법, 종류에 대해 알아보았고 이번 분류에서는 활용하는 데이터셋의 특성에 따라 별도의 전처리 과정은 거치지 않았다.

패턴 분류를 위해 Weka에서 제공하는 기계학습 알고리즘인 J48, 다층 퍼셉트론, 랜덤 포레스트에 대해 알아보았고 그 중 결정트리 알고리즘인 J48을 적용하여 패턴 분류를 수행하였다. 수행 결과 패턴분류의 정확도는 96%로 나타났고, 패턴 분류 결과 결정트리를 그래프로 시각화해 보았다.

Weka는 인공지능의 기계학습 원리를 비교적 간단하게 경험할 수 있다는 데에 큰 장점이 있다. 또한 다양한 기계학습 알고리즘을 제공하여 여러 가지 분석 결과를 비교할 수 있으며 한 번 익히면 사용 과정이 어렵지 않다는 장점을 갖고 있다. 반면 이미지 데이터를 활용하는 다른 툴과는 달리 데이터셋이 숫자, 텍스트로 이루어져 초보자에게는 어렵게 느껴질 수 있고 결과 값 분석이 쉽지 않다는 점을 활용의 어려운 점으로 꼽을 수 있다. 그러나 학습, 연구용으로 누구나 활용할 수 있는 오픈소스임에도 다른 프로그램에 비해서도 뒤처지지 않는 성능을 가진 Weka는 기계학습을 배우고 연구하고자 하는 이들에게는 활용 가치가 충분한, 훌륭한 툴임에는 틀림이 없다.

5.4 연습문제

1. 원리를 알아보자.

   - 기계학습 패턴 분류 절차에서 우리가 이해하기 어려웠던 부분은 무엇인가?

   - 분류 알고리즘은 각각 어떤 특징이 있는가?

   - 데이터셋의 특징에 따라 적용해야 하는 기계학습 알고리즘을 어떻게 달라지는가?

   - 일상생활에서 기계학습이 적용된 사례를 알아보자.

2. 새로운 문제를 발견하자

   - 내 주변의 사례 중 패턴 분류 절차에 적용할 수 있는 사례를 찾아 데이터셋을 구성해 보자.

CHAPTER 06

인공지능 언플러그드 활동하기

박남제(제주대)

학습목표

- 인공지능의 원리와 신경망의 종류를 이해할 수 있다.
- 합성곱 신경망(CNN)의 구조와 원리를 이해할 수 있다.
- 합성곱 신경망(CNN)의 원리 구조로 고안된 인공지능 언플러그드 활동을 실천하여, 인공지능의 이미지 인식과 정부 분류의 원리를 이해할 수 있다.
- 국내외 인공지능 활동 교육 및 언플러그드 교육 사례를 접하여 오감을 활용한 교육을 통해 인공지능 원리를 탐구할 수 있다.

6.1 개요

1 신경망의 종류

뉴런은 다른 뉴런과 연결되어 정보를 서로 전달하는 세포로, 각 뉴런은 1만 개에 이르는 다른 뉴런과 연결되어 있다고 한다. 인간의 대뇌 신피질에는 이러한 뉴런이 약 100억 개 이상 있다. 인간의 뉴런에서 착안된 것이 바로 신경망이다. 인공지능이 존재하게 되는 핵심적인 요소인 머신러닝 및 딥러닝의 밑바탕에는 인간 뇌의 뉴런 연결을 본떠 만든 신경망 구조가 있다. 어떤 신경망이든 오차를 역전파하여 학습하는 구조는 동일하지만 그 종류와 특성은 다양하다.

Recurrent Neural Network(RNN)

'재귀형'이라는 의미를 가진 영단어 'recurrent'가 시사하듯, 한 단계 앞 시점의 출력을 다음 시점의 입력으로 사용하는 신경망이다. 이는 시계열 데이터, 단언가 연결된 자연어 문장과 같이 직전의 출력이 다음 단계에 영향을 미치는 문제를 풀기에 적합하다.

Long Short-Term Memory(LSTM)

리커런트 신경망을 보완한 신경망이다. 리커런트 신경망에서는 한 단계 전 시점의 출력을 다음 입력으로 사용한다. 그러나 경우에 따라서 직전 출력을 전부 다음 시점 입력으로 사용하는 것이 부적합할 때도 있다. LSTM은 무의미한 값이 다음 입력으로 사용되는 것을 막기 위해서 네트워크 도중에 정보를 가로막는 등의 용도로 사용할 게이트를 도입하였다.

Gated Recurrent Unit(GRU)

LSTM을 더욱 개량한 신경망이다. LSTM보다 적은 패러미터를 사용함으로써 학습 시간을 효율화할 수 있도록 설계되었다.

Convolutional Neural Network(CNN)

CNN이란 'Convolutional Neural Network'의 약자로, 복수의 인접 데이터를 정리하는 도구가 탑재된 신경망이다. 그리고 이 '정리'가 바로 '합성곱(Convolution)'이다. CNN은 이미지 처리에서 각 구획에 대한 정보를 정리해나가며, 사소한 차이에 좌우되지 않는 이미지를 분류하는 용도 등에 활용된다. 또한 특히 이미지 인식에 가장 널리 사용되고 있고, 이미지를 이해하고 이로부터 고수준의 추상화된 정보를 추출하거나 또는 새로운 질감을 가진 그림을 그리는 등 다양한 영상 처리, 컴퓨터 비전 분야에서 많이 연구되고 있다. 우리말로는 '합성곱 신경망'으로 옮겨진다.

2 CNN의 구조와 원리

CNN의 구조는 일반적으로 convolution layer, pooling layer, fully-connected layer로 구분된다. Convolution과 pooling layer는 이미지의 특징을 추출하고 fully-connected layer는 어떤 class에 속하는지 판단한다.

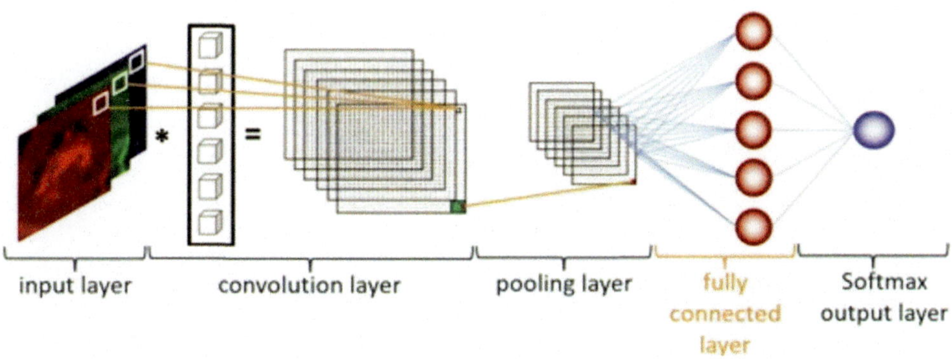

그림 6.1 CNN의 구조(출처: SAS)

CNN에서는 일종의 규칙적인, 어떠한 패턴을 가진 곱셈 연산, 즉 합성곱이 이루어진다. 우선 이미지를 작은 조각으로 나누고, 작은 네트워크를 통해 조각들에서 특정한 특징을 추출한다. 이후 네트워크가 다음 조각으로 이동하고 같은 방법으로 동일한 수준을 활용하여 특징을 다시 추출한다. 이어 계속 이동하여 다른 특징을 추출하는 네트워크를 추가적으로 만들고, 이러한 과정을 반복하여 조각들을 하나씩 네트워크에 적용한다. 이후 추출된 모든 특징들을 잘 조합하여 최종적으로 이미지를 판단하는 것이 CNN이 작동하는 대략적인 원리다.

3 인공지능 원리 학습에서의 CNN

앞으로 소개할 인공지능 언플러그드 활동은 CNN의 원리를 중심으로 고안되었다. 앞서 언급한 CNN은 사소한 차이는 중요하지 않은 이미지를 분류하기에 적합한 신경망이다. 이는 가시적으로 확인하기 어려운 인공지능의 원리를 이미지라는 구체물을 활용한 언플러그드 활동으로 익히게 해줄 뿐만 아니라, 엄밀한 정확도를 요구하지도 않는다. 따라서 인공지능에 대한 기초지식이 부족한 학습자가 학습하기에 상대적으로 용이하다.

6.2 언플러그드 활동으로 알아보는 인공지능의 이미지 인식 원리

1 관련 원리 및 활동 목표

컴퓨터는 어떻게 입력된 이미지를 인식할까? 그 중심 원리는 '이미지의 추상화'를 기반으로 한 딥러닝이다. 여기에서 말하는 이미지의 추상화란 특정한 이미지를 작게 자른 후 불필요한 부분은 없애고 특징적인 패턴만 남겨 단순하게 만드는 것을 의미한다.

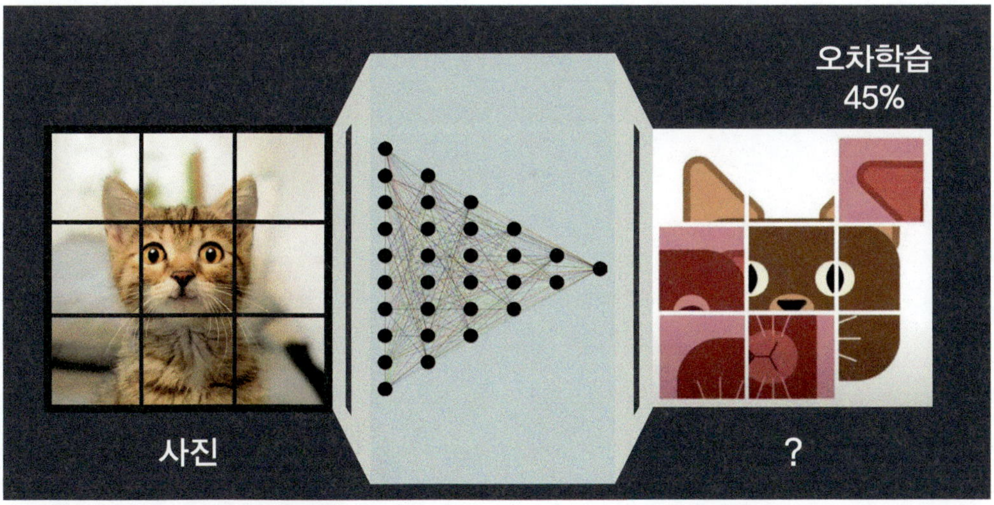

그림 6.2 딥러닝을 통한 이미지 인식 및 구분 원리

인공지능이 이미지를 인식하는 과정을 간략하게 살펴보면 다음과 같다. 먼저 주어진 이미지를 잘게 자른다. 이때 이미지를 작게 자를수록, 표본이 되는 이미지가 많을수록 주어진 이미지를 정확하게 구분할 확률이 올라간다. 이어서 작게 자른 이미지 데이터에서 특징과 규칙을 찾아낸다. 이미지의 픽셀 정보가 분석되는 것이다. 마지막으로 자른 이미지들을 다시 합쳐보며 주어진 이미지와 비슷한지 판단하는 과정을 통해 앞서 발견한 특징과 규칙이 맞는지 확인하며 오차를 줄여간다. 인공지능은 최종 출력값이 처음 주어진 이미지와 같을 때까지 이러한 과정을 반복하며 일반적인 패턴을 도출해냄으로써 이미지 인식의 정확도를 향상시켜 나간다.

마치 인공지능을 지닌 컴퓨터가 된 것처럼 주어진 이미지를 간단하게 줄여 나가는 언플러그드 활동을 통해 이러한 인공지능의 이미지 인식 원리를 살펴보도록 하자.

2 동기 유발 활동

우리 주변에는 기계가 이미지를 인식하고 구분하여 사용자에게 필요한 작업과 정보를 제공하는 다양한 서비스가 보편화되어 활발히 사용되고 있다. 그 중 학습자의 연령대

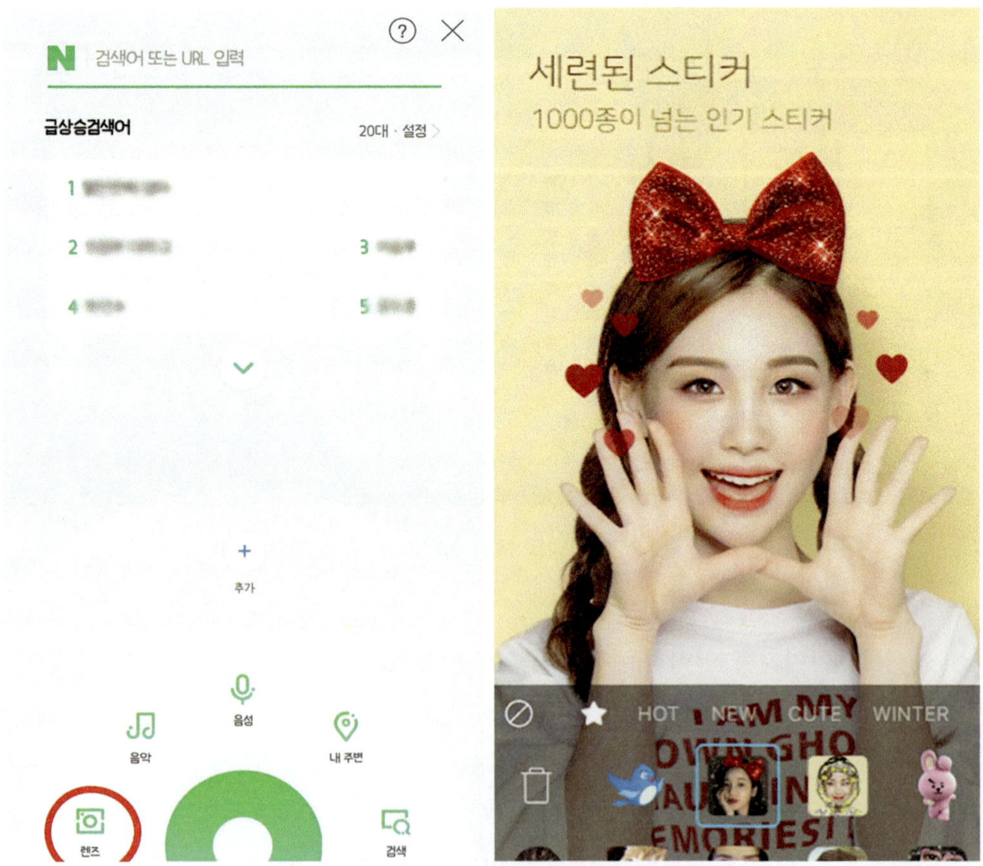

그림 6.3 (좌) 네이버 앱의 그린닷을 누르면 나오는 이미지 검색 기능(출처: NAVER), (우) 촬영 시 다양한 스티커로 꾸며주는 카메라 어플리케이션(출처: SNOW, Inc.)

에서 자주 활용해보았을 실제 사례들을 제시한다. 예를 들어 포털 사이트의 이미지 검색 기능, 카메라를 이용한 텍스트 인식 및 번역 기능, 다양한 필터와 스티커를 제공하는 카메라 어플리케이션 등이 있다. 이어서 관련 경험을 자유롭게 공유해본 후, 이러한 서비스를 가능하게 해주는 기술은 무엇일지 생각해보도록 하며 학습자의 흥미와 관심을 이끌어낸다.

3 활동 방법

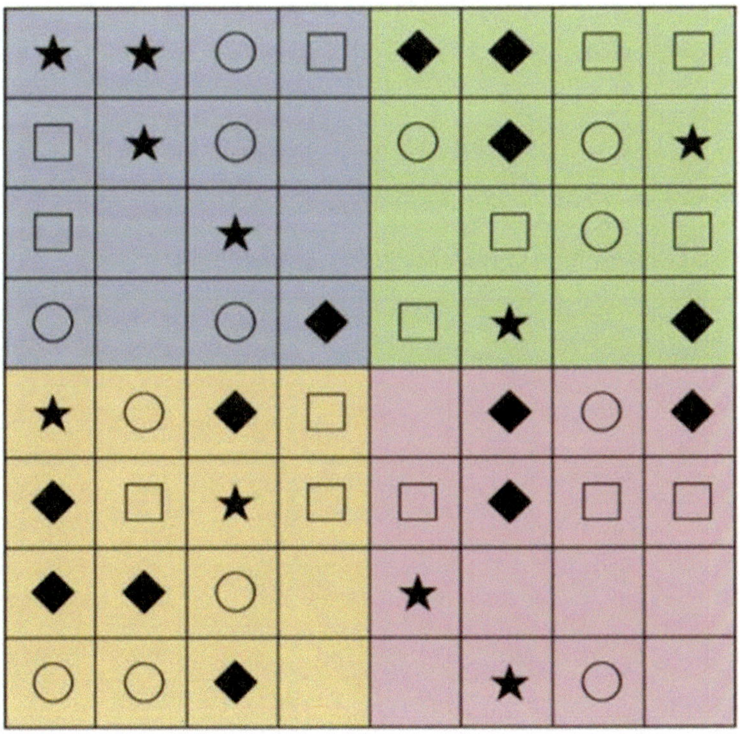

그림 6.4 도식화하여 나타낸 이미지의 예시

인공지능의 이미지 인식 원리를 알아보기 위한 언플러그드 활동에서는 실제 이미지가 아니라 가상의 이미지를 단순하게 도식화한 그림을 활용한다. 이때 그림에는 ○, □, ◆, ★ 등이 도형을 활용할 수 있고, 바탕이 되는 칸은 여러 가지 색깔로 구분해야 한다.

그 예시는 그림 6.4와 같으며, 교수자의 의도와 학습자의 수준 등에 따라 다른 그림을 무작위로 생성해도 무관하다. 활동을 하기에 앞서 주어진 그림이 실제로는 이미지를 의미한다는 점을 학습자에게 명확하게 인식시켜야 한다.

이러한 큰 이미지에서 작은 이미지, 즉 기준 이미지를 도출해내기 위해 활용할 수 있는 방법으로는 'MAX'와 '거름상자'가 있다.

MAX

MAX라는 명칭은 최대를 의미하는 영단어 'maximum'에서 따왔다. 이는 말 그대로 각 색깔의 구역에서 가장 많은 도형을 찾아냄으로써 기준 이미지로 압축하는 방식이다. 대다수 학습자의 수준에서는 직관적으로 가장 많은 도형을 찾아내기 어려울 것이다. 따라서 누락되는 도형 없이 각 구역에서 가장 많은 도형을 가려내기 위해 아래와 같은 표를 단계적으로 제시하는 활동지를 활용할 수 있다.

표 6.1 그림에서 각 면에 있는 도형의 개수를 적는 표 및 작성 예시

	파란색	초록색	주황색	분홍색
○	4	3	4	2
□	3	5	3	3
◆	1	4	5	3
★	4	2	2	2
빈 칸	4	2	2	6
가장 많은 도형	○,★,빈 칸	□	◆	빈 칸

표 6.2 각 면에서 가장 많은 모양을 그리는 표 및 작성 예시

파란색 면에서 가장 많은 모양	○
초록색 면에서 가장 많은 모양	□
주황색 면에서 가장 많은 모양	◆
분홍색 면에서 가장 많은 모양	빈 칸

학습자는 자신이 채워 넣은 표를 참고하여 기준 이미지를 도출하게 된다. 이때 유의할 점은 기준 이미지로는 꼭 한 가지 그림만 나오지 않는다는 것이다. 학습자로부터의 다양한 답안을 폭 넓게 수용하는 한편, 처음에 제시되었던 큰 그림을 이렇게 간단하게 나타낸 것을 확인하며 인공지능이 이미지를 인식하는 원리를 짐작해보도록 한다.

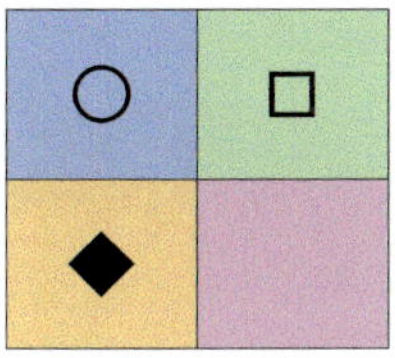

그림 6.5 MAX를 이용해 도출한 기준 이미지의 예시

거름상자

인공지능이 이미지를 인식하는 원리를 간접적으로 체험하게 해주는 또 다른 방식은 거름상자다. MAX가 각 색깔에 해당하는 16개의 칸을 단번에 압축했던 것과는 다르게 거름상자는 여러 차례의 단계를 거치며 기준 이미지를 만들어낸다. 마치 굵은 체에서 콩을 고르고, 가는 체로 쌀을 거르는 것과 같은 이치다.

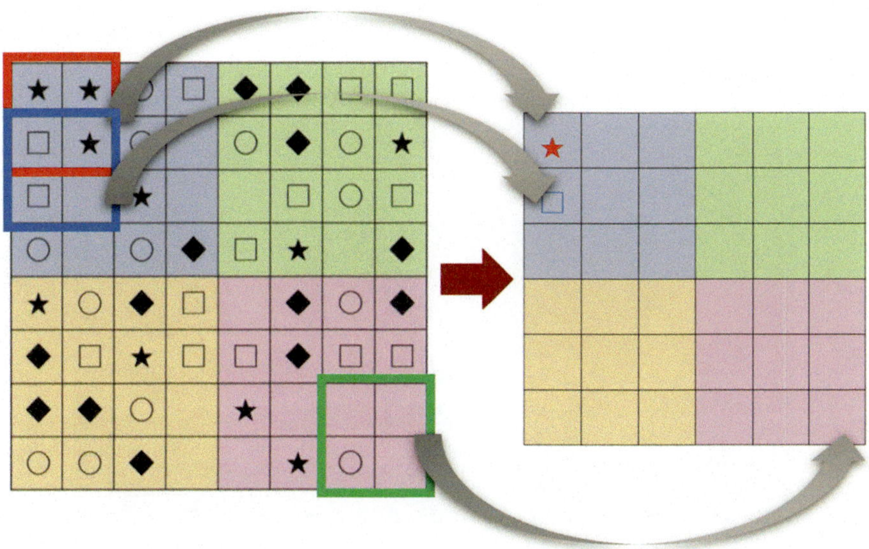

그림 6.6 거름상자를 통한 이미지 압축 방법

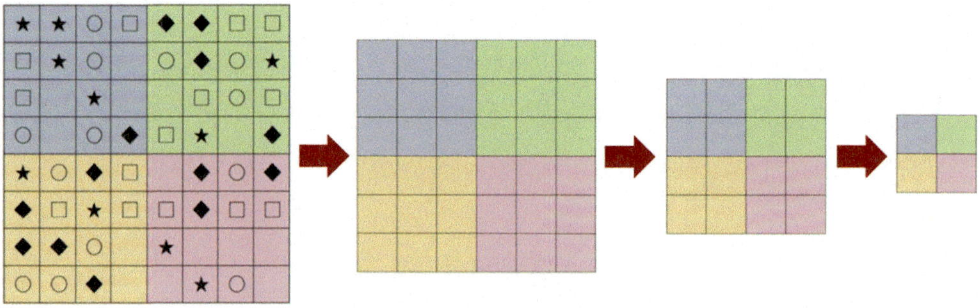

그림 6.7 거름상자의 단계적인 압축

거름상자 방식을 통해서는 단계적인 압축이 이루어진다. 처음 주어진 그림은 8*8, 총 64칸으로 이루어져있다. 이때 상하좌우로 맞붙어 있는 4칸에서 가장 많이 나오는 도형 하나를 다음 단계의 해당 칸에 채워 넣는다. 이러한 방식을 통해 차례로 6*6, 4*4 그림을 채워나간 후 마지막으로 2*2, 즉 기준 이미지까지 최종 압축을 한다.

네 개의 칸을 일일이 하나의 칸으로 압축하는 거름상자 방식은 복잡하게 느끼는 학습자가 생길 가능성이 크다. 특히 채워야 할 칸이 가장 많은 첫 번째 거르기 단계에서 많은 학습자가 어려움을 호소한다. 구체적 조작기에 해당하는 초등 학습자의 원활한 활동을 돕기 위해서는 직접 손으로 조작하는 거름상자 교구를 활용하는 것도 하나의 방법이다.

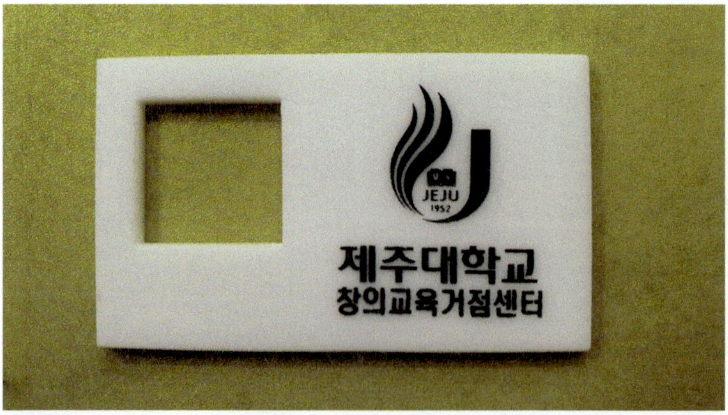

그림 6.8 언플러그드 활동지 속 이미지의 크기에 맞게 제작된 거름상자 교구

활동지 그림의 4칸과 꼭 맞는 크기의 구멍이 뚫린 거름상자 교구를 활동지에 직접 가져다 대며 상하좌우로 조금씩 이동하면 해당 영역에만 집중할 수 있다. 이는 학습자가 더욱 쉽게 다음 단계로의 압축을 하도록 해준다.

그림 6.9 거름상자 교구를 활용해 기준 이미지를 도출하는 활동을 수행하는 학습자

4 활동 유의점

“선생님, ◆이랑 ○가 똑같이 2개씩 있는데 둘 중에서 뭐로 그려야 해요?”

이 활동을 실제 교육현장에 적용해보면 학생들로부터 필연적으로 듣게 될 질문이다. 앞서 제시한 예시 그림에서 역시 모든 학습자는 이와 같은 ‘난관’에 봉착하게 된다.

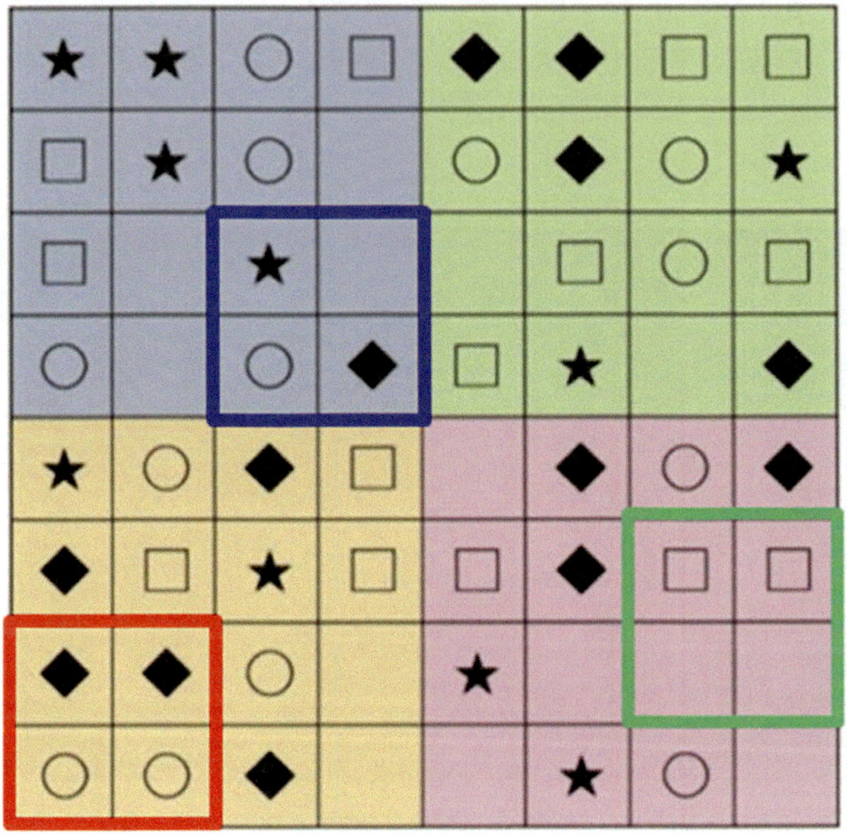

그림 6.10 거름상자 방식을 활용할 때 최다 빈출 도형이 없는 경우의 예시

이때 교수자가 학습자에게 해줄 수 있는 답변은 "네 마음에 드는 것을 그리렴. 어떤 도형을 해도 괜찮단다."라는 말이다. 이 활동의 목적은 학습자가 정확한 기준 이미지를 도출해내도록 하는 것이 아니라 인공지능의 이미지 인식 원리를 간접적으로 체험해보는 것에 있기 때문이다. 따라서 '모범 답안'도 애초에 존재하지 않는다.

MAX와 거름상자를 통해 최종적으로 도출되는 기준 이미지는 학습자마다 다르게 나올 가능성이 크다. 심지어는 같은 학습자여도 MAX와 거름상자를 통해 추려진 기준 이미지가 서로 다를 수 있다. 이러한 필연적인 다양성은 이 활동이 가지는 한계인 동시에 또 다른 배움으로의 연결고리다.

앞서 이 활동과 관련된 원리를 알아보며 인공지능은 딥러닝을 하며 더 정확하게 이미지를 인식하고 구분해 나가고, 이때 표본이 되는 데이터가 많을수록 정확도가 높아진다는 점을 살펴본 바 있다. 또한 딥러닝은 인공지능이 겪는 시행착오라고 볼 수 있다.

학습자가 언플러그드 활동을 통해 도출된 기준 이미지는 원본 이미지와를 정확하게 대변하지 못할 수 있으며, 이는 인공지능 역시 마주할 수 있는 실패다. 그럼에도 이와 같은 시행착오의 데이터가 쌓이다 보면 점차 인공지능은 정확하게 이미지를 구분해낼 수 있는 것이다. 교수자는 단발성의 모의 활동에 그치는 우리와 다르게 인공지능은 무수히 많은 반복을 거친다는 점을 학생들에게 상기시킬 필요가 있다. 단순히 내가 도출한 기준이 맞는지 틀린지가 아니라, 이러한 과정을 통해 인공지능이 학습을 거듭해 나간다는 것을 학습자가 이해하도록 유의해야 한다.

이와 관련해 활용할 수 있는 부가적인 활동으로는 기준 이미지 비교가 있다. 학습자들은 우선 MAX와 거름상자 방법을 활용해 자신의 기준 이미지를 생성해내는 언플러그드 활동을 활동지를 통해 개별적으로 수행한다. 이어 동료 학습자와 함께 서로의 기준 이미지가 같은지 확인해보고, 만약 그렇지 않다면 활동 과정에서 어떤 차이가 있었는지 거슬러 올라가며 비교해보는 것이다.

그림 6.11 (좌) 활동지를 개별적으로 해결하며 기준 이미지를 도출하고 있는 학습자들, (우) 개별 활동 후 서로의 기준 이미지와 그 도출 과정을 공유하며 비교하는 학습자들

한편 언플러그드 활동과 더불어 실제로 딥러닝이 가장 많이 쓰이는 분야가 이미지 분석이라는 점도 덧붙여 알려주는 것도 학습의 의의를 더해준다. 오늘날 딥러닝을 통한 이미지 분석은 사진 속에서 사람 얼굴의 형상을 구분할 수 있을 뿐만 아니라 그 얼굴이 누구의 것인지까지 인식할 정도로 기술의 발전을 이루었다.

6.3 언플러그드 활동으로 알아보는 인공지능의 정보 분류 원리

1 관련 원리 및 활동 목표

기계가 스스로 데이터를 구분하고 학습하기 위해서는 우선 주어진 데이터에서 규칙을 찾아내야 한다. 따라서 기계는 학습하기 전 여러 가지 데이터를 일정한 규칙으로 분류해 나간다. 이러한 분류를 위한 기준은 특징적일수록 좋으며, 분류 기준이 다양해질수록 더욱 복잡한 데이터도 분류할 수 있다.

이번에는 인공지능이 된 것처럼 자신이 정한 기준에 따라 자료를 분류해 나가는 보드게임 언플러그드 활동을 통해 인공지능의 정보 분류 원리를 알아보자.

2 학습 동기 유발 활동

본격적으로 활동을 설명하기 전의 도입 단계에서 아주 간단한 자료를 학습자에게 제시

그림 6.12 주어진 자료를 분류하는 자신의 기준을 설명하는 동기 유발 활동

하며 나름대로의 방법으로 주어진 자료를 분류해볼 것을 제안하며 학습 분위기를 조성한다. 학습자에 따라 비교적 기준이 명시적으로 드러나는 자료를 제시할 수도 있고, 훨씬 다양한 기준이 논의될 수 있는 자료를 부여할 수도 있다. 이때 학습자가 어떤 분류 기준을 말하든 교수자는 열린 자세로 수용하는 것이 중요하고, 학습자가 자신의 분류 기준을 적절한 근거를 들며 설명하도록 독려해야 한다.

3 활동 방법

이 언플러그드 활동에서는 인공지능이 입력된 이미지 조각에서 특정한 특징을 추출하고, 이를 통해 새로운 네트워크를 구현하는 동작을 반복하는 과정을 보드 게임을 통해 간접적으로 체득할 수 있다. 활동에 필요한 준비물은 아래와 같다.

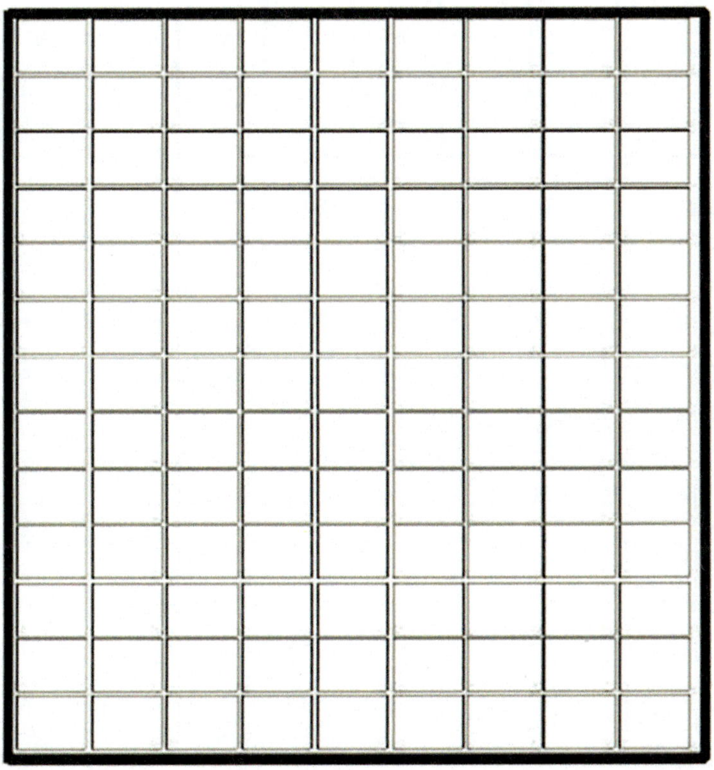

그림 6.13 인공지능 언플러그드 보드게임에 필요한 보드게임판

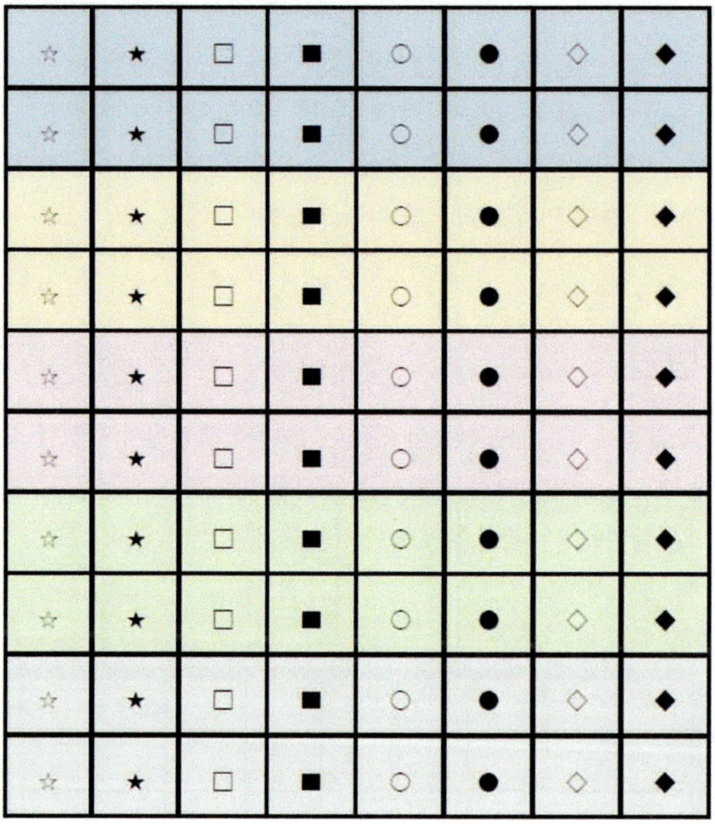

그림 6.14 보드게임판을 채워 넣을 다색/다형 보드 카드 (낱개, 오려서 사용)

두 명의 학습자는 다양한 색깔과 모양으로 이루어진 보드 카드를 똑같이 가진다. 짝과 순서를 번갈아가며 자신이 가진 보드 카드를 하나씩 내려놓을 수 있다. 모든 보드 카드를 먼저 다 보드게임판에 붙인 학습자가 이긴다.

보드게임판에 보드카드를 내려놓기 위해서는 규칙이 하나 있다. 이미 판에 놓여있는 보드 카드와 공통점이 있을 때에만 새로운 보드 카드를 그 바로 근처에 붙일 수 있다. 만약 자신에게 남은 보드 카드와 이미 보드게임판에 놓인 보드 카드 중 어떠한 공통점도 찾지 못 한다면 짝에게로 순서를 넘겨야 한다. 물론 공통점이 있다고 해도 이미 특정 보드 카드의 둘레에 다른 보드 카드들이 이미 자리 잡고 있다면 역시 새로운 보드 카드를 붙일 수 없다.

그렇다면 보드 카드 간 공통점이란 무엇을 말하는 것일까? 이는 게임에 참여하는 학습자들이 협의하여 결정하는 부분이다. 쉬운 난이도로 게임을 진행하려면 여러 가지 공통점을 인정하면 되고, 보다 난이도를 높이고 싶다면 특정 공통점만 적용할 수 있게 게임 규칙을 조정할 수 있다.

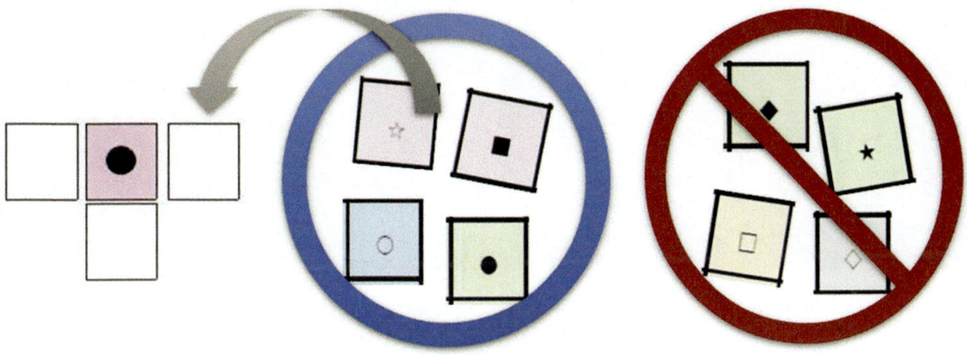

그림 6.15 보드 카드 부착 가능 경우의 예시

이를테면 위의 그림과 같이 분홍색 바탕에 흑색 동그라미가 그려진 보드 카드가 게임판에 놓여 있는 경우를 생각해보자. 이때 상하좌우의 근접한 칸에 붙일 수 있는 보드 카드로는 1) 분홍색 바탕의 타일(도형 무관), 2) 흑색 동그라미가 그려진 타일(배경색 무관), 3) 흰색 동그라미가 그려진 타일(배경색 무관)이 있다. 각각 색깔과 도형에서 공통점을 찾을 수 있는 경우다.

친구와 함께 즐겁게 보드게임을 하면서 학습자는 자연스럽게 인공지능이 어떠한 방식으로 기준을 세우고 정보를 분류하는지 익히게 된다.

4 활동 유의점

학습자의 성향과 우연적인 요소에 따라 보드게임판은 다양한 양상으로 채워져 나가게 된다. 이는 확산적 답안을 목표로 삼는 활동이므로, 교수자는 게임 규칙을 준수하는 한 학습자의 창의적인 게임 전개를 허용적으로 격려하는 것이 바람직하다.

짝끼리 게임을 하고난 후 보드게임판을 수합하고 전시하며 학습자들이 서로의 결과물을 공유할 수 있는 기회를 마련해주는 것도 좋다. 이를 통해 모두에게 똑같은 자료가 주어졌음에도 어떤 기준으로 분류하는지에 따라 전혀 다른 결과물이 나타난 것을 직접 확인할 수 있다.

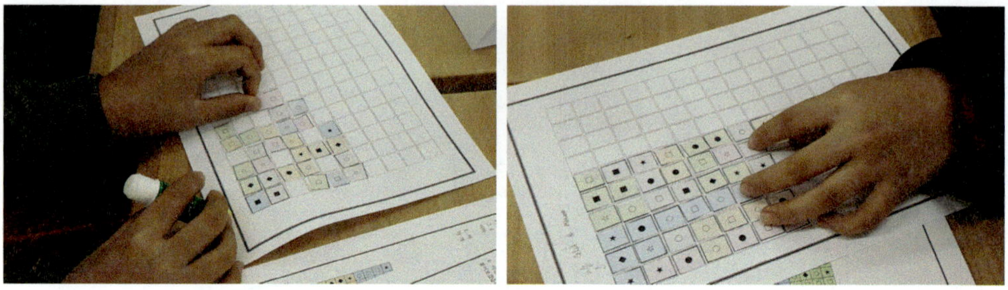

그림 6.16 인공지능 언플러그드 보드게임의 실제 전개 양상 사례

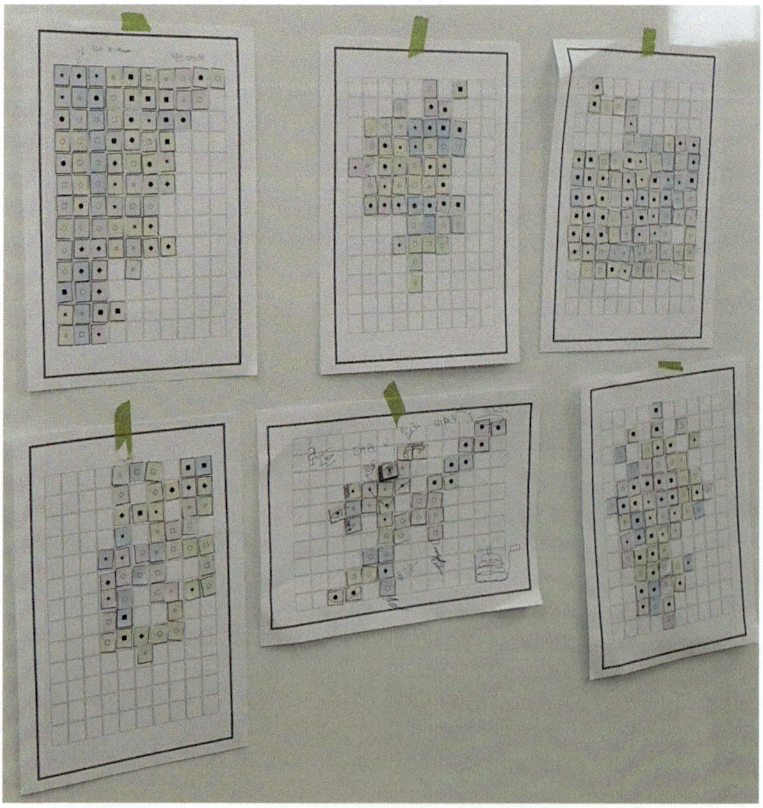

그림 6.17 인공지능 언플러그드 보드게임을 수행한 후의 보드판

6.4 기타 인공지능 언플러그드 활동 사례

1 조각난 사진들로 알아보는 딥러닝의 이미지 구분 원리

앞서 제시하였던 인공지능의 이미지 인식 및 구분 원리를 학습하는 언플러그드 활동의 또 다른 예시다. 학습자에게 친숙한 동물 사진을 직접 잘라보며 인공지능이 수행하는 이미지의 추상화를 간접적으로 체험할 수 있다.

그림 6.18 점선에 따라 잘라 활용할 강아지와 고양이 사진
(출처: 인공지능의 무한도전!–미래창조과학부, 한국과학창의재단)

활동 방법은 다음과 같다. 가장 먼저 위와 같은 활동 자료를 점선에 따라 자른 후, 잘라 놓은 사진들을 무작위로 섞어 놓는다. 다음으로는 귀는 귀끼리, 눈은 눈끼리, 코와 입은 코와 입끼리 해당하는 사진 조각을 모아본다. 분류된 사진 조각들을 관찰하며 고양이와 개의 귀, 눈, 코와 입이 각각 어떤 특징을 가지고 있는지 발견해 활동지에 정리한다.

그림 6.19 귀, 눈, 코와 입 조각을 무작위로 배치해 만든 동물 얼굴
(출처: 인공지능의 무한도전!–미래창조과학부, 한국과학창의재단)

이어서 위의 그림과 같이 귀, 눈, 코와 입 조각들을 순서대로 맞춰 동물 얼굴을 만들어 본다. 조합은 최대한 다양하게 만드는 것이 좋다. 만들어진 얼굴 조합을 살펴보며 "이 동물은 고양이 입니까?"라는 질문에 1~10점의 점수를 매겨본다. 해당 얼굴이 고양이와 가깝다고 생각할수록 높은 점수를 줄 수 있다.

끝으로 8점 이상의 높은 점수를 받은 동물 얼굴만 추려본다. 이처럼 높은 점수를 받은 조합만 고양이라고 기억한 후, 이와 동일한 과정을 되풀이하며 이미지 인식의 정확도를 제고하는 것이 딥러닝의 원리인 것이다.

2 삼목 게임으로 체험하는 몬테카를로 트리 탐색의 원리

바둑은 컴퓨터조차도 완벽하게 계산할 수 없을 정도로 경우의 수가 많다. 모두 361개의 교차점으로 이루어진 사각판에서 흑과 백이 각각 집을 만들어 집을 많이 만든 쪽이 이기는 경기인 바둑은, 두 경기자가 첫 수를 주고받는 경우만 해도 무려 12만 9960가지가 존재하는 탓이다.

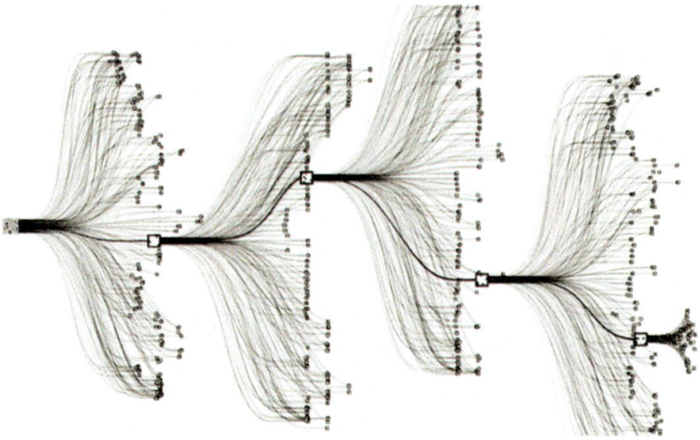

그림 6.20 바둑 경기에서 가능한 경우의 수를 나타낸 개념도(출처: Google)

'몬테카를로 트리 탐색'은 간단히 말해 '경우의 수'를 줄이는 전략이다. 즉, 모든 경우의 수를 따져볼 수 없으니, 상대방이 바둑돌을 놓으면 내가 놓을 수 있는 무수한 경우의 수 중에서 아무렇게나 표본을 뽑아 경기를 치러본다. 그리고 가지고 있는 수많은 대국 데이터를 바탕으로, 어디에 돌을 놓으면 승리할 확률이 높은지를 계산한다. 확실하게 이기는 수를 알아내는 것이 아니라, 이길 확률이 높은 수를 골라내는 것이다.

표 6.3 백돌의 위치에 따라 이기는 경우의 수

흑돌과 백돌의 위치	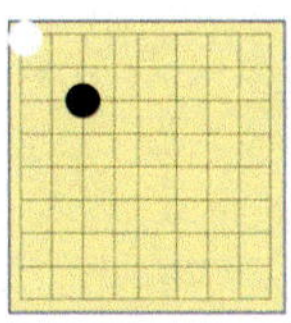	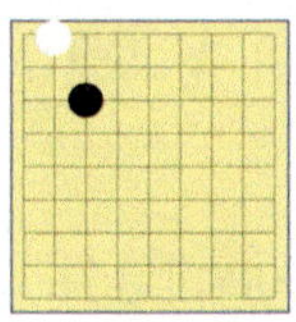	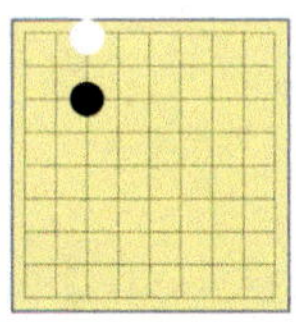		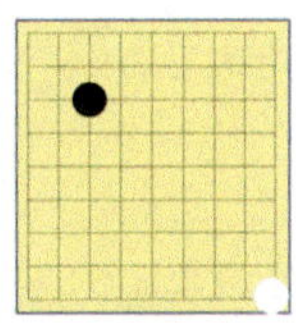
모든 데이터 계산	9번	13,242번	298,313번	...	12번
표본 계산	0번	12번	703번	...	1번

(출처: 인공지능의 무한도전!-미래창조과학부,한국과학창의재단)

몬테카를로 트리 탐색의 원리는 '틱택토(tic-tac-toe) 게임으로도 널리 알려진 삼목 게임을 통해 간단하게 살펴볼 수 있다. 삼목 게임에서는 두 사람이 가로와 세로가 각각 3칸으로 이루어진 판에 ○와 ×를 번갈아 놓을 때 가로나 세로, 대각선으로 같은 모양이 3개 연결되어 한 줄이 만들어지면 이긴다.

②	④	❺
❾	❶	❼
⑥	❸	⑧

○	○	×
×	×	×
○	×	○

2	3	2
3	1	3
2	3	2

그림 6.21 몬테카를로 트리 탐색의 원리를 알아보기 위한 삼목게임의 진행 예시
(출처: 인공지능의 무한도전!–미래창조과학부, 한국과학창의재단)

예를 들어, ×를 놓는 사람부터 게임을 시작해 보자. 9칸 중 아무 데나 놓아도 되지만 우선 ①의 위치에 놓았다고 가정해보자. 이어서 상대방은 ○를 ②의 위치에 놓는다. 이렇게 두 사람이 순서대로 ③에서 ⑨까지 놓으면, ×가 가로로 한 줄이 만들어지며 ×를 놓은 사람이 이긴다.

그렇다면 첫 번째 수를 어디에 두면, 이길 확률이 높을까? 정중앙(1) 귀퉁이(2), 사각형의 변(3) 위치에 두었을 때로 나눠보자. 바둑에서 기보가 중요하듯이, 확률을 따져보려면 게임 데이터가 많이 필요하다.

만약 1번에 첫 수를 두고 삼목 게임을 100번 했을 때 50번을 이겼다면 승률은 50/100-50%가 된다. 2번에 첫 수를 둔 삼목 게임을 100번 해서 30번을 이겼다면 승률은 30/100-30%, 3번에 첫 수를 둔 삼목 게임 100번 중 20번을 이겼다면 승률은 20/100+20%가 된다.

표 6.4 ○의 위치에 따른 ○의 결과를 기록하는 표

2	3	2
3	1	3
2	3	2

위치	승리	패배	무승부
1번			
2번			
3번			

(출처: 인공지능의 무한도전!–미래창조과학부, 한국과학창의재단)

표 8.5 반 전체의 게임 결과를 바탕으로 승률을 계산하는 표

2	3	2
3	1	3
2	3	2

위치	승리	패배	무승부	무승부
1번				
2번				
3번				

(출처: 인공지능의 무한도전!–미래창조과학부, 한국과학창의재단)

만약 게임을 100번이 아니라 수천, 수만 번 한다면 그만큼 승률의 정확도가 높아진다. 그리고 이 승률을 미리 알고 있다면 당연히 승률이 가장 높은 곳에 첫 수를 놓고 게임을 시작하면 되는 것이다.

이와 같이 몬테카를로 트리 탐색은 바둑처럼 경우의 수가 너무 많아 모든 수를 계산할 수 없을 때 매우 요긴하게 쓰인다. 그리고 이는 바로 구글의 알파고가 바둑 제왕의 자리에 오를 수 있었던 핵심 전략이다.

6.5 인공지능 언플러그드 교육 동향

1 국내 인공지능 언플러그드 교육 사례

어썸스쿨

어썸스쿨에서는 국내 최초, 유일의 청소년이 공부에 활용할 수 있는 인공지능 보드게임을 출시했다. 보드게임을 구매하면 교육 교안(3시간 가능)+영상 자료+보드게임을 증정한다. 게임 방식은 '브루마블'과 유사하다. 2018년 5월~9월 20여개 중/고등학교와 교사 연수 현장에서 검증한 바 있다.

그림 6.22 인공지능 보드게임(출처: 어썸스쿨)

언플러그드 교과서-1, 2

초등학생에게 언플러그드 교육을 할 수 있도록 대구초등컴퓨팅교사연구회(CAESD) 소속의 교사들의 수많은 노력과 연구 끝에 언플러그드 교과서-1, 2가 발간되었다. 이 책은 수준에 따라 초급과 중 · 고급편으로 나누어져 있으며, 부록으로 활동지 또한 제공한다. 학생들은 이 교과서를 통해 언플러그드 놀이 학습을 통해 과학적 사고력을 향상시킬 수 있음은 물론 컴퓨터를 이용하는 코딩 능력도 자연스럽게 학습이 가능하다.

그림 6.23 언플러그드 교과서(출처: 네이버 책)

AI Makers Kit

KT에서는 국내 최초로 자사 인공지능 스피커인 기가지니를 활용한 AI Maker Kit를 제작하여 어린이들도 코딩으로 인공지능 스피커를 만들 수 있도록 했다. 사용자가 손쉽게 제작할 수 있도록 상세한 설명서 및 50시간의 AI 코딩 수업이 가능한 파이썬 활용 중고급 교육 교재를 함께 제공하며, 이 키트는 코딩 교육이 의무화된 초등학생들에게 특히 많이 사용되었다.

그림 6.24 AI Makers Kit(출처: 옥션)

2 국외 인공지능 언플러그드 교육 사례

미국의 인공지능 언플러그드 교육

ECS(Exploring Computer Science)는 인공지능 수업 중 5-7일 주제인 신경망과 Forward propation, Backward propagation을 교육하기 위한 방법으로 언플러그드 방식을 제안하고 있다. 교사들이 쉽게 접근할 수 있도록 word, ppt, 동영상 등의 자료를 제공한다.

그림 6.25 Back Propagation 언플러그드 교육 영상(출처: http://www.exploringcs.org/)

Ready AI

Ready AI는 전 세계 초등학생부터 고등학생을 대상으로 인공지능 교육을 홍보, 제공한다. 이 기업은 AI 연구원, 기관, 기업과 협력하여 인공지능 학습 공동체에 가장 최신 지식을 전달하도록 노력하며, 학생들에게 재미있고 창의적인 인공지능 학습 경험을 제공한다.

이 기업은 교사 없이 학생 스스로 온라인을 통해 배울 수 있는 온라인 수업 과정, 학교나 학원 등 여러 기관에서 활용 가능한 커리큘럼 및 교사 양성 교육 과정까지 모두 제공한다. 수업에 참가를 위해서는 수업에 필요한 교재와 AI-IN-A-BOX를 구입해야 하는데, 이 AI-IN-A-BOX에는 인공지능 로봇, 컨트롤러, 태블릿 PC 등이 포함되어 있다.

그림 6.26 AI-IN-A-BOX(출처: https://www.readyai.org/)

Ready AI에서는 컴퓨터를 사용하기 어려운 나이이거나 컴퓨터를 사용할 수 없는 환경의 학습자를 위하여 언플러그드 교육에도 힘쓰고 있다. 해당 기업 홈페이지에서는 총 5개의 언플러그드 교육 과정을 운영 중이며, 인공지능 윤리 교육부터 신경망 과정 등의 주제로 이루어져 있다.

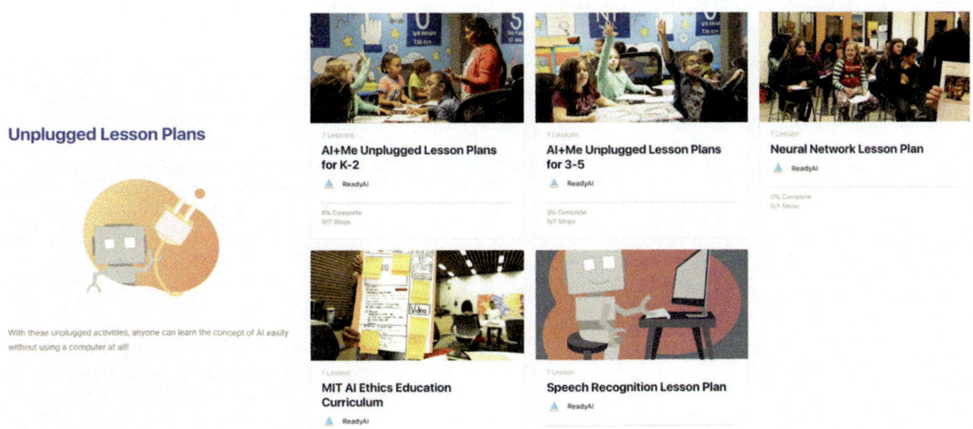

그림 6.27 언플러그드 교육 과정 소개(출처: https://www.readyai.org/)

VIA AI Learning Kit

VIA AI 학습 키트는 아이들에게 컴퓨터 프로그래밍과 인공지능의 기본을 소개하는 교육 패키지다. 이 키트에는 VIA의 아두이노 호환 메인보드와 소형 카메라를 지원하는 확장 보드를 포함하여 소형 자율 차량을 제작하는 데 필요한 모든 하드웨어 구성 요소가 포함되어 있다.

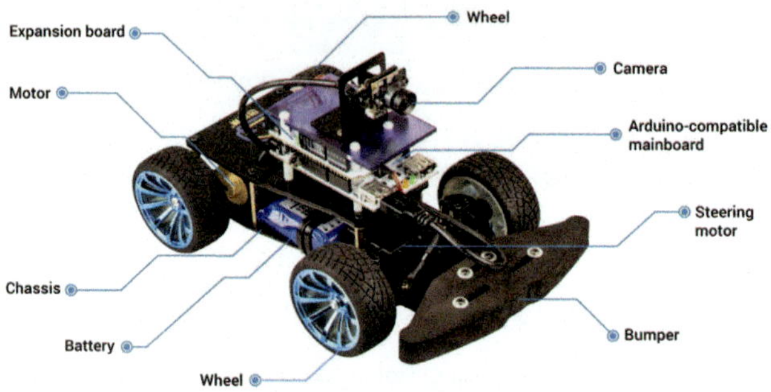

그림 6.28 VIA AI Laerning Kit(출처: https://www.viatech.com/)

HOL로봇 프로그램 과학 교육 보드게임(T20 Coder Mindz CoderMindz Game for AI Learners Worlds First Eve)

미국에서는 전 세계 최초로 인공지능과 컴퓨터 프로그래밍을 가르칠 수 있는 보드게임이 발명되었다. 놀라운 사실은 발명가는 다름 아닌 10살 초등학생이었는 것이다. 이 보드게임은 교육, 이미지 인식, 추론, 오차역전파법, 적응학습 등의 인공지능 개념을 가르치는 혁신적인 코딩 게임이다.

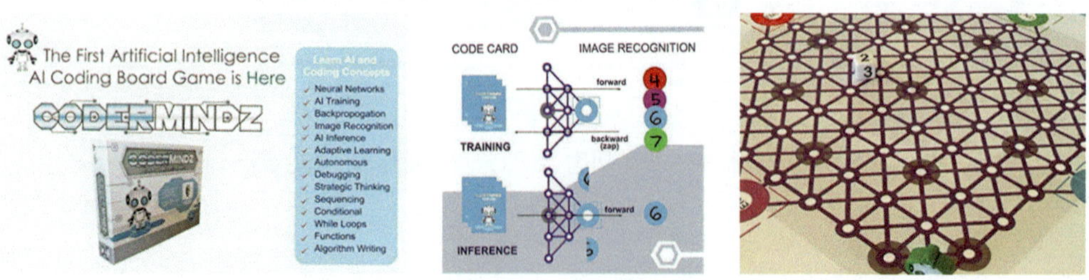

그림 6.29 Codermindz(출처: http://www.codermindz.com)

칸랩스쿨(Khan Lab School)

이 학교는 MIT 졸업생인 IT 기업가 살만 칸이 설립한 비영리 단체 칸 아카데미(Khan Academy)가 만든 학교로, 개인별 맞춤 학습을 지향하여 학생 개개인의 학업 성취도를 높이는 방식으로 운영되는 혁신 대안 학교이다. 학생은 인공지능 기반의 개인별 맞춤 교육을 이수하며, 오전에는 수학, 작문, 컴퓨터 등을 공부하고 오후에는 창의력 증진을 위한 예술이나 운동 활동 수행한다.

그림 6.30 칸랩스쿨 소개(출처: 칸랩스쿨 홈페이지)

구글(Google)

구글은 TensorFlow 및 MOOC 방식 통하여 인공지능 관련 지식을 학습할 수 있는 무료 플랫폼 운영하고 있다. 2019년 구글코리아는 'AI with Google 2019 Korea - 모두를 위한 AI'를 개최하여 구글은 향후 5년 동안 한국 개발자 5만명에게 인공지능 교육을 지원할 것이라고 밝혔으며, 참가자들이 머신러닝에 대하여 공부하고 소통하며 머신러닝과 인공지능 기술을 더 쉽게 학습할 수 있는 '머신러닝 스터디 잼'을 활성화할 것이라고 발표했다. 이에 더하여, 구글 번역, 구글 포토, Google Arts&Culture, 두들 등 여러 프로그램은 현재 인공지능 활용 교육에 널리 쓰이고 있다.

구글은 머신러닝 모델을 탑재한 조립용 키트 두 종류도 선보였다. 비전키트는 AI 카메라, 보이스키트는 인공지능 스피커다. 구동은 라즈베리파이로 가능한 형태이다.

그림 6.31 구글 비전키트(왼쪽), 보이스키트(오른쪽)(출처: 구글)

상기 소개한 키트 이외에도 머신 러닝 모델을 창조할 수 있는 빠르고 쉬운 방법으로 코딩이 필요 없는 구글 티쳐블 머신(Google's Teachable Machine)을 개발했다. 컴퓨터가 이미지, 소리, 자세 등을 인식할 수 있게 훈련한 다음 사이트, 앱 등을 위한 모델을 추출할 수 있다.

Cognimates. me

MIT 미디어랩[1]에서 시작한 프로젝트로 음성 생성, 음성 인식, 텍스트 분류, 객체 인식 및 로봇 제어 API에 대한 액세스를 제공한다. 14개의 프로젝트 예시가 있으며 클릭 시 프로젝트에 관한 설명과 코딩 프로그램 다운이 가능하다. 홈페이지를 방문하면 여러 프로젝트를 만나볼 수 있고, 그중 AI TOY라는 프로젝트를 클릭하면 프로젝트와 코딩 프로그램을 내려받을 수 있다.

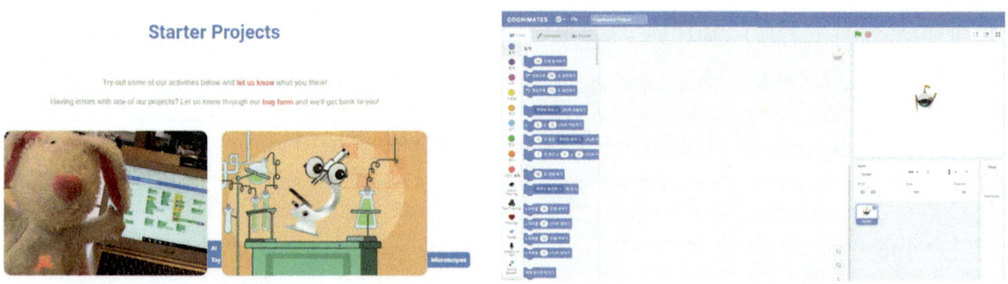

그림 6.32 프로젝트 구동 예시(출처: http://cognimates.me/)

1. MIT 미디어랩(MIT Media Lab): 메사추세츠 공과대학에서 디지털 기술을 이용한 표현과 커뮤니케이션의 교육과 미래를 연구하는 연구소

영국의 인공지능 언플러그드 교육

영국은 2017년 인공지능 산업 경쟁력 확보를 위한 민간 전문가 분석 보고서인 '인공지능 산업 육성 권고안'을 내놓았다. 산업 분야는 인공지능 석사과정 수강을 위한 주요 프로그램 지원을 지원하고, 대학은 인공지능이 아닌 타전공자의 인공지능 분야 석사 전환 프로그램 지원을 검토하며, MSCs(Master of Science)로 이끄는 인공지능 MOOCS 및 온라인 수업 개발 장려하라고 제시했다. 한편, 정부와 대학은 주요 대학에 200개의 박사과정 개설을 권고했다. 특히, 앨런튜링연구소(Allen Turing Instiute)는 인공지능을 위한 국제 Fellowship 프로그램을 운영하고 인공지능에 관한 연구를 지원할 것을 제안했다.

2018년 영국 정부는 AI의 기초 영역(아이디어, 사람, 인프라, 기업 환경, 지역) 강화 및 정부-기업 간의 강력한 파트너십 구축을 위한 세부전략을 제시하였는데, 사람 부문을 강화하기 위한 세부 전략으로 정부와 산업계의 역할을 강조했다. 정부는 Turing Fellowship 프로그램 개발을 통해 인공지능 인력을 확보하고, 2025년까지 1,000개의 인공지능 박사과정 개발, 영국과학공학연구위원회의 박사훈련센터에 1억 파운드의 인공지능 장학금 지급을 제안했다. 한편, 산업계는 영국 선도대학 내 AI 석사과정 개설을 위하여 대학과 협력, 6천만 파운드의 박사과정 장학금을 지원할 것을 장려했다.

같은 해 영국에서는 인공지능 특별 위원회에서 영국 인공지능 전략 보고서인 'AI in the UK'를 발간하였는데, 여기에서는 인공지능에 관련하여 정부의 기관별 역할을 명확히 제언했다. 그중 인재 양성의 주요 방안으로는 숙련된 인공지능 개발자 양성(인공지능 박사과정 확대), 다양한 인재 영입, 재교육(기존 인력 재교육, 교사 훈련 시간 보장) 등을 제시하였다.

2019년 영국 정부는 정부-산업계 협력 투자 기반의 인공지능 인재 대학원 지원책을 발표했는데, 주요 내용으로는 석사생 200명, 박사생 1,000명을 신규 육성하고, 박사후 연구원에게는 Turing Fellowship을 지원하겠다고 밝혔다.

Machine Learning for Kids

이 도구를 사용하면 아이들이 머신러닝 시스템을 훈련시키고 만드는 실전적인 과정을 체험할 수 있다. 텍스트, 숫자 또는 이미지를 분류하는 머신러닝 모델을 만들 수 있는 환경을 제공한다. 아이들에게 코딩을 소개하고 가르치기 위한 기존의 연구를 바탕으로, 이 모델을 스크래치(코딩 교육에 주로 사용되는 플랫폼)에 추가하여 아이들이 그들이 만든 머신러닝 모델을 바탕으로 프로젝트와 게임을 만들 수 있다. 또한, 여러 사이트의 인공지능 교육 자료도 참고할 수 있다.

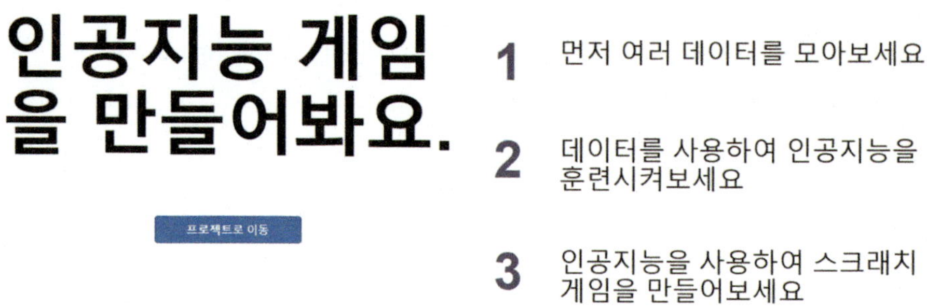

그림 6.33 Machine Learnig for Kids 한글 페이지(출처: https://machinelearningforkids.co.uk/)

코드클럽(Code Club)

코드클럽은 비영리 SW 교육 단체로, 차세대 컴퓨팅 교육을 목적으로 2012년에 설립되었다. 2015년 라즈베리파이 파운데이션과 통합하여, 현재 100여 국에 104,000명의 학생이 참여하고 있으며, Scratch, HTML, CSS, Python 등의 교육 모듈을 제공한다.

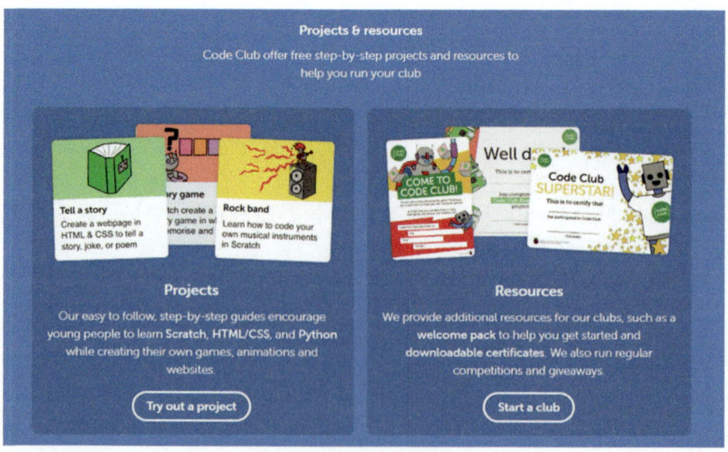

그림 6.34 코드클럽에서 제공하는 자료(출처: https://codeclub.org/en/)

마이크로비트(Micro:Bit)

마이크로비트는 2015년 BBC가 제작한 코딩 교육 교구이다. 해당 웹사이트를 통해 직접 코딩하고 표정 배지, 주사위, 만보기 등을 제작하고 체험할 수 있다. 또한 웹사이트에서는 친환경 프로젝트인 동물 보호하기, 바다 생물 살리기 등의 도전 프로그램도 지원한다. 현재는 한글판도 제작되어 국내에서도 이용이 가능하다.

그림 6.35 마이크로비트로 제작 가능한 프로젝트 예시(출처:https://microbit.org/)

Sage Future Makers Lab

Sage Inspiring Youth 프로그램 중 하나로 청소년을 위한 무료 대화형 워크샵을 개최한다. 워크샵은 미국, 영국, 프랑스, 스페인, 남아프리카에서 개최되며, 인공지능을 사용하여 실제 문제를 해결하는 방법을 교육한다.

그림 6.36 2018년 영국 뉴캐슬어폰타인에서 열린 워크샵(출처:Medium)

큐베토(Cubetto)

큐베토는 코딩 놀이 교구로 몬테소리의 교육 방법에 착안하여 글을 읽고 쓸줄 모르는 만 3세부터 이용이 가능하다. 이 교구는 친환경 나무로 제작되었으며, 놀이로 프로그래밍을 배울 수 있는 코딩 놀이 교구이다. 해당 홈페이지에 방문하면 교구뿐 아니라 여러 활용안이나 설명서가 포함되어 있어 누구든 편리하게 교구를 사용할 수 있는 것이 특징이다.

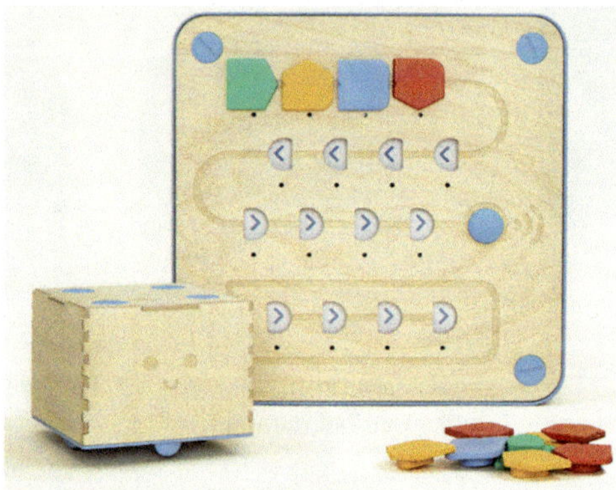

그림 6.37 큐베토 교구(출처:프리모 토이즈)

뉴질랜드의 인공지능 언플러그드 교육

언플러그드 교육을 세계 최초로 개발한 뉴질랜드 캔터베리 대학의 팀벨(Tim Bell) 교수가 이끄는 CS(Computer Science) Education Research Group의 프로젝트의 일환으로 CS Unplugged 웹사이트에서는 여러 가지의 무료 언플러그드 교육 자료를 내려받을 수 있다. 이 그룹에서 출간한 도서에는 컴퓨터 과학의 원리 수업에 적용할 수 있는 다양한 활동을 소개하고 있으며, 현재 한국어판도 출간되어 있다.

CS UNPLUGGED
Computer Science without a computer

그림 6.38 CS unplugged 로고(출처:https://classic.csunplugged.org/)

호주의 인공지능 교육

호주 CSER(Computer Science Education Research Group)은 아들레이드 대학에 소속되어 있으며, 인공지능을 초등학생 대상으로 가르칠 수 있는 온라인 강의를 무료로 제공한다. 교사는 인공지능의 개요 및 인공지능 이해하기, 인공지능 핵심 개념 등에 관한 자료를 받을 수 있다. 해당 온라인 코스는 인공지능 개괄 및 인공지능 활동으로 이루어져 있으며, 인공지능 관련 개념을 숙지하고 실습하여 학생들이 확실하게 이해할 수 있도록 돕는다.

독일의 인공지능 언플러그드 교육

독일은 2018년 AI 분야 기술의 진보와 미래 신산업 분야의 선도 국가가 되기 위한 목적으로 'AI Made in Gernany'라는 전략을 발표했다. 이 전략에서 독일은 AI 인재 양성을 위해 전문 교수진 및 연구원 100명 이상 양성 및 재교육 정책을 추진하겠다는 포부를 드러냈고, 학교를 위한 디지털 협약을 맺어 일반 학교(초 · 중 · 고등학교)와 직업 학교 교실에서 AI 교육 및 활용 교육에 필요한 디지털 인프라를 확보하고 배운 지식을 실제적으로 적용해 볼 수 있는 실습 기회를 제공할 것이라 밝혔다.

독일은 일찍이 초·중등 이공계 영재 인재 양성과 교육 현장 디지털화 목적으로 MINT 교육[2]을 실시하여 MINT 우수학교를 선정, 이공계 영재를 대학교수가 직접 선발하고 지도하여 고교생이 신기술 특허를 받거나 대학 학사 수준 논문을 작성하는 등의 성공적인 교육 전략을 펼친 바 있다. 현재는 이 MINT 교육의 정보 과학 심화 과정에 인공지능 관련 교육을 포함시켰다.

베를린과 브란덴부르크주에서는 챗봇(Chatbot)과 튜링 테스트(Turing Test)[3]를 활용하여 인공지능 수업을 한다고 한다. 챗봇의 작동 원리, 튜링 테스트, 기계언어 처리를 위주로 학습한다. 이 교육 과정을 마치게 되면 스크립트(Script) 제작, 철학, ALICE 프로그램 분석까지 가능하다고 한다.

2. MINT 교육: 2015년부터 시행된 독일 영재 교육의 일환으로 수학(Mathematik), 정보(Informatik), 자연 과학(Naturwissenschaften), 기술(Technik)의 머리글자를 딴 개념
3. 튜링 테스트(Turing Test): 앨런 튜링이 1950년 제안한 인공지능 컴퓨터 판별 테스트. 5분간 온라인 채팅을 한 뒤 심사위원의 30%가 인간인지, AI인지를 구분하지 못하면 합격 판정을 받는다(파퓰러사이언스, 2014)

그림 6.39 튜링테스트

프랑스의 인공지능 언플러그드 교육

2018년 프랑스는 인공지능 전문가와 사회 각계의 의견을 수렴하여 데이터, 인공지능 연구, 일자리, 사회 이슈 등을 중심으로 '인공지능 권고안'을 제시하였다. 주요 사항으로는 ▲적극적인 데이터 정책 개발 ▲4대 중점 분야 선정과 육성을 위한 실행 전략 ▲프랑스 연구의 잠재력 증대 ▲AI 기술로 인한 노동시장 변화 대응 ▲AI 알고리즘 투명성 ▲디지털 젠더 격차 해소를 기조로 삼았다. 그중 AI 교육에 관련된 사항은 ▲혁신 교육(AI 기술 개발에 대비해 교육 시스템을 구축하기 위해 혁신 교육 장려, 혁신적 교수법 연구를 위한 교육 플랫폼 구축) ▲AI 관련 전공자 3배 증대 목표 교육 시스템 개선(수학 · 기초과학 · 컴퓨터 과목을 AI 맞춤형 교육으로 방향 조정, 이공계 학생 대상 생활비 제공, AI와 융합 가능한 타 학문 교육, 타 전공 학생 및 연구자에 AI 교육 접근성 확대, 학사 수준의 AI 전문가 양성을 통한 현장 기술 인력 양성, 개인 정보 보호, 데이터 보호, 윤리 교육 의무 실행)으로 이루어져 있다.

마크롱 대통령은 2018년 파리에서 개최된 '인류를 위한 AI 정상회담'에서 2022년까지 인공지능 연구 활성화를 위해 15억 유로를 투자, AI 연구소 적극 유치, 정부 차원의 빅데이터 제공, AI 규제 간소화 등의 전략을 제시하였다. 이와 관련된 중점 추진 사항으로는 AI 생태계 강화, 글로벌 인재 영입, AI 서비스 확대 및 데이터 개방 정책 개발, 규제 및 재정 개혁, AI 윤리 연구 등을 들었다. 또한, AI 연구를 위한 인재 육성을 위해 공모를 통해 40개의 연구 프로젝트 선정하여 보조금 지급, 박사생 500명에게 7,000만 유로에 달하는 연구 보조금 지급, 국립과학연구센터에 1억 1,500만 유로의 슈퍼컴퓨터 설치를 지원하겠다고 밝혔다.

프랑스는 자국을 세계적인 인공지능 Hub로 인식될 수 있도록 'France is AI'라는 컨퍼런스를 2016년부터 매년 개최하고 있으며, AI 관련 스타트업, 연구소, 밋업, 교육 등 주요 업체를 포함한 AI 생태계의 역동적 환경을 구축하고, 300개 이상의 AI 프랑스 스타트업과 100개 이상의 연구소의 활발한 교류의 장을 제공하고 있다.

에꼴 42

에꼴 42는 2013년에 세워진 교수, 교재, 학비, 강의실, 졸업 이수 기간이 모두 없는 비영리 사립 코딩 학교로, 혁신적인 교육 방법을 고수하고 있다. 해당 학교의 교육 과정은 알고리즘, 인공지능, WEB, Graphics, Electronix 등이다.

핀란드의 인공지능 언플러그드 교육

핀란드 경제부는 2017년 '핀란드 인공지능 시대'라는 전략을 발표했다. 이는 ▲AI 사용을 통한 기업 경쟁력 강화 ▲모든 분야에서 데이터 활용 ▲AI 도입의 가속화 및 단순화 ▲고숙련 전문가와 기업 ▲과감한 계획과 투자 ▲세계 최고 수준의 공공 서비스 구축 ▲새로운 협력 모델 개발 ▲AI 시대에서 핀란드를 선도국 위치로 확보를 주요 추진 사항으로 내놓았다. 특별히, 인공지능 교육 및 훈련 정책에서는 ▲모든 시민에게 MOOC를 활용한 인공지능 교육 보장 ▲Python 온라인 코스 제공 ▲대학에 인공지능 석사 및 학사 프로그램 확보 ▲교사에게 강의에 인공지능을 사용할 수 있는 기회 제공을 권장했다.

Elements of AI

이 프로그램은 2018년 헬싱키 대학에서 제작한 무료 온라인 AI 교육 코스로, 170개국 40만명의 학생이 본 코스를 수강했다. 인공지능 소개 과정은 홈페이지 방문 시, 누구나 수강할 수 있으며, AI 만들기 과정은 2020년에 배포할 예정이다.

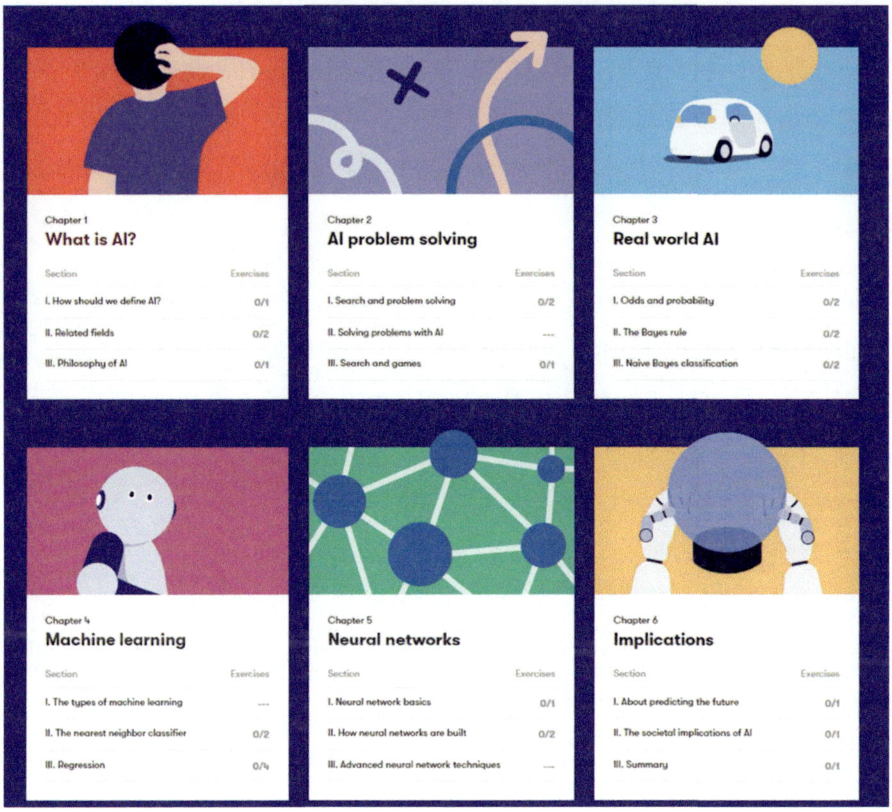

그림 6.40 Elements of AI에서 무료 수강 가능한 프로그램(출처: Elements of AI)

캐나다의 인공지능 언플러그드 교육

캐나다는 2017년 '범캐나다 인공지능 전략'을 발표하며 인공지능 분야의 세계적 리더를 목표로 생태계 활성화, 연구개발 지원, 인재 육성 세 가지 분야에 집중할 것이며, 1천억원의 투자를 계획하고 있다고 밝혔다. 해당 전략의 추진 목표는 ▲AI 전문 인력 양성 ▲AI 연구 네트워크 구축 ▲AI의 경제적, 윤리적, 정책 및 법적 영향 관련 연구 추진 ▲국가 AI 연구 커뮤니티 지원을 들 수 있으며, 이 중 인재 역량 강화 전략을 살펴보면, ▲AI 연구소(알버타, 몬트리올, 토론토의 캐나다 3대 AI 연구소 중심 연구 협업 네트워크 구축) ▲국가 AI 프로그램(AI 분야의 교류와 협력 기반 구축을 위한 CIFAR(캐나다고등연구원)의 컨퍼런스, 캠프 등 활동 지원 ▲AI& 사회(AI가 사회, 경제, 정부에 미치는 영향 조사 지원 ▲CIFAR AI Chair(대학원생 및 박사 후 연구원 CIFAR 연구원 채용(한해 AI 연구 인력 350명 선정하여 연구 보조금 지원)으로 이루어져 있음을 알 수 있다.

또한, 토론토, 몬트리올, 밴쿠버, 에드먼턴, 워털루로 나누어진 도시 단위로 인공지능 생태계를 구축할 것을 밝혔는데, 각 생태계는 Hub 역할을 수행하여 인재 교육의 산실로 형성될 것을 발표했다. 인공지능 생태계는 대학, 연구소, 스타트업이 구심점 역할을 하게될 것이라고 명시했다. 각 도시는 모두 특징을 가지고 있는데, 에드먼턴은 알버타 기계지능연구소(AMII)가 AI 생태계 내 중심 역할을 하며 스타트업 탄생에 역량을 집중할 것이고, 토론토는 인공지능 인재 배출의 주요 역할을 수행하며, 몬트리올은 글로벌 기업을 유치하여 AI 연구 거점 역할을 담당하게 된다.

#Kids 2030

비영리 단체인 Kids Code Jeunesse(KCJ)은 2030년까지 AI 및 윤리에 관하여 100만 명 이상의 어린이, 5만 명의 교육자 교육 목표로 진행하는 미션을 진행한다. 이 단체는 ▲인공지능 윤리 및 디지털 시민권 교육 자료 제작 ▲정부와 정책 결정에 포함되는 인공지능 윤리와 교육 ▲어린이의 자연 지능 강화 도움 ▲연구, 산업, 교육 전반의 인공지능 전문가가 제작한 커리큘럼의 교육 전략으로 전 세계 학생들의 인공지능 역량 강화에 힘쓴다.

그림 6.41 KCJ의 #Kids2030(출처: https://kidscodejeunesse.org/)

인도의 인공지능 언플러그드 교육

2015년 인도 정부는 인도에 IT 인프라를 확대하여 전자정부, 전자교육, 원격 의료 등을 추진하는 '디지털 인디아' 정책을 발표했다. 이어 2018년 디지털 인디아 정책은 지속되었고, 기계학습, 사물인터넷(IoT), 3D 프린팅, 블록체인과 같은 다양한 기술 분야 중 인공지능에 집중하기 위하여 향후 2년간 4억 8천만 달러 규모의 투자 단행 발표하였다.

2018년 인도 정부는 정책 싱크 탱크인 NITI Aayog를 통해 AI 국가적 전략을 발표했으며, 이에 대한 접근법 명칭으로 #AI For ALL을 사용하였다.

이 전략은 ▲인도 국민 역량을 강화로 인한 양질의 일자리 획득 기회 제공 ▲경제 및 사회 발전에 투자 ▲인도에서 개발한 AI 솔루션 개발도상국에 확산을 목표로 세워졌으며, 특히 헬스케어, 농업, 교육, 스마트 시티와 인프라, 스마트 이동성 및 교통 수단에 인공지능을 우선 적용하도록 했다. 이 중 인재 양성 전략은 직업 훈련, 대학, 학교, 전체로 나누어 제안하였는데, 먼저 직업 훈련에서는 미래 서비스 분야 일자리 창출 촉진, 비공식 교육 인정 및 표준화, 직원 재훈련 촉진을 제시하고, 대학은 데이터 과학 및 인공지능 분야 양질의 교육 확산, 학제 간 인공지능 교육을 추진하도록 했다. 한편 학교는 인공지능과 머신러닝을 소개하고, 전체적으로 모든 분야에서 변화하는 일자리 특성을 지속적으로 평가할 것을 제안했다.

디지털 정부 테크 투어

2019년 마이크로소프트 인도 지사는 AI 및 지능형 클라우드 컴퓨터 활용 기술 분야에 IT 전문 공무원 인력을 양성을 목적으로 워크숍 프로그램을 발표했다. 이 투어는 12개월 동안 5,000명의 정부 IT 인력 양성을 계획한다.

그림 6.42 마이크로소프트의 디지털 정부 테크 투어 발표(출처: 마이크로소프트)

중국의 인공지능 언플러그드 교육

2017년 중국 국무원은 국가 차원의 인공지능 수행 전략인 '차세대 인공지능 발전 계획'을 발표했다. 이 중 인공지능 고급 인재 양성 방안으로 교육 관련 전공 및 교육 과정 개설, 인공지능 관련 전문 대학원 설립, 인공지능에 다른 교과 과정을 더한 특수 교육 과정(AI+수학, 컴퓨터 과학, 물리학, 법학 등) 개설 등의 전략을 제시하였고, AI 확산 방안으로는 초, 중, 고교에 표준 AI 교과 과정 개발, 소프트웨어 및 게임 개발 교육 강화, AI 대회 보조금 지원 등을 들었다.

2018년 중국 교육부는 고등 교육에서의 인공지능 인재를 국제적으로 양성할 계획을 발표하였는데, 이는 '중국 대학 인공지능 인재 국제 양성 계획'으로 불린다. 이 계획에는 중-미(中-美) AI 인재 육성 협력 프로그램이 포함되어 있어 양국의 인재 양성 협력이 기대되었다. 세부 정책으로는 5년 내 인공지능 전문 교수 500명, 학생 5,000명 육성, 2018년도 안에 교수 100명, 학생 300명 육성을 목표로 하겠다는 포부를 드러냈다. 계획의 일환으로 인공지능 훈련인 디캠프(Dee Camp)를 진행하였고, 2017년에는 중국 내에서 1,000명 접수, 36명 최종 합격했고, 2018년에는 전세계 600개 대학에서 7,000명의 학생이 접수하여 85개 대학의 300명의 학생이 선발되기도 했다.

2018년에는 중국 교육기술협의회 스마트 학습 사업 위원회에서 'Zhilong X 계획'을 발표하기도 했는데, 여기에는 향후 3년 동안 교수법 패키지 개발, 교사 교육 훈련, 교수법 인터랙티브 플랫폼 개발, 인공지능 통합 실험실 건설, 산업 연구개발에 주력하여 중국의 인공지능 인재 Pool 육성을 추진하겠다는 포부가 담겨 있다. 또한 유치원부터 직업학교까지 사용 가능한 33권의 인공지능 교재를 개발하겠다고 밝혔다.

중국 과학기술부 산하 차세대인공지능발전연구센터와 중국과학기술발전전략연구원이 주도하여 '2019 중국 차세대 인공지능 발전 연구 보고서'가 상하이에서 발표되었다. 이 보고서에는 2017년 중국 국무원에 의해 발표된 '차세대 인공지능 발전 계획' 실시 후 그 동안 추진해 온 정책의 성과가 포함되어 있다. 보고서에 따르면, 중국은 2017년도 이후 전국 30개 이상 대학에 AI 단과대가 설립되었으며, 75개 대학에서 인공지능 관련 학과를 개설하였다. 또한, 교과 과정에 인공지능이 포함되었으며, 인공재능 교재도 개발되었다.

그림 6.43 중국 인공지능 교과서(출처: zhuanlan.zhihu.com)

키코(Keeko) 로봇

중국 전역 600개 이상의 유치원에 보급된 인공지능 로봇 키코(Keeko)는 키 45 cm, 무게 45 kg로 보조 교재로 사용되고 있다. 키코는 학생들에게 교과서에 있는 노래를 불러주거나 위생 관념, 재활용의 중요성을 가르친다.

그림 6.44 키코(Keeko)로봇(출처: https://phys.org/)

심천중학교 이노베이션 센터

중국 최대의 종합 인터넷 회사인 텐센트(腾讯, Tencent)의 공동 설립자 5명 중 4명의 졸업생을 배출해낸 학교인 심천중학교는 학교 안에 이노베이션 센터가 있고, 13개 이노

베이션 기업과 공동 설립되었다. 이노베이션 센터는 대학과 연계하여 최신 기술의 교육 인프라를 구축하였으며, 기업과 연계한 기술 과목이 24개가 있는데, 예컨대, Huawei의 스마트폰 연구, Tencent의 평면 설계 등의 과목을 수강할 수 있다. 게다가, 로봇, 무인항공기 등 학생 주도의 과학 기술 동아리가 19개 존재한다.

화웨이(Hwawei) 클라우드

중국 굴지의 통신장비 업체 화웨이(Hwawei)에서 제공하는 클라우드 서비스에서 인공지능을 쉽게 학습할 수 있는 콘텐츠를 제공한다. 이를 이용하여 무료로 인공지능 체험을 해볼 수 있고 개발에 필요한 여러 학습이 가능하다.

다빈치 AI 코딩 바이블

코딩 교구로 세계적으로 유명한 SEEEDStudio에서 제작한 다빈치 AI 코딩 바이블은 마이크로비트(Micro:Bit), 라즈베리파이(Rasberry-Pi), 아두이노(Arduino) 등에 적용하여 검증받은 시스템을 기반으로 사물인터넷, 로봇, 인공지능 등의 원리와 핵심 기능을 학습할 수 있는 교구이다. 교구를 사용하는 동안 원리만을 학습할 수 있는 것이 아니라 디자인 씽킹을 통한 실제 문제를 해결할 수 있어 학생들의 창의력과 혁신적 사고를 가능하게 한다. 한국어판이 고안되어 현재 국내에서도 한글로 쉽게 접근할 수 있으며, 가이드북 및 활용 예시를 제공하고 있다.

그림 6.45 다빈치 AI 코딩바이블 한국어판(출처: 다산북스)

Codey Rocky Education Pack 6 Robots

이 팩은 로봇 프로그래밍에 관한 대규모 강의에 이상적인 해결책이다. 1개의 키트에는 6개의 Codey Rocky 세트가 들어 있어 최대 12명의 학생이 동시에 코딩, 스크래치(Scratch), 파이썬(Python), 인공지능 및 사물인터넷을 배울 수 있게 해준다. 학생 가이드, 교사 가이드, PPT를 모두 갖추면 교사들이 수업 준비를 더 쉽게 하고 수업 내용을 전달할 수 있다. 대상 연령은 6세 이상이며, 로봇 세트와 함께 학생 가이드(16개의 세션), 선생님 가이드, PPT 자료도 함께 제공된다.

그림 6.46 Codey Rocky Education Pack 구성품(출처: https://www.makeblock.com/)

일본의 인공지능 언플러그드 교육

일본 내각부는 2018년 인공지능 종합 전략 추진을 위하여 교육 개혁, 연구 개발, 사회 변혁 정책 패키지를 내놓았다. 이 중 교육 개혁 부분만 자세히 살펴보면, 일반고, 직업학교, 고등 전문 학교에서 인공지능 · 수리 · 데이터 과학 교육 과정을 확충하고, 대학교 전 학부에 수학 및 정보 과목을 신설케 했다. 또한, 인공지능, 수리, 데이터 과학 교육은 3년 내 대학교 전 학부의 학생 모두가 의무적으로 수강하게 하고, 전 분야 학생을 인공지능, 수리, 데이터 과학을 활용할 수 있는 인재로 만들기 위한 인프라를 정비할 것이라고 밝혔다.

2019년 통합 혁신 전략 추진 회의를 통해 새로운 인공지능 전략을 인공지능 사회 원칙과 함께 발표하였는데, 인공지능 인재 양성 주요 전략으로 연간 고등학생 전체 100만명 인공지능 지식 습득, 인공지능을 다양한 분야에 응용할 수 있는 인재 연간 25만 명 배출, 국제적으로 활약할 수 있는 고급 인재 연간 2천명, 최고 수준 인재 연간 100명 배출 계획. 문, 이과 구분 없이 대학 입시에 「정보 I」 과목 채택하는 방안을 내놓았다.

그리하여 일본은 인공지능 기술을 활용해 Society5.0[4] 실현을 위해서는 'AI 사회 원칙'이 전제되어야 한다고 보았다. 이 기본 원칙은 ▲인간 중심 ▲교육, 리터러시 ▲프라이버시 확보 ▲보안 확보 ▲공정 경쟁 확보 ▲공평성, 설명 책임 및 투명성 ▲혁신 총 7가지이다. 그중 교육 방면의 원칙은 양극화 및 약자 생성 방지를 위한 폭넓은 리터러시 교육, 누구나 받을 수 있는 AI, 수리, 데이터 과학 교육, 상호 연계 가능한 환경, 교육 환경 정비에 행정당국, 학교, 민간, 시민 모두 참여라는 상세 이념을 밝힌다.

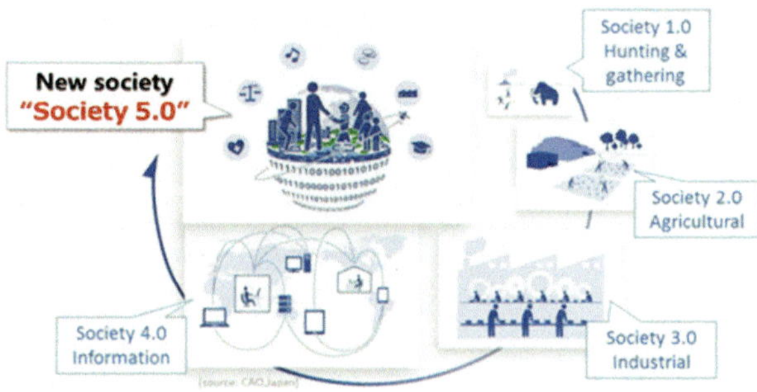

그림 6.47 일본 Society 1.0~5.0 개념도(출처: CAO Japan)

큐비나(Qubena)

큐비나는 인공지능 기반의 수학 학습 플랫폼이다. 학생 개인별 맞춤 학습을 제공하며, 학생의 풀이 과정, 풀이 시간 등을 데이터로 축적하여 그에 따른 대책을 제공한다. 큐비나 아카데미에서는 코치 1명, 학생 1명이 짝을 이뤄 학생에게 최적의 학습 환경 마련한다. 큐비나 창립자에 따르면 학교 수업에 비해 7배 학습 효율을 실현해냈으며, 중학교 1학년 수학은 평균 32시간만 투자하면 학습할 수 있다고 전했다.

4. Society 5.0: 일본의 제5기 과학기술기본계획(2015.12)에서 소개된 개념으로 정보 사회(Society 4.0)에 이어 일본이 나가야 할 미래사회를 지칭. Society 5.0은 AI, IoT(Internet of Things), 로봇 등 첨단 기술이 사회에 구현되어 지금까지는 없었던 새로운 가치를 창출하여 다양한 사람들이 각각의 다양한 행복을 서로 존중하면서, 실현할 수 있고 지속가능한 인간중심의 사회를 표방(유재흥, 2019)

그림 6.48 큐비나 홈페이지 화면(출처: https://qubena.com/)

6.6 연습문제

1. 원리를 돌아보자.

- 인공지능이 이미지를 인식하는 원리를 간단하게 설명해보자.
- 인공지능이 정보를 분류하는 원리를 간단하게 설명해보자.

2. 새로운 활동을 떠올려보자.

인공지능의 원리를 쉽고 재미있게 알아볼 수 있는 나만의 인공지능 언플러그드 활동을 구상해보자.

▶ 활동 주제 :

▶ 활동 목표 :

▶ 준비물 (활동지, 영상, 교구, 학용품 등) :

▶ 활동 방법 :

▶ 활동 시 유의점 :

CHAPTER 07

인공지능 학습 이해하기 (엔트리)

배영권(대구교대)

학습목표

- 엔트리 프로그램을 활용한 인공지능 학습에 대하여 이해할 수 있다.
- 엔트리 프로그램을 활용하여 인공지능의 지도학습의 원리에 대하여 이해할 수 있다.
- 머신러닝 기반 교수-학습 모형을 적용하여 교육활동을 전개해보고 교육적 효과에 대하여 고찰해본다.
- 생활 속 문제를 해결하기 위하여 실질적인 데이터를 활용하고, 이를 분석하여 문제 해결 하는 교육을 엔트리 프로그램을 활용하여 탐구해본다.

7.1 학습 목표 및 교수-학습 모형

본 교재에서는 초등학생에게 친숙한 엔트리 프로그램을 활용하여 인공지능에 대하여 학습 이해하기 부분을 다루고자 한다. 또한 넓은 의미의 인공지능의 영역 중 엔트리 프로그램을 활용하는 부분에 있어서는 그림 7.1과 같이 머신러닝의 지도학습 부분을 중점적으로 다루고자 한다.

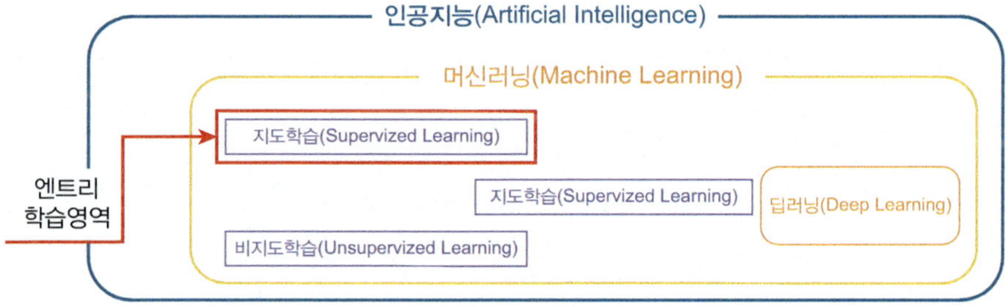

그림 7.1 엔트리 활용 인공지능 학습 이해하기

본 장에서 주로 다룰 지도학습은 전에 특정 입력을 통해 학습이 이루어지고이를 바탕으로 새로운 값이 입력되면 어떤 결과가 나오는지를 추론하는 것이다.

본 장에서 학습 목표로 설정하고자 하는 부분은 사용자의 단순한 엔트리 활용을 넘어서서 생활 속 문제 해결을 위한 인공지능의 체험적 활용을 위한 교수 역량을 강화하는 것을 목표로 한다.

이러한 교육에서 실생활의 문제 해결 과정에 엔트리를 활용하여 보다 효과적인 학습이 진행되도록 하기 위해서 그림 7.2와 같이 유인환 외(2020)[1]의 연구에서 제시한 머신러닝 기반 교수-학습 모형을 적용하여 교육 활동을 진행하도록 제시하고자 한다.

1. 유인환 외 6(2020), 머신러닝 플랫폼을 활용한 소프트웨어 교수-학습 모형 개발, 한국정보교육학회 논문지 24(1), pp. 49-57

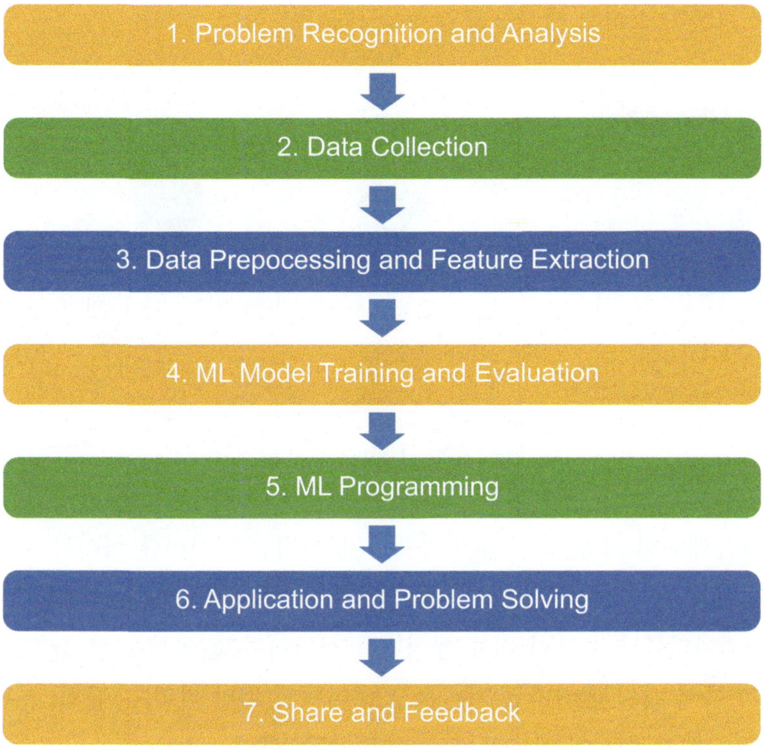

그림 7.2 기계학습을 기반으로 한 소프트웨어 교육 모델

위의 단계 중 첫째는 문제 인식 및 분석 단계로써, 생활 중의 문제 상황 중 머신러닝을 활용하여 해결할 수 있는 문제를 인식하는 단계이다. 특히 최근에 공공 데이터를 활용할 수 있는 다양한 루트를 제공하고 있고, 엔트리 프로그램에서도 공공 데이터를 활용한 프로그래밍 작성이 가능하므로 문제 상황 인식 단계에서 이러한 부분에 대한 충분한 안내가 필요하다.

두 번째 단계는 데이터 수집 단계로, 문제를 해결하기 위하여 필요한 자료가 텍스트, 이미지, 숫자인지 분석 후 수집하는 단계이다. 데이터를 수집하는 활동에서 공공 데이터를 활용하여, 학교 현장에서 지도시 소규모의 데이터의 활용에서 빅데이터 형식의 대규모 데이터를 활용하여 학습 활동을 진행하도록 유도하고 학습자로 하여금 프로그래밍 활동과 현실 활동 간의 연계성을 부각시키는 기능을 할 수 있도록 유도한다. 이와 같은 활동을 통해 주어진 문제를 해결하는 데 실질적인 데이터를 수집하여 문제 해결에 실질적인 자료로 활용될 수 있도록 한다. 또한 공공 데이터 이외에 추가적으로 학습자가 자료를 보충하고 직접 테이블을 작성하도록 유도한다.

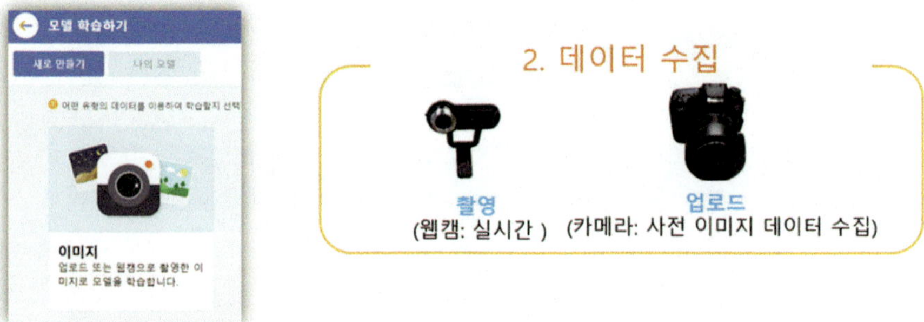

그림 7.3 데이터 수집 단계

세 번째 단계는데이터 가공 및 선별의 단계로써, 수집한 데이터를 처리할 수 있도록 수치화, 도식화, 라벨링 후 필요한 데이터를 선별하는 것이다. 수집된 데이터를 기반으로 객관적으로 데이터를 분석하기 위해 데이터를 시각화하고, 이를 프로그래밍에 활용하도록 한다. 또한 수집된 데이터를 기반으로 데이터의 패턴 파악, 그룹화, 분류하기, 연관성 분석 등을 실시하는 데 엔트리 프로그램을 활용한다.

그림 7.4 데이터 가공 및 선별의 단계

네 번째 단계는 ML 모델 훈련 및 평가 단계이다. 선별한 데이터를 바탕으로 머신러닝 모델 훈련 및 모델 정확도를 평가한다.

그림 7.5 ML 모델 훈련 및 평가 단계

다섯째 단계는 ML 프로래밍 단계로써, 머신러닝 모델을 활용한 프로그래밍을 작성한다. 본 파트에서는 엔트리 프로그래밍을 작성한다.

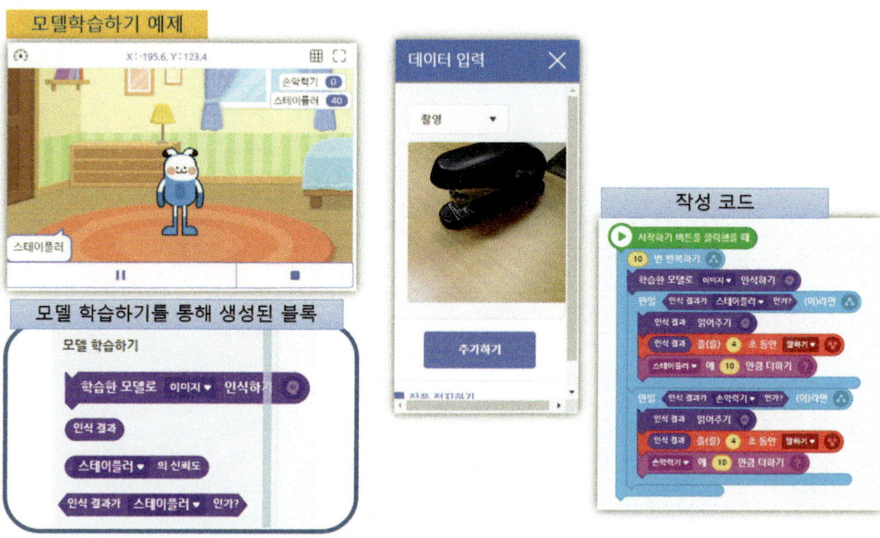

그림 7.6 ML 프로그래밍 단계(https://playentry.org/#!/)

여섯째 단계는 적용및 해결 단계로써, 문제 상황에 제작한 프로그램을 적용하여 문제를 해결하도록 하며, 제작한 프로그래밍이 문제 해결을 위한 적절한지를 살펴본다.

마지막 단계는 공유 및 환류 단계로써, 작성한 프로그램을 공유하고 피드백을 통해 프로그램을 개선하는 것이다. 엔트리의 경우 프로그램의 공유와 업그레이드 부분에 장점을 가지고 있다고 여겨진다.

엔트리를 활용한 인공지능 이해하기 교육의 지향적은 궁극적으로는 생활 속 문제를 해결하기 위하여 실질적인 데이터를 활용하고, 이를 분석하여 문제 해결하는 교육으로 연계하는 것이 최종적인 목적이라고 할 수 있다. 이를 위해서는 학생들의 프로그래밍 결과물의 실질적인 문제 해결의 기여 부분에 대한 피드백이 필요하며, 부족한 부분에 대한 반성 및 새로운 해결 방안에 대한 고찰 등이 병행하여 진행되어야 할 것이다.

7.2 엔트리 활용 인공지능 이해하기

최근 엔트리에는 인공지능 블록을 추가하여 초등학교 저학년 학생들도 인공지능에 대한 체험을 할 수 있는 플렛폼을 제공하고 있다. 현재 크롬 웹브라우저에 최적화되어 있으며, 회원 가입을 통해 작품을 관리할 수 있고, 선생님의 경우 학급 만들기를 통해 나의 학급을 만들고, 학생들의 활동을 살펴보고 상호작용을 할 수 있는 구조를 갖추고 있다.

본 교재에서는 기존에 엔트리에서 활용되는 부분은 최소화하고 새롭게 추가된 인공지능 꾸러미와 데이터 분석 꾸러미, 확장 꾸러미를 중점적으로 다루고자 한다.

특히 새롭게 추가된 확장 꾸러미의 경우, 국민 안전처, 웨더아이, 한국관광공사의 공공데이터를 활용할 수 있어, 사용자가 데이터 수집, 데이터 가공 및 예측, 데이터 시각화 및 분석 활동을 엔트리 블록을 이용하여 프로그래밍 작성 활동까지 연계해서 활동할 수 있다.

엔트리[2]의 기본적인 구성은 그림 7.7과 같으며, 본 교재에서 사용하는 용어는 아래와

그림 7.7 엔트리(https://playentry.org/#!/)

2. Copyright ⓒ Connect Foundation. Some rights reserved. 엔트리는 커넥트 재단에서 만든 비영리 소프트웨어 교육 플랫폼입니다. 본 제품은 엔트리에서 제공하는 로고와 캐릭터를 사용하여 제작하였습니다.

같은 화면의 구성요소를 고려하여 오브젝트, 블록, 블록 꾸러미, 블록 조립소 등을 일관되게 사용하고자 한다.

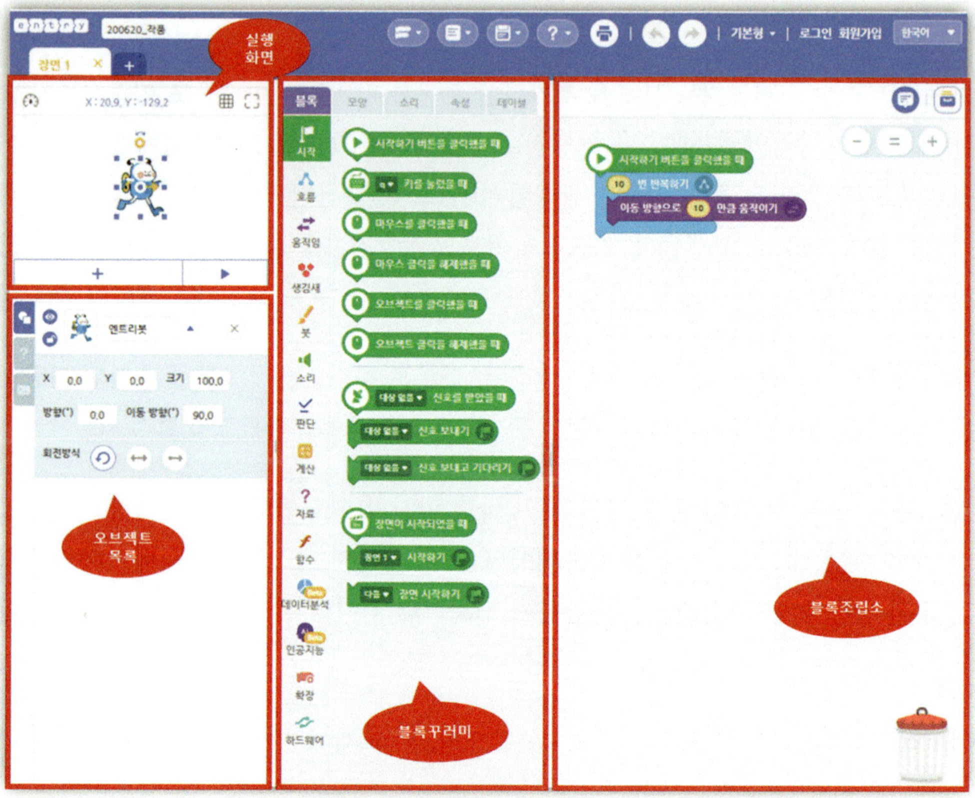

그림 7.8 엔트리(https://playentry.org/#!/)

1 인공지능 꾸러미

엔트리 프로그램에서 제공하는 인공지능 꾸러미를 선택하면 AI 블록 불러오기 클릭하면 아래 [그림 7.9]와 같이 번역, 비디오 감지, 오디오 감지, 읽어주기가 있다.

현재 엔트리에서 인공지능 꾸러미에서 제공하고 있는 AI 관련 블록중 번역은 '파파고'를 이용하여 한국어를 비롯하여 영어, 일본어, 중국어 간체, 중국어 번체, 스페인어, 프랑스어, 독일어, 러시아어, 포르투갈어, 태국어, 베트남, 인도네시아어, 힌디어를 상호 번역

그림 7.9 엔트리 AI 블럭(https://playentry.org/#!/)

할 수 있는 서비스를 제공하고 있다. 본 교재에서는 이중 간단한 블록을 활용하여 번역 블록에서 제공하고 있는 블록을 활용한 예시를 그림 7.10과 같이 제시해 보았다.

그림 7.10 번역 AI 블럭 활용 예

또한, AI 블록 중 오디오 감지 블록에서 제공하는 블록을 활용하여 간단히 인사하는 예시를 그림 7.11과 같이 제시해 보았다.

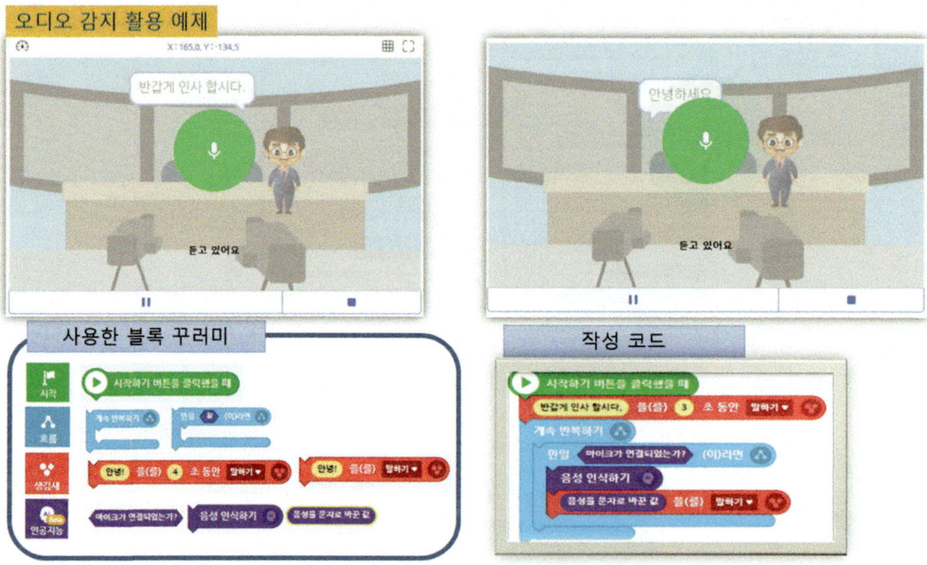

그림 7.11 오디오 감지 AI 블럭 활용 예

AI 블록중 읽어주기 블록을 활용한 간단한 예시는 그림 7.12와 같다.

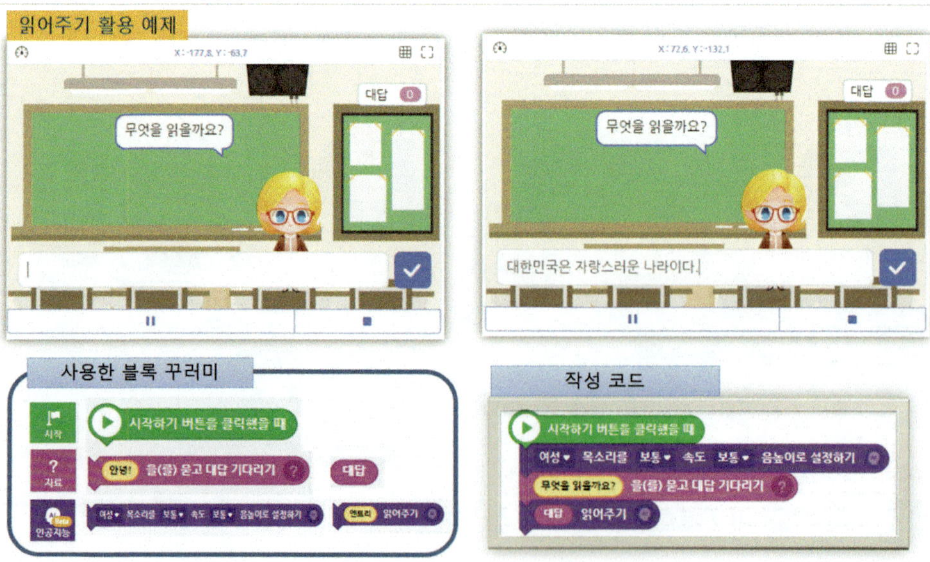

그림 7.12 읽어주기 AI 블럭 활용 예

또한 인공지능 꾸러미에서 모델 학습하기를 선택면 그림 7.13과 같이 이미지, 텍스트 음성 형식으로 모델 학습이 가능하다.

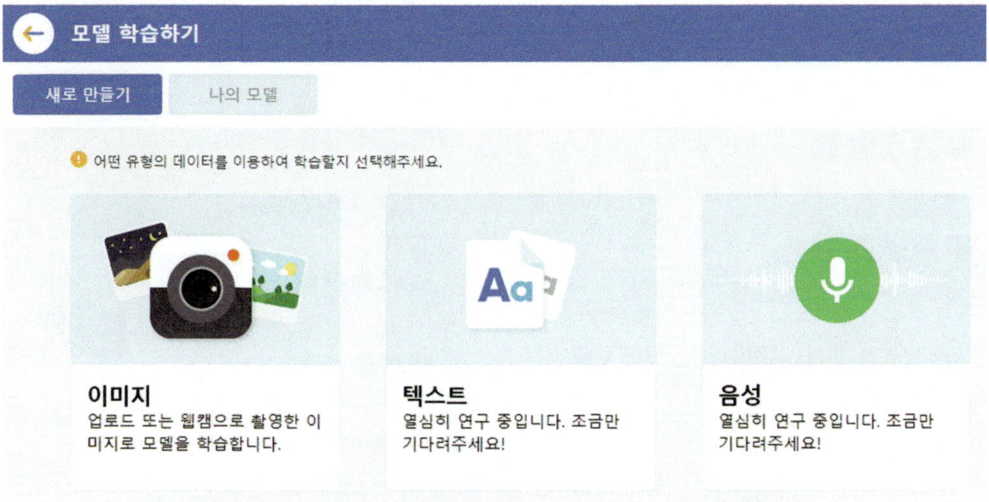

그림 7.13 엔트리 모델 학습하기(https://playentry.org/#!/)

현재는 주로 이미지로 학습 모델 제작이 많이 이루어지고 있으며 점차 텍스트, 음성 등의 영역으로 시스템 지원이 증가할 것으로 기대된다.

이미지를 이용한 모델 학습하기는 업로드 또는 웹캠을 활용하여 만들고자 하는 클래스의 이미지를 5개 이상 이미지를 추가하고, 비교하고자 하는 클래스의 이미지도 5개 이상 추가하여 입력한 데이터를 이용하여 모델을 학습시킨다.

이와 같은 방법으로 학습된 모델을 이용하여 인식 결과를 촬영이나 이미지 업로드를 통해 그림 7.14와 같이 컴퓨터가 이를 어떻게 인식하는지 클래스의 인식 결과로 알 수 있다.

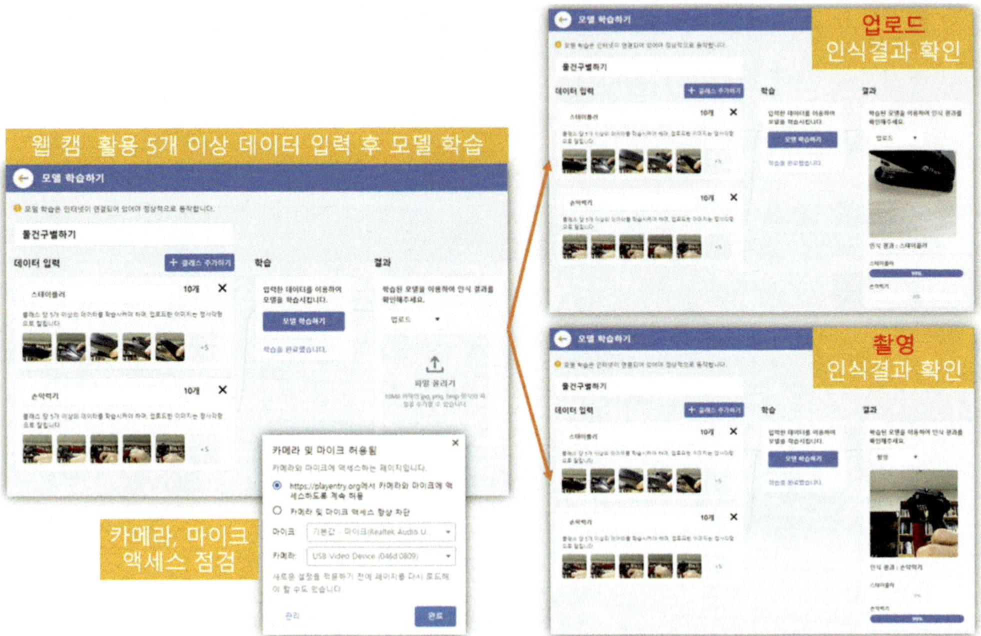

그림 7.14 엔트리 이미지모델만들기(https://playentry.org/#!/)

나의 모델 만들기에서는 모델의 이름을 지정하고, 관련된 데이터를 입력하여, 학습 활동을 하고, 이를 바탕으로 결과를 확인하는 과정으로 진행된다. 이를 통해 인공지능에서의 학습과 훈련을 체험할 수 있다.

위와 같은 활동은 학습자에게 인공지능 자체에 대한 학습 부담감을 줄여주는 효과를 기대할 수 있다. 또한 이러한 활동은 머신러닝 자체에 대한 학습이라기 보다는 머신러닝을 활용한 문제 해결의 전 과정에서 지능 정보 사회에서 요구되는 역량을 기르는 데 도움을 줄 수 있을 것으로 기대한다.

또한 위와 같은 활동을 통해 학습자만의 창의적인 모형을 만들어 문제 해결 방안을 제시할 수도 있다. 더불어 데이터를 처리하는 단계를 통해 학생들의 능동적 문제 해결 과정을 학습할 수 있다. 엔트리가 가지고 있는 공유 및 피드백 부분의 강점을 활용하여 작성한 프로그램을 개선 및 업데이트 가능하다.

2 데이터 분석 꾸러미

꾸러미는 [데이터 화면 열기]를 통해 프로그램에 접근이 가능하다.

현재 엔트리 데이터 분석의 테이블 추가하기에 포함된 데이터 테이블의 예시는 계절별 기온, 국내 코로나 19 일일 현황, 국내 코로나 19 확진자 현황, 네이버 블로그 사용자 성별/연령별 사용자 분포, 네이버 블로그 조회수, 네이버 블로그 평균 사용 시간, 소비자 물가지수, 시도별 인구, 월 전체 강수량, 월 평균 미세먼지 농도, 일 평균 스마트폰 이용 횟수 등이 제시되어 있다.

그림 7.15 엔트리 테이블 추가(https://playentry.org/#!/)

또한 사용자가 추가하는 데이터도 그림 7.16과 같이 사용 가능하다.

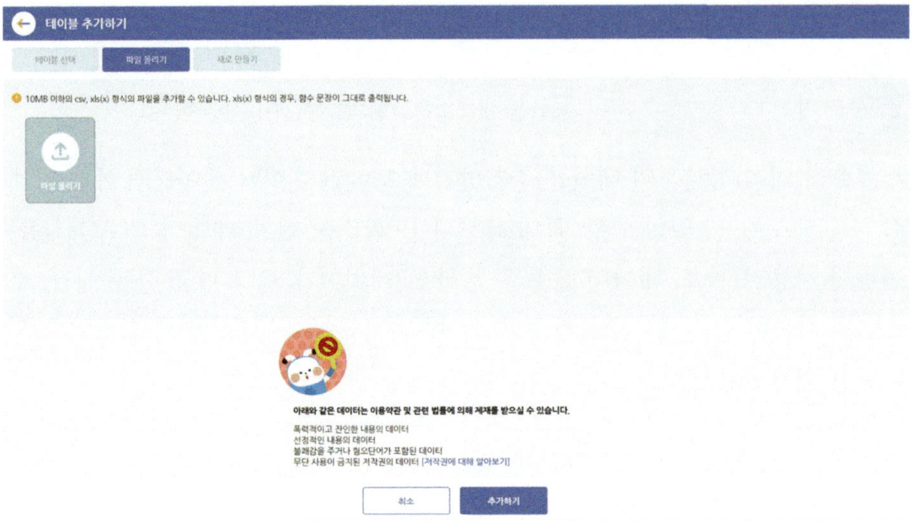

그림 7.16 엔트리 테이블 추가(https://playentry.org/#!/)

데이터를 추가하면 데이터 분석 도구에 그림 7.17과 같이 테이블에 행 추가하기, 삭제하기, 특정 번째 행의 바꾸기, 행 개수, 테이블의 특정 번째 행의 값, 합, 차트 창 열기와 닫기 등의 블록이 생성되어, 특정 테이블의 데이터의 활용 및 추가, 변경 및 삭제 등의 활동이 가능하다.

그림 7.17 엔트리 테이블 추가(https://playentry.org/#!/)

데이터의 출력에 있어서는 그리기 시작하기 블록, 데이터 분석의 테이블 차트창 열기 등을 활용하여 그림 7.18과 같이 그래프 형태의 출력 또한 가능하다.

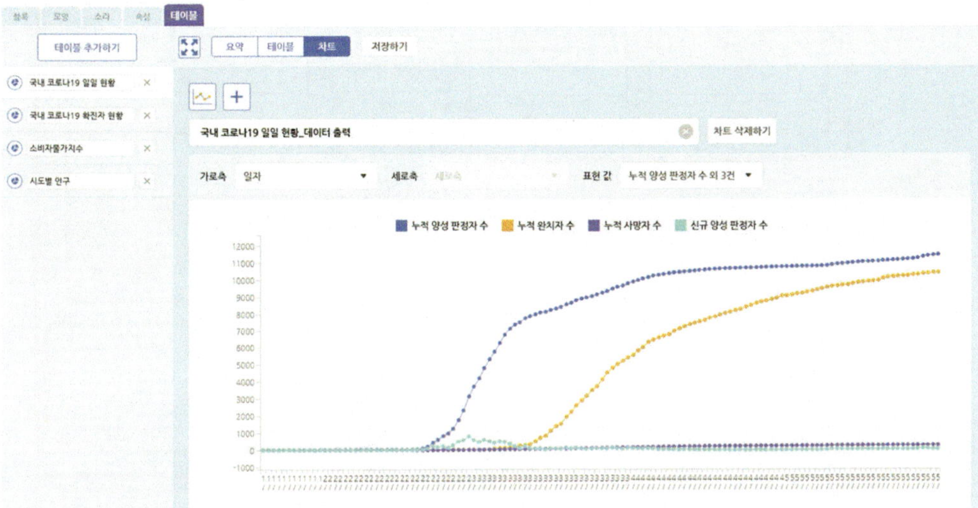

그림 7.18

3 확장 꾸러미

확장 꾸러미 부분은 초등학교에서 학생들에게 친숙한 데이터를 포함하여, 공공기관에서 제공하는 빅데이터를 활용하는 서비스를 제공하고 있다. 또한 이러한 데이터를 분석하고 이를 시각화하는 부분과 이를 바탕으로 문제를 해결하거나 합리적인 의사를 결정하는 데 도움을 주는 프로그램을 설계하고 구현하는 경험 및 능력을 신장하는 방향으로 확장 꾸러미 블록을 활용해야 할 것이다.

공공 데이터와 관련하여 엔트리에서 제공하고 있는 서비스는 그림 7.19와 같으며, 크게 날씨, 생활안전 국민행동요령, 자연재난 국민행동요령, 행사로 구성되어 있다.

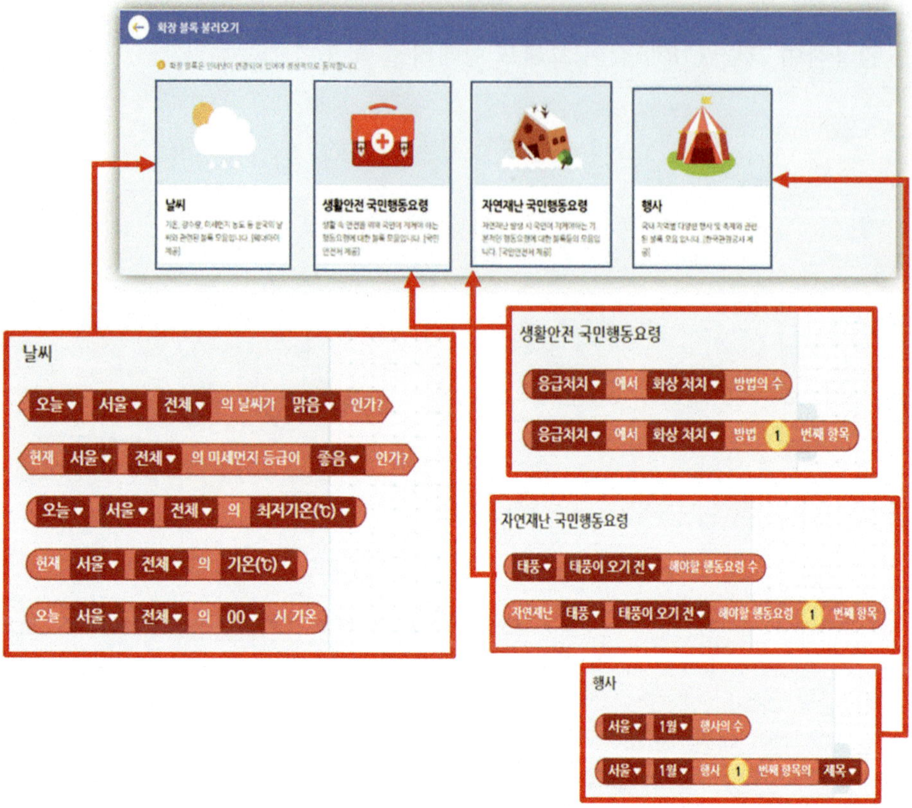

그림 7.19 엔트리 테이블 추가(https://playentry.org/#!/)

먼저 엔트리에서 제공하고 있는 확장 블록을 불러오기 위해서는 [확장] 블록을 선택하여 [확장 블록 불러오기] 블록을 통해 해당하는 영역을 선택하여 영역별로 제공하는 블록을 활용할 수 있다. 이러한 확장 블록은 인터넷이 연결된 상태에서 정상적으로 동작하므로 실습적 인터넷 연결 상황을 점검할 필요가 있다.

엔트리에서 제공하는 공공 데이터 활용 블록을 중심으로 데이터 분석을 체험할 수 있는 프로그램을 사용자가 경험할 수 있다.

날씨 관련 공공 데이터 활용 부분에서는 기온, 강수량, 미세먼지 농도 등에 관해 그림 7.20과 같이 날짜별, 지역별, 기상 상태 등에 대하여 사용자가 특정 조건에 맞추어 데이터를 선택적으로 선택하고 분석하여 활용할 수 있는 구조를 갖추고 있다.

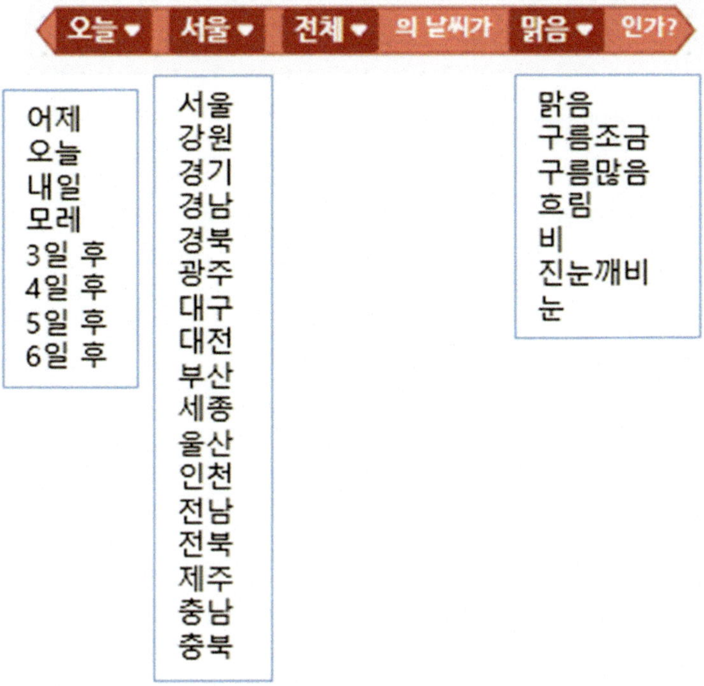

그림 7.20 엔트리 테이블 추가(https://playentry.org/#!/)

생활안전 국민행동요령 부분에서는 생활 속 안전을 위해 국민이 지켜야 하는 행동요령에 대한 블록의 모음이며, 관련 정보는 국민안전처의 협조로 이루어졌다. 상황별로 보면 응급 처치, 심폐소생술, 소화기 사용법, 소화전 사용법, 식중독, 산행 안전, 실종 유괴, 성폭력, 학교 폭력, 가정 폭력, 억류 및 납치, 교통사고, 승강기 안전사고, 미세먼지 등에서 화상 처치, 고열 예방, 뱀에 물렸을 때 처치, 벌에 쏘였을 때 처치, 과호흡증후군 응급처치 등 상황에 따른 방법의 수 및 특정 번째 항목에 대한 블록을 제공하고 있으며, 이를 활용하여 프로그래밍을 작성하고, 사용자는 이를 통해 생활안전 국민행동요령에 대한 숙지 및 다른 사람들에 필요한 정보를 알릴 수 있는 프로그램을 작성하는 데 적절한 도움을 제공할 수 있다.

자연재난 국민행동요령 부분에서는 국민안전처에서 제공된 자연재난 발생 시 국민이 지켜야 하는 기본적인 행동요령에 대한 정보를 담고 있는 블록들을 모아 놓았다. 이를 활용하여 태풍, 홍수, 호우, 강풍, 대설, 한파, 풍랑, 황사, 폭염, 가뭄, 지진, 해일, 산사태 등이 발생하기 전, 발생했을 때, 발생 후의 해야 할 행동요령에 대하여 블록 프로그램을 통해 조건을 설정하여 프로그래밍을 작성할 수 있다.

행사 관련 확장 블록에서는 국내 지역별 다양한 행사 및 축제에 관련하여 한국관광공사의 협조를 통해 제공된 정보를 기반으로 사용할 수 있는 블록을 모아두었다. 이를 활용하면 시·도 지역별로 특정 월에 시행하는 행사의 수 및 행사 항목에 대한 접근을 통해 프로그래밍을 작성할 수 있다.

7.3 결론 및 요약

엔트리를 활용한 인공지능 이해 교육은 인공지능 영역 중 머신러닝의 지도학습 형태를 체험할 수 있는 시스템을 제공하고 있으며, 이를 통해 이미지 분류의 기계학습을 체험할 수 있으며, 이를 바탕으로 블록 프로그래밍을 작성해 봄으로써 인공지능 작품 만들기를 간접적으로 체험할 수 있다. 더불어 확장 블록에서 제시한 공공데이터를 통해 빅데이터에 대한 인식과 데이터의 수집 및 가공, 데이터 시각화 및 분석에 대한 이해를 할 수 있을 것으로 기대한다.

이와 같은 활동을 통해 궁극적으로는 일상적인 문제를 해결할 때 빅데이터를 활용하여 의사결정에 중요한 자료로 활용할 수 있으며, 이를 시스템화하여 생활 속에서 활용도를 높일 수 있다는 인식을 유도하고, 인공지능에 대한 올바른 이해를 바탕으로 적극적으로 활용하는 태도와 역량을 기르는 데 의의가 있다고 할 수 있다. 엔트리에서 제공하는 인공지능 이해하기 교육이 가지는 의미를 요약하면 다음과 같다.

- 머신러닝의 이해와 인공지능 기초 소양 함양
- 공공 데이터 활용을 통해 빅데이터 활용의 필요성 인식
- 생활 속 문제 해결을 위해 인공지능 알고리즘 및 프로그래밍을 체험하고, 공공데이터와 같은 실질적 데이터를 활용해 봄으로써, 4차 산업 혁명 시대에 부응하는 학습자 역량을 신장시키는 학습 활동을 진행한다는 의미

7.4 연습문제/실습

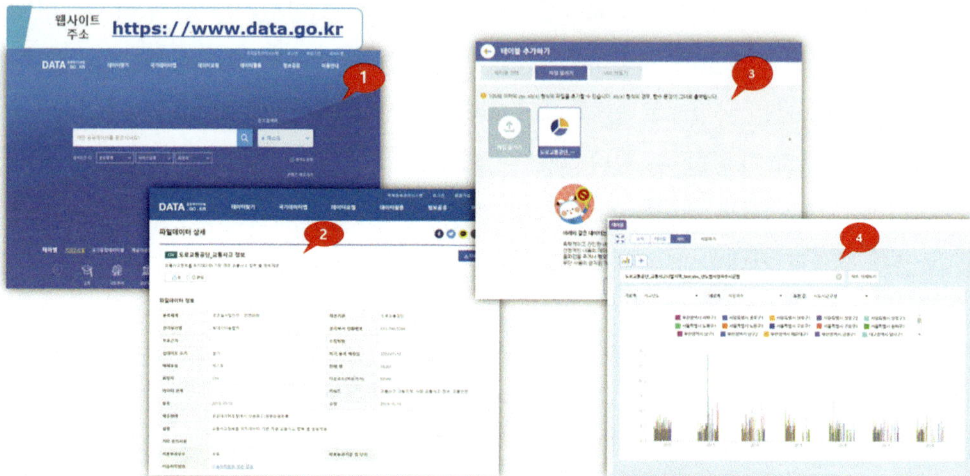

그림 7.21 공공 데이터 포털 (https://www.data.go.kr/)

위의 그림 7.21과 같은 공공 데이터 포털에 접속하여 1 설정한 문제 상황에 맞는 공공 데이터를 찾고 2 이러한 자료를 엔트리 프로그램의 테이블 추가하기의 파일 올리기를 통해 공공 데이터를 추가하고 3 이를 적절히 활용하기 위해 차트를 구성하여 4 인공지능 프로그래밍 작성에 활용하는 연습문제를 작성해 보자.

1. 문제 인식 및 분석 단계 – 공공 데이터가 요구되어지는 문제 상황 설정하기
2. 데이터 수집 단계 – 공공 데이터를 활용(공공포털)하여 문제 상황에 맞는 데이터를 수집하기
3. 데이터 가공 및 선별의 단계 – 사용자의 자료를 디지털 자료화하고, 검증된 데이터 선별하여 클래스로 분류하기

4. ML 모델 훈련 및 평가 단계 – 엔트리 프로그램을 활용하여 모델 학습하기

5. ML 프로그래밍 단계 - 엔트리 프로그래밍 작성하기
(화면 구성, 오브젝트 추가, 공공 데이터 불러오기, 신호, 변수 설정 등)

6. 적용 및 해결 단계 - 프로그램 실행 및 확인하기, 문제 해결 여부 점검하기

7. 공유 및 환류 단계 - 발표 및 상호 피드백하기

또한 과제를 해결하는 과정에서는 본 교재에서 제안한 단계를 고려하여 프로그래밍 실습을 진행해 봅시다. 그리고 실습 과정에 사회적 가치 실현을 위한 공공 데이터 활용과 인공지능의 사회적 영향에 대해 생각하면서 연습문제를 해결해 봅시다.

CHAPTER 08

인공지능 학습 이해가기
– 티처블 머신 –

안성훈(경인교대)

학습목표

본 장에서는 인공지능을 학생들에게 가르칠 수 있는 사례의 하나로 티처블 머신에 대해 알아보고자 한다. 미래 사회에 필요한 학습자 역량으로 인공지능에 대한 지식과 기본적인 활용 소양을 학생들에게 가르칠 필요가 있는 점이 많이 제기되고 있지만 실제적으로 어떻게 가르칠 수 있는지에 대해서는 준비가 많이 부족한 형편이다. 이에 따라 본 장에서는 티처블 머신을 이용하여 학생들이 쉽고 빠르게 인공지능의 기초적인 개념을 습득하고 습득한 개념을 실제로 적용해 볼 수 있도록 한다.

티처블 머신은 구글社가 무료로 개방한 웹 기반 머신러닝 학습 도구이며, 별도의 계정(ID) 없이도 쉽게 이용할 수 있어 교육 현장에서 활용하기 편리하다.

8.1 개요

1 기본 개념

티처블 머신이란?

티처블 머신은 누구나 쉽게 머신러닝 모델을 빠르고 쉽게 만들 수 있는 웹 기반 도구이다.

누가 사용하는가?

머신러닝에 대한 사전 지식 없이도 누구나 사용 가능하며, 교육자, 교사, 예술가 등의 모든 제작자들이 사용할 수 있다.

어떻게 사용하는가?

머신러닝에 대한 전문적인 코딩 없이 이미지, 사운드, 포즈를 컴퓨터가 인식할 수 있도록 훈련시켜 컴퓨터가 입력된 정보를 구분할 수 있는 모델을 개발한다. 개발된 모델은 앱, 사이트, 그 외 프로젝트 등에서 활용할 수 있다.

2 시작하기

시작하는 방법은?

단순히 웹 브라우저를 통해 teachablemachine.withgoogle.com에 접속한 후, Get Started를 클릭한다. 이때 별도의 계정이나 로그인이 필요하지 않다.

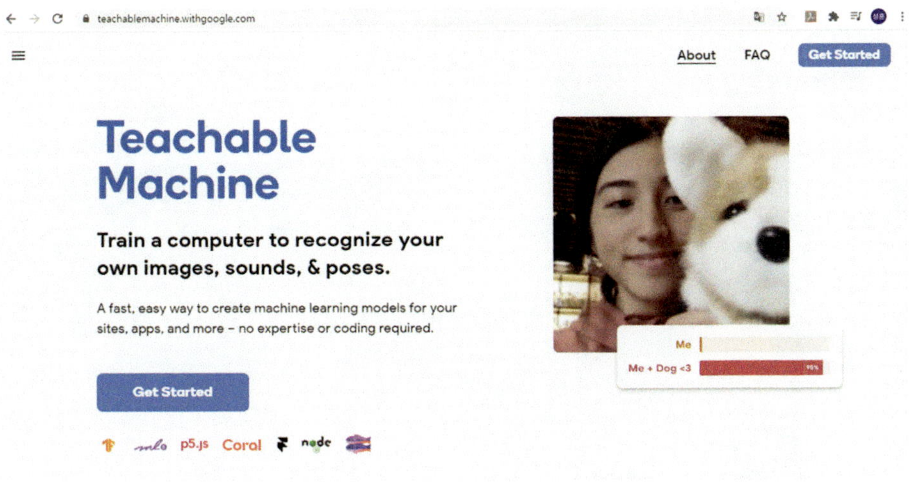

그림 8.1 티처블 머신 접속 화면

시작 방법은 어떻게 배울 수 있는가?

This playlist of tutorial videos 또는 Dan Shiffman's Coding Train video에 접속하면 혼자서도 티처블 머신러닝을 사용할 수 있는 방법을 배울 수 있다.

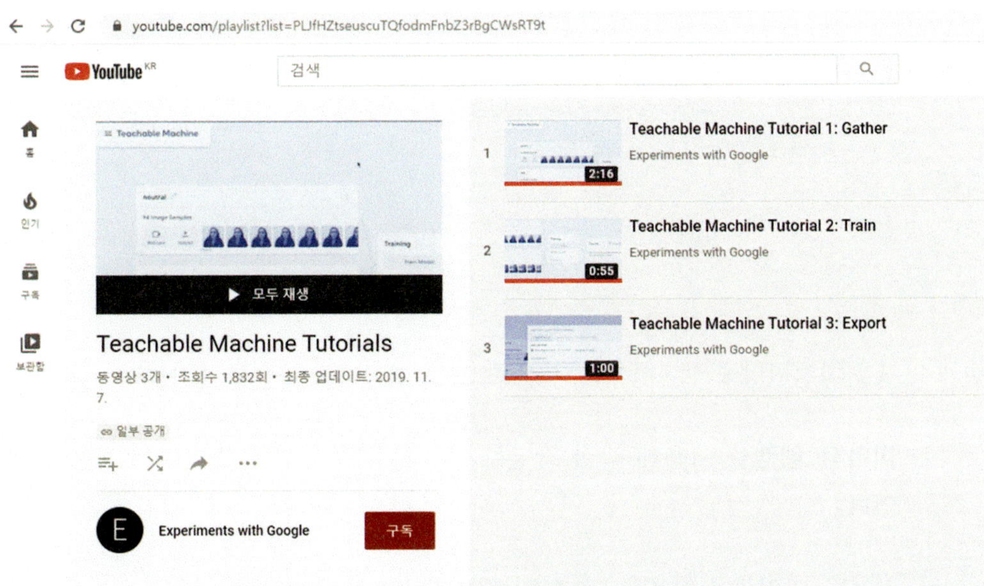

그림 8.2 This playlist of tutorial videos 접속 화면
https://www.youtube.com/playlist?list=PLJfHZtseuscuTQfodmFnbZ3rBgCWsRT9t

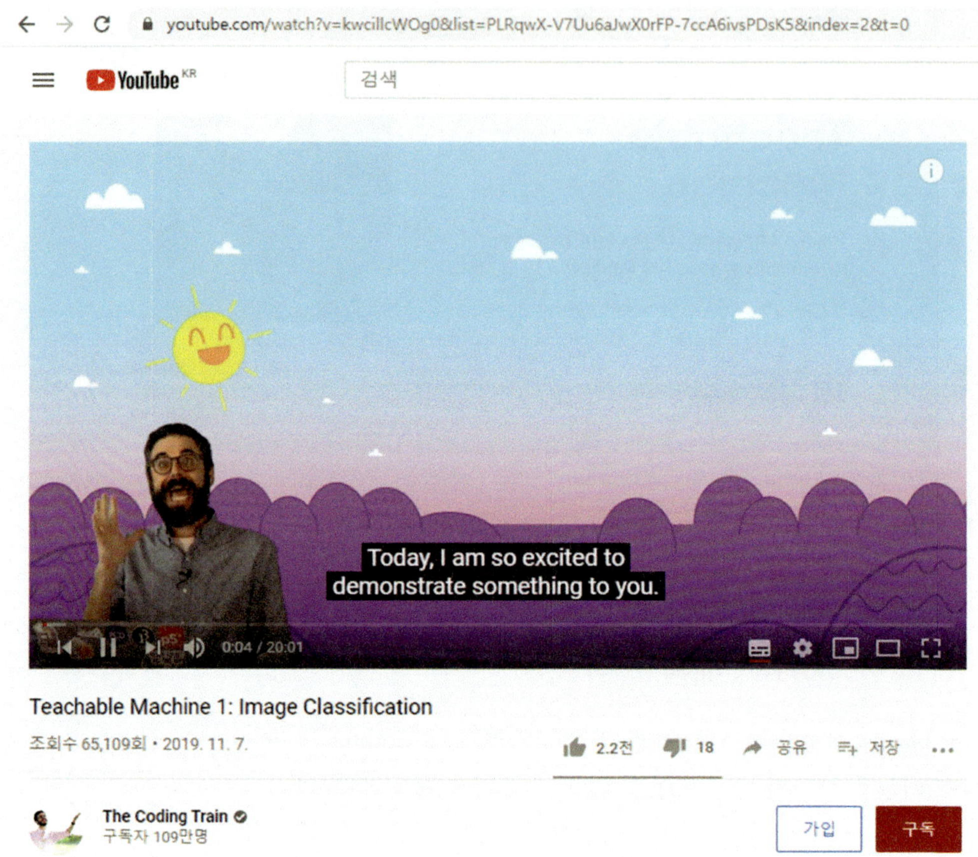

그림 8.3 Dan Shiffman's Coding Train video 접속화면
https://www.youtube.com/watch?v=kwcillcWOg0&list=PLRqwX-V7Uu6aJwX0rFP-7ccA6ivsPDsK5&index=2&t=0s

어떤 종류의 데이터를 사용할 수 할 수 있는가?

현재 티처블 머신러닝에서는 이미지, 사운드, 포즈 데이터를 사용할 수 있다.

- **이미지**: 웹캠을 이용해 직접 촬영하거나 저장된 파일을 불러와서 사용할 수 있다.
- **사운드**: 마이크를 이용해 1초 이내로 녹음된 소리를 사용할 수 있다.

- **포즈**: 컴퓨터가 사진을 통해 팔, 다리 등의 위치를 파악할 수 있는 포즈 이미지를 사용할 수 있다.

Get Started를 클릭하면 이미지 프로젝트, 오디오 프로젝트, 포즈 프로젝트가 나타나며, 이 중 하나를 선택해 해당 프로젝트를 시작하면 된다.

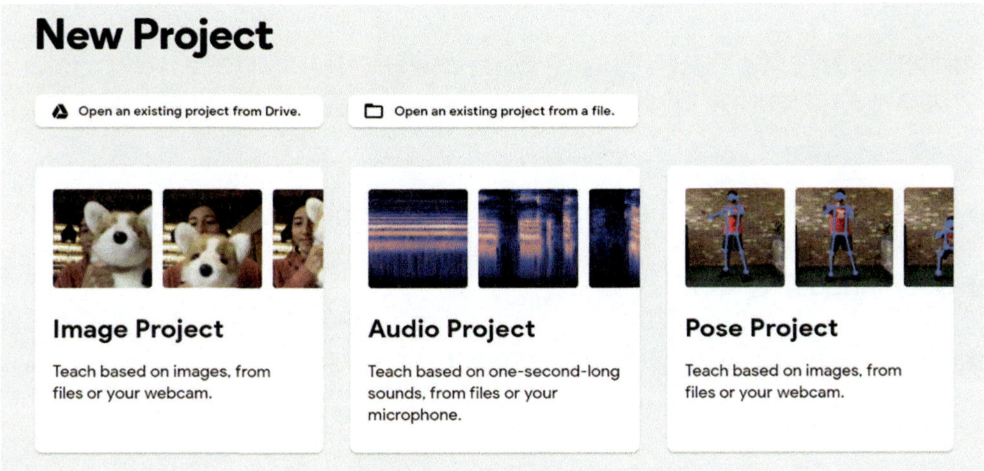

그림 8.4 새로운 프로젝트 선택

8.2 실습하기

1 이미지

기계학습을 통해 학용품(볼펜, 칼)을 구별하는 모델을 만들어보자. 프로젝트가 완성되면 지우개, 연필, 가위 등 다양한 학용품들을 적용해 모델을 확장시켜보자.

❶ 티처블 머신에 접속하기(teachablemachine.withgoogle.com)

❷ Get Started를 클릭하기

❸ 이미지 프로젝트 선택하기(Image Project)

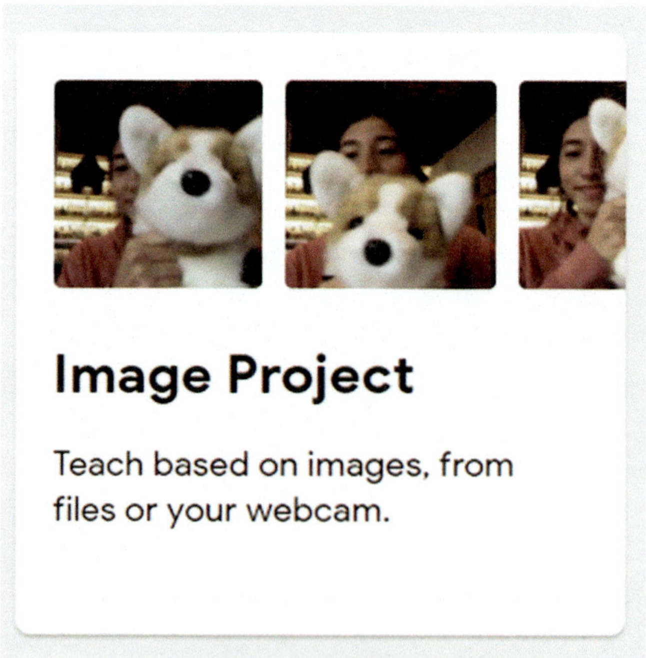

그림 8.5 이미지 프로젝트 선택

❹ 클래스를 정의하고 데이터 수집하기

- 클래스 이름을 '볼펜'으로 정의하고 볼펜에 대한 사진 정보를 수집한다. 사진 정보는 웹 캠을 이용해 찍을 수 있고 사진 파일을 업로드할 수도 있다.

- 웹 캠을 이용해 사진 정보를 수집할 경우, 볼펜을 웹 캠에 가까이 대고 'Hold to Record' 버튼을 클릭하여 사진을 찍는다. 이때 'Hold to Record' 버튼을 클릭하고 있으면 연속 촬영이 이루어지며, 사진 정보가 많을수록 결과의 정확성이 높아지므로 사진을 충분히 찍도록 한다.

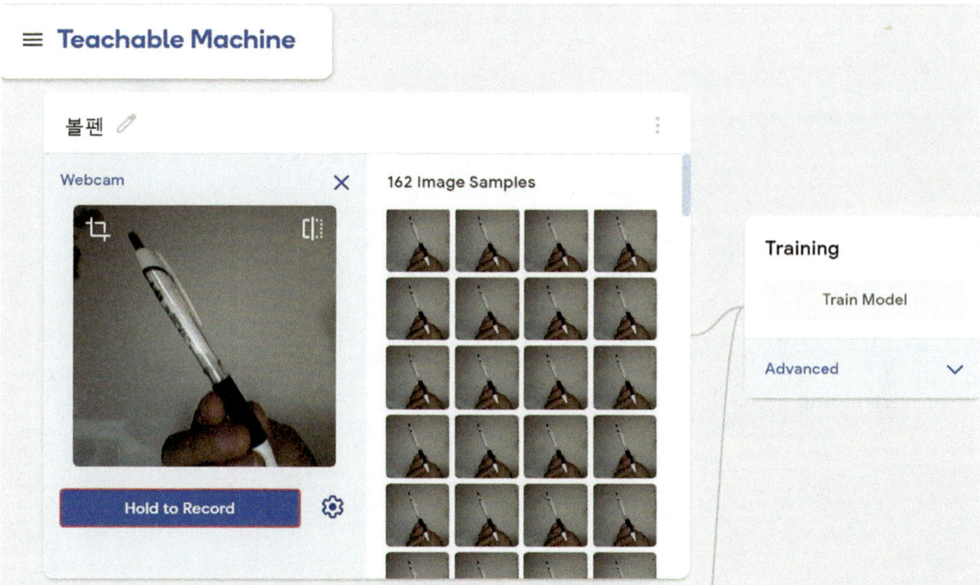

그림 8.6 웹 캠을 이용한 볼펜 데이터 수집

- 두 번째 클래스는 이름을 '칼'로 정의하고 칼을 웹 캠에 가까이 대고 'Hold to Record' 버튼을 클릭하여 '볼펜' 사진 수만큼 충분히 사진을 찍는다.

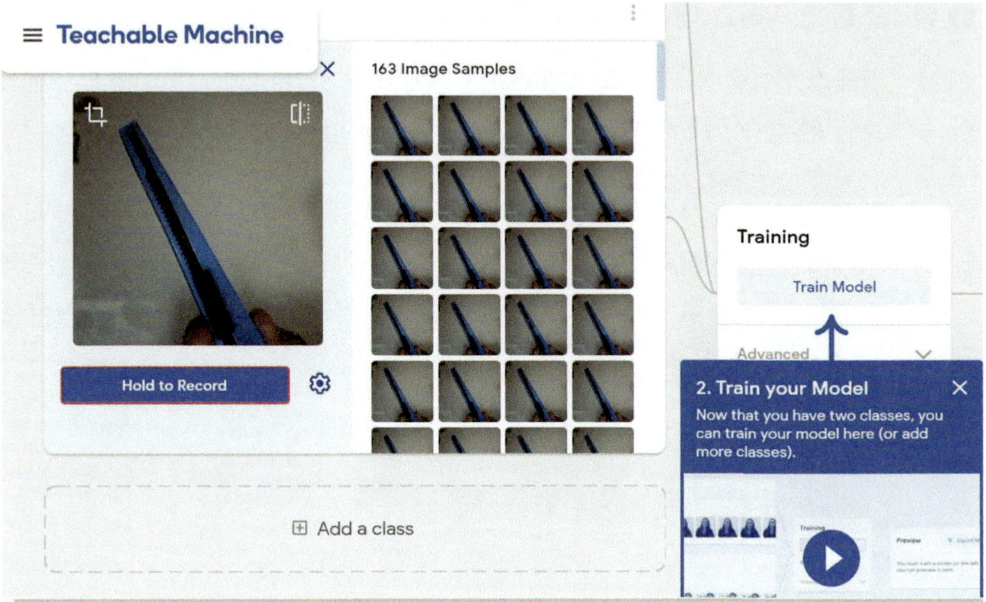

그림 8.7 웹 캠을 이용한 칼 데이터 수집

❺ 모델 훈련하기

- 정보 수집이 완료되면 수집된 정보를 이용해 기계학습을 훈련시킬 수 있는데 Training 단계에서 Train Model 버튼을 누르면 훈련이 자동으로 이루어진다.

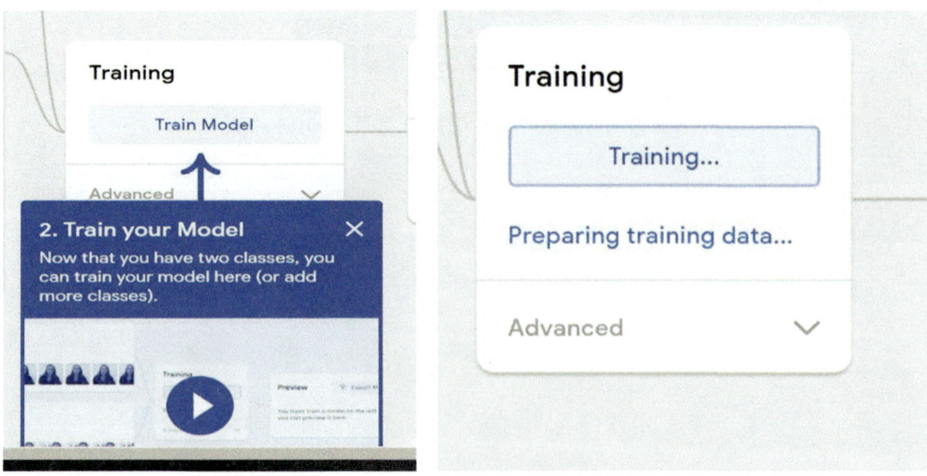

그림 8.8 이미지 프로젝트 Model Train

❻ 모델 미리보기

- 모델 훈련 완료되면 미리보기를 이용해 모델을 확인할 수 있다.

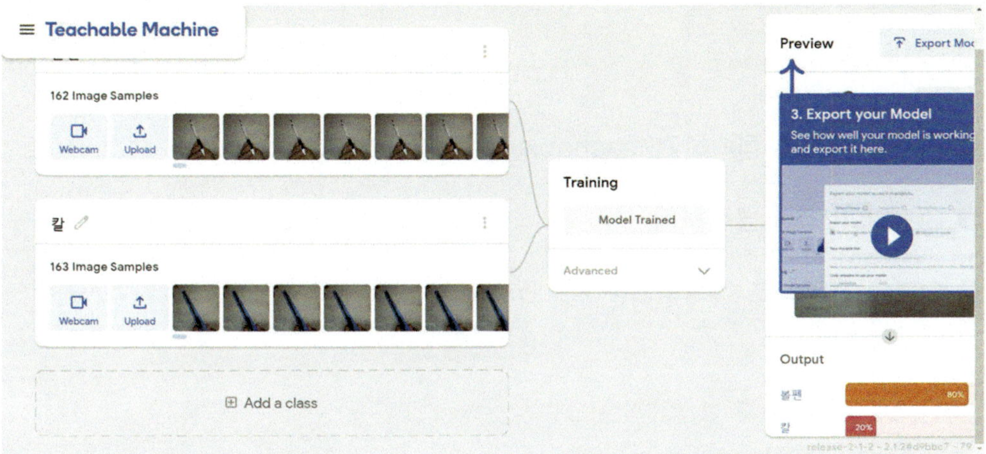

그림 8.9 이미지 프로젝트 Model Train 결과

- Preview를 선택하고 웹 캠에 볼펜이나 칼을 촬영하면 결과가 Output으로 나타나게 된다.

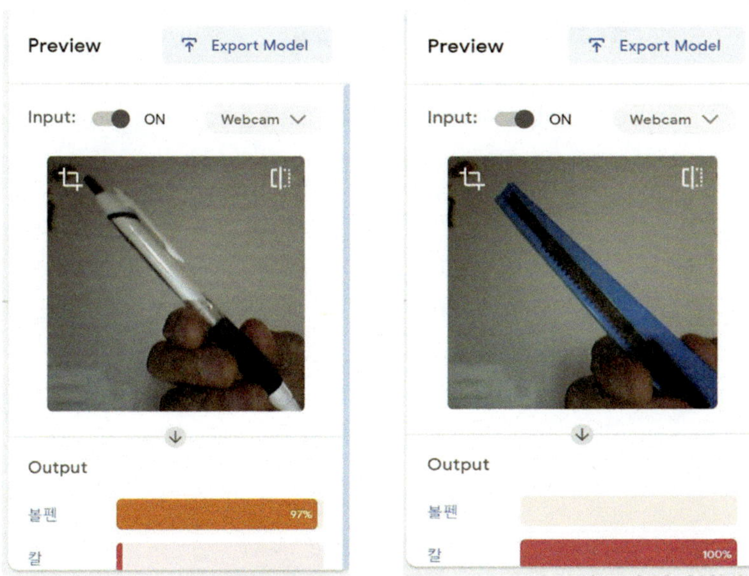

그림 8.10 이미지 모델 테스트

2 오디오

기계학습을 이용해 여러 나라의 인사말(영어, 중국어, 일본어)를 구별하는 모델을 만들어보자. 프로젝트가 완성되면 다양한 나라들의 인사말을 적용해 모델을 확장시켜보자.

❶ 티처블 머신에 접속하기(teachablemachine.withgoogle.com)

❷ Get Started를 클릭하기

❸ 오디오 프로젝트 선택하기(Pose Project)

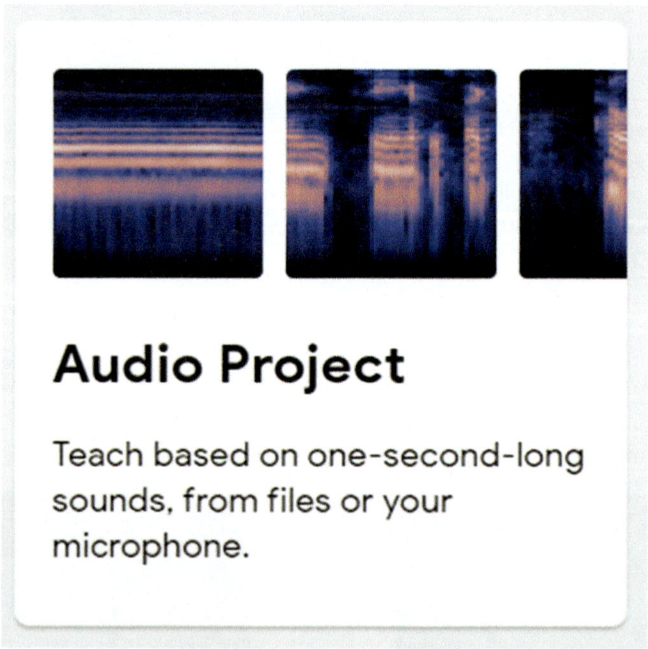

그림 8.11 오디오 프로젝트 선택

❹ 클래스를 정의하고 데이터 수집하기

- 오디오 프로젝트에서는 백그라운드 클래스가 있어야 하는데 백그라운드 클래스는 인사말이 입력되기 전 상태를 구별하기 위한 것으로 'Record'를 클릭하여 20초 정도 인사말이 입력되기 전의 평상 시 상태를 녹음한다.

- 클래스를 3개 추가하여 첫 번째 클래스는 '영어'로, 두 번째 클래스는 '중국어'로, 세 번째 클래스는 '일본어'로 각각 이름을 정의한다.

- 정의된 클래스는 각각 'Record'를 클릭하여 10초 정도 각 나라의 인사말을 녹음한다.

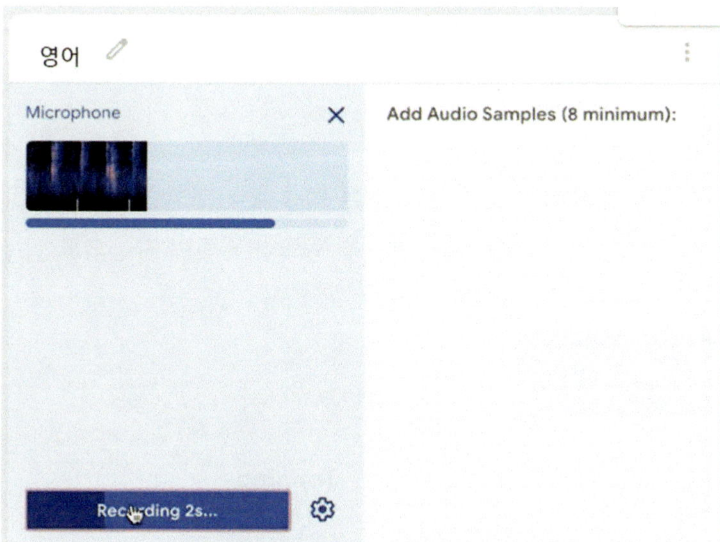

그림 8.12 오디오 데이터 수집

- 녹음된 데이터는 'Extract Sample'을 클릭하여 데이터를 확장한다.

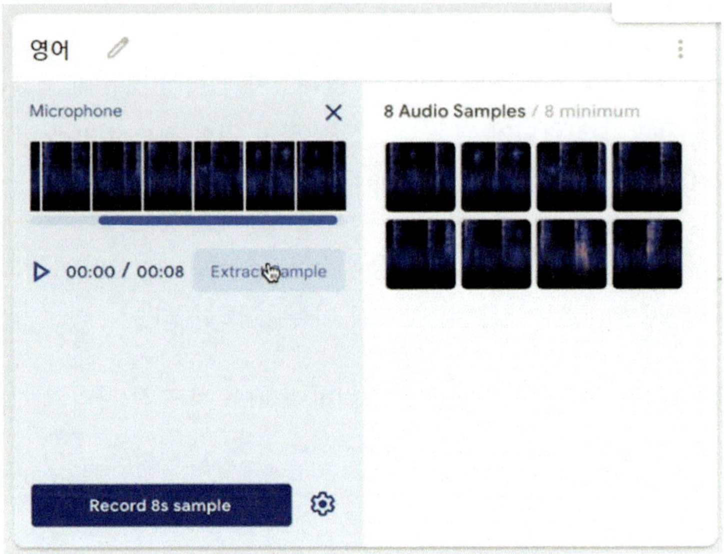

그림 8.13 수집된 오디오 데이터 확장

❺ 모델 훈련하기

- 정보 수집이 완료되면 수집된 정보를 이용해 기계학습을 훈련시킬 수 있는데 Training 단계에서 Train Model 버튼을 누르면 훈련이 자동으로 이루어진다.

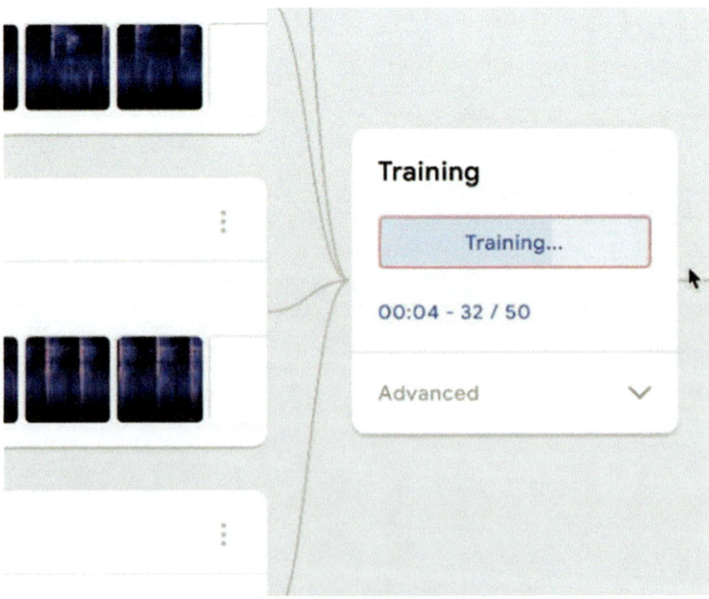

그림 8.14 오디오 프로젝트 Model Tran

❻ 모델 미리보기

- 모델 훈련이 완료되면 미리보기를 이용해 모델을 확인할 수 있다
- Preview를 선택하고 마이크에 인사말을 입력하면 어느 나라 인사말인지가 Output으로 나타나게 된다.

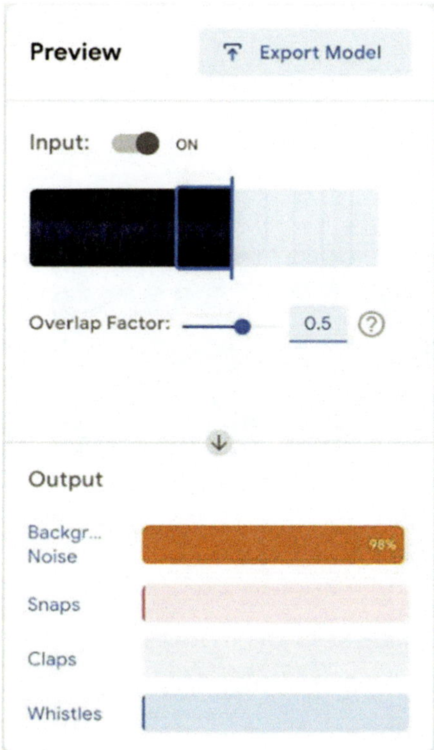

그림 8.15 오디오 프로젝트 결과 테스트

3 포즈

기계학습을 이용해 수신호(왼쪽, 오른쪽, 정지)를 구별하는 모델을 만들어보자. 프로젝트가 완성되면 다양한 수신호들을 적용해 모델을 확장시켜보자.

❶ 티처블 머신에 접속하기(teachablemachine.withgoogle.com)

❷ Get Started를 클릭하기

❸ 포즈 프로젝트 선택하기(Pose Project)

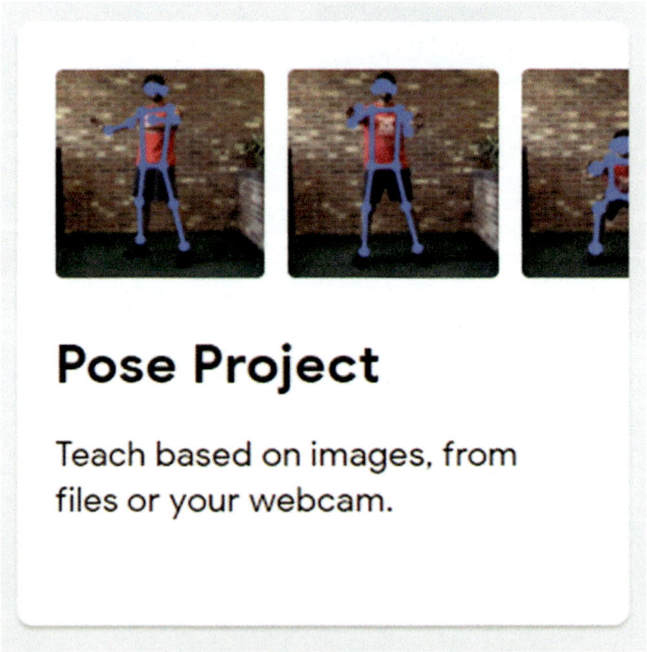

그림 8.8 포즈 프로젝트 선택

❹ 클래스를 정의하기

- 첫 번째 클래스의 이름을 '왼쪽'으로 정의하고, 두 번째 클래스의 이름은 '오른쪽'으로 정의한다. 그리고 세 번째 클래스를 추가하고, 이름을 '정지'라고 정의한다.

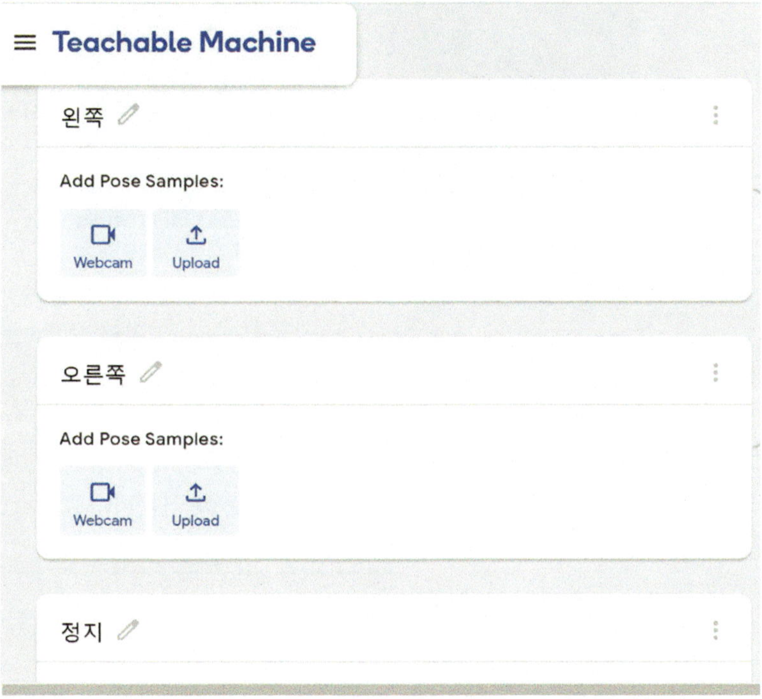

그림 8.17 클래스 추가 및 각 이름 정의

❺ 클래스별로 데이터 수집하기

- 첫 번째 클래스에서 왼쪽을 나타내는 손 모양을 만들어 웹 캠에 가까이 대고 'Hold to Record' 버튼을 클릭하여 사진을 충분히 찍는다.

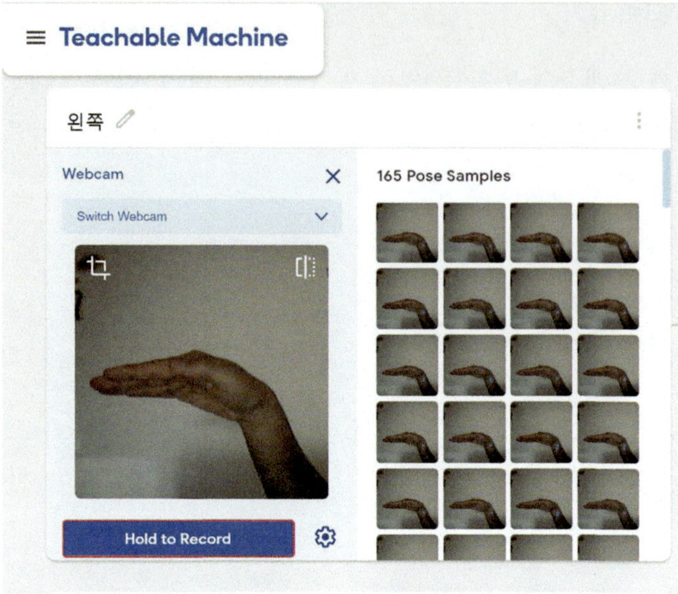

그림 8.18 웹 캠을 이용한 왼쪽 클래스 데이터 수집

- 두 번째 클래스에서는 오른쪽을 나타내는 손 모양을 만들어 웹 캠에 가까이 대고 'Hold to Record' 버튼을 클릭하여 사진을 충분히 찍는다.

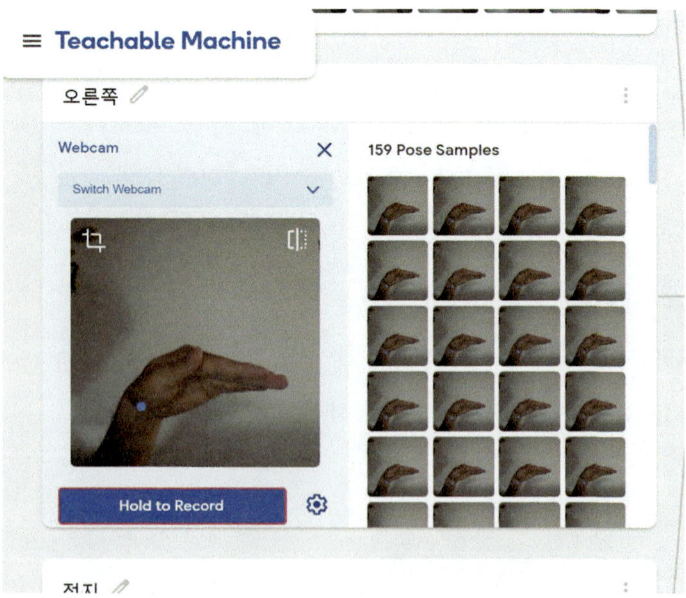

그림 8.19 웹 캠을 이용한 오른쪽 클래스 데이터 수집

- 세 번째 클래스에서는 정지를 나타낼 수 있도록 손 바닥을 펴서 웹 캠에 가까이 대고 'Hold to Record' 버튼을 클릭하여 사진을 충분히 찍는다.

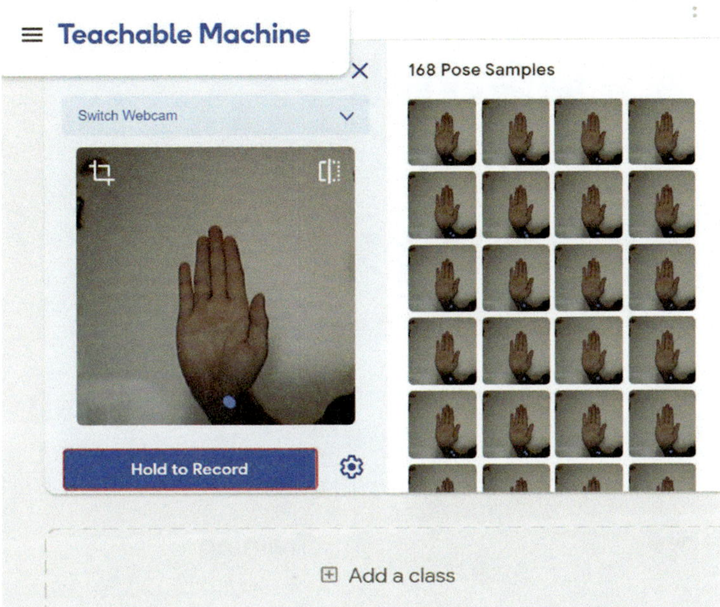

그림 8.20 웹 캠을 이용한 정지 클래스 데이터 수집

❻ 모델 훈련하기

- 정보 수집이 완료되면 수집된 정보를 이용해 기계학습을 훈련시킬 수 있는데 Training 단계에서 Train Model 버튼을 누르면 훈련이 자동으로 이루어진다.

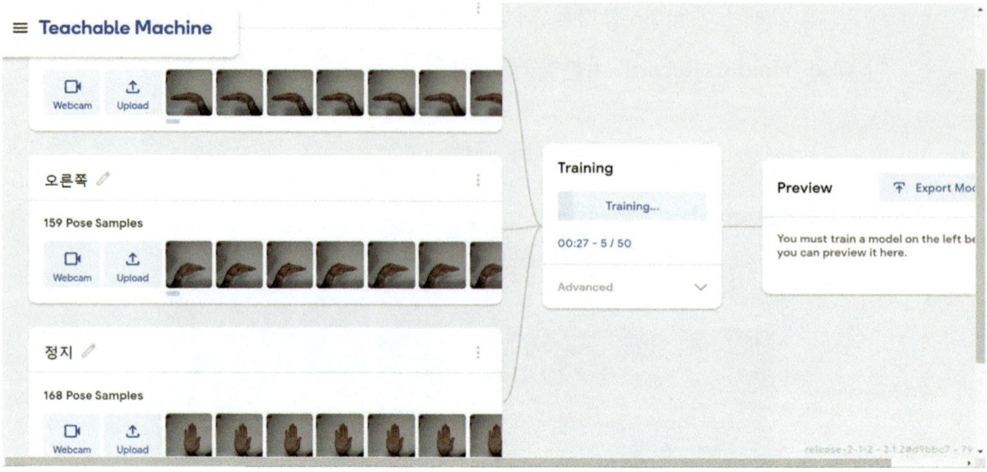

그림 8.21 포즈 프로젝트 Model Tran

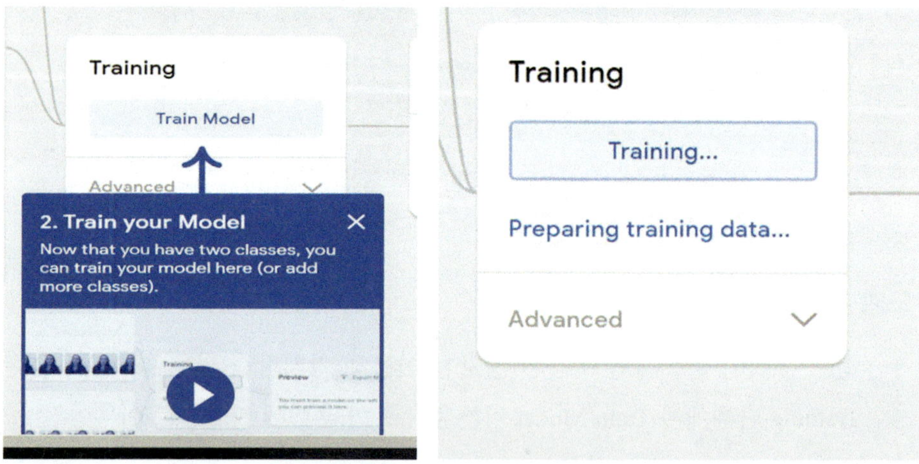

그림 8.22 포즈 프로젝트 Model Tran 결과

❼ 모델 미리보기

- 모델 훈련 완료되면 미리보기를 이용해 모델을 확인할 수 있다.
- Preview를 선택하고 웹 캠에 볼펜이나 칼을 촬영하면 결과가 Output으로 나타나게 된다.

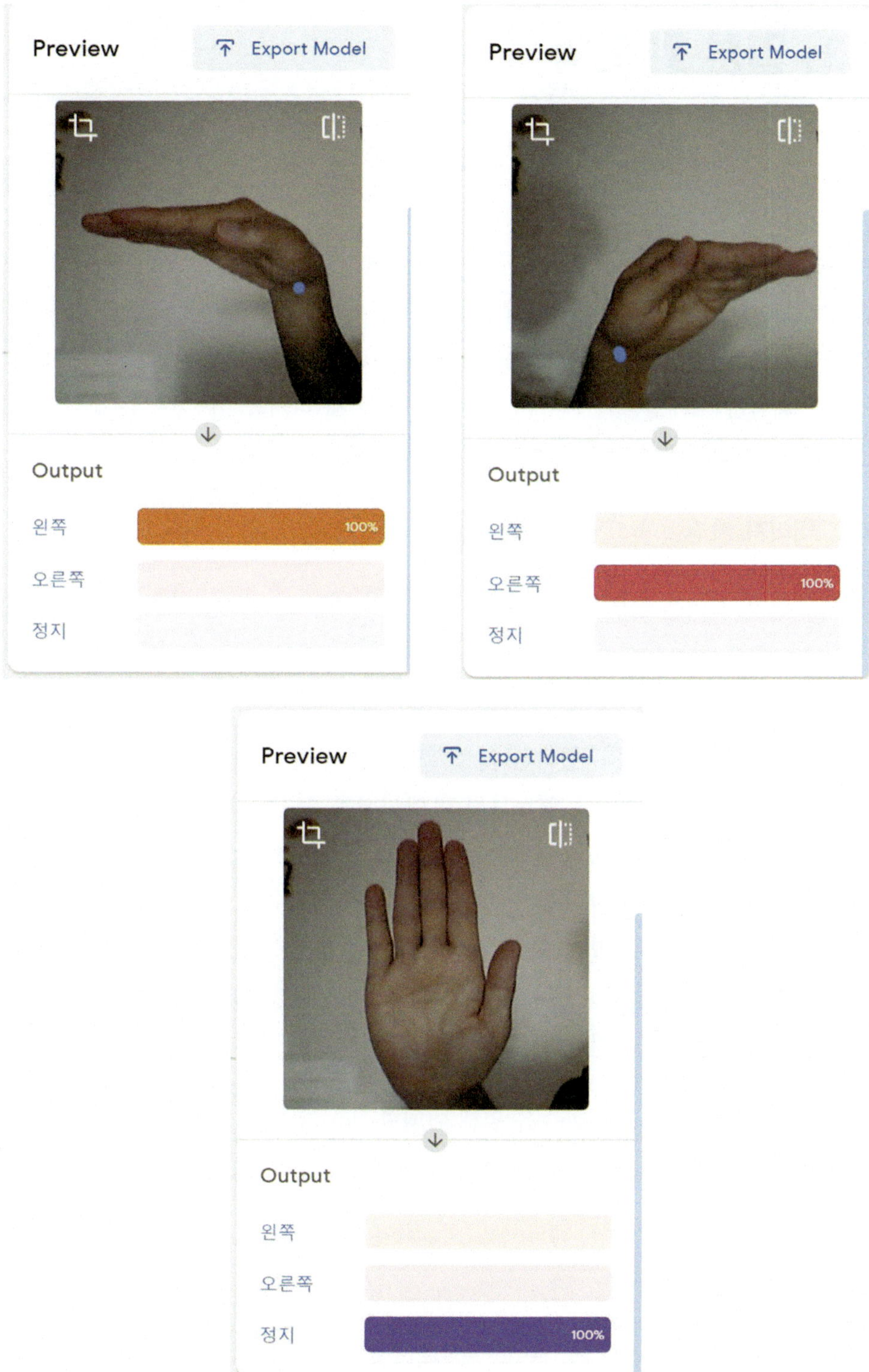

그림 8.23 포즈 프로젝트 결과 테스트

8.3 결론 및 요약

기계학습(Machine Learning)은 수집된 데이터를 통해 컴퓨터가 스스로 학습할 수 있는 기법으로 그 개념을 초중등 학생들에게 가르치기에는 내용이 너무 어렵다. 그러나 구글社에서 무료로 서비스하고 있는 티처블 머신(Teachable Machine)을 이용하면 어린 학생들도 기계학습의 개념을 쉽게 이해할 수 있다. 현재 티처블 머신은 다음과 같은 3가지 유형의 데이터에 대한 기계학습을 실습해 볼 수 있다.

- **이미지**: 사진이나 그림을 구별하는 기능
- **오디오**: 소리를 구별하는 기능
- **포즈**: 동작을 구별하는 기능

이미지는 사진이나 그림을 구별하는 기능으로 사진을 웹 캠을 이용해 직접 찍어 입력하거나 사진 또는 그림 파일을 업로드하여 데이터를 수집하고 수집된 데이터를 이용해 사물을 구별해 낼 수 있다. 오디오는 소리를 구별하는 기능으로 마이크를 이용해 소리를 직접 녹음하거나 소리 파일을 업로드하여 데이터를 수집하고 수집된 데이터를 이용해 소리를 구별해 낼 수 있다. 포즈는 동작를 구별하는 기능으로 웹 캠을 이용해 동작의 사진을 직접 찍어 입력하거나 사진 파일을 업로드하여 데이터를 수집하고 수집된 데이터를 이용해 동작을 구별해 낼 수 있다.

티처블 머신을 이용하면 기계학습을 위해 어떠한 데이터의 수집이 필요하고 수집된 데이터에 의해 문제 해결이 어떻게 이루어지는지를 간단히 체험할 수 있다.

8.4 연습문제

1. 개념과 원리를 알아보자.

   – 기계학습이란 무엇인가?

   – 기계학습은 어떤 문제를 해결하는 데 활용될 수 있는가?

   – 기계학습을 위해서는 어떤 데이터를 수집하여야 하는가?

   – 기계학습을 이용한 문제 해결 사례에는 어떤 것들이 있는가?

2. 새로운 문제를 발견하자.

   – 티처블 머신을 이용하여 일상생활에서 나타날 수 있는 문제를 해결하는 아이디어를 적어보자.

CHAPTER 09

인공지능 학습 이해하기 (Machine Learning for Kids)

한규정(공주교대)

학습목표

머신러닝 포 키즈(Machine Learning for Kids)를 활용하여 머신러닝의 기본적인 활용 방법을 익히고 스크래치 3.0과 연동하여 주변의 문제를 해결하는 프로젝트를 수행할 수 있다.

9.1 개요

1 머신러닝 포 키즈(Machine Learning for Kids) 소개

최근 우리 주변에서 머신 러닝 기술들이 생활에 적용되는 것을 자주 볼 수 있는데 그 예로 스팸 필터, 언어 번역 서비스, 챗봇, 검색 엔진 및 사기 탐지 시스템 등이다. 머신 러닝 시스템의 발전은 자율 주행차 기술의 발전과 의사가 환자의 병을 진단하고 치료하는 등 다양한 영역에 큰 도움을 줄 것이다. 현실 세계에서 머신러닝 기술이 어떻게 작동하고 있으며 그 기능과 의미를 이해하는 것이 중요하다. 머신러닝 포 키즈(Machine Learning for Kids)는 Dale Lane이 IBM Watson Developer Cloud의 API를 사용하여 개발하였다. 이 도구는 머신러닝을 훈련시키고 만드는 과정을 제공하고 있으며 그 영역으로 텍스트, 숫자 또는 이미지를 분류하는 머신러닝 모델을 만들 수 있도록 지원하고 있다. 또한 사용자들은 자신이 제작한 머신러닝 모델을 기반으로 스크래치, 앱 인벤터, 파이썬 등과 연동하여 다양한 프로젝트와 게임을 만들 수 있다. 도구의 장점으로는 웹을 기반으로 작동되기 때문에 복잡한 설치가 필요가 없으며 쉬운 인터페이스로 초보자도 어렵지 않게 머신러닝 모델을 제작할 수 있다. 도구의 기능으로는 학교 교실

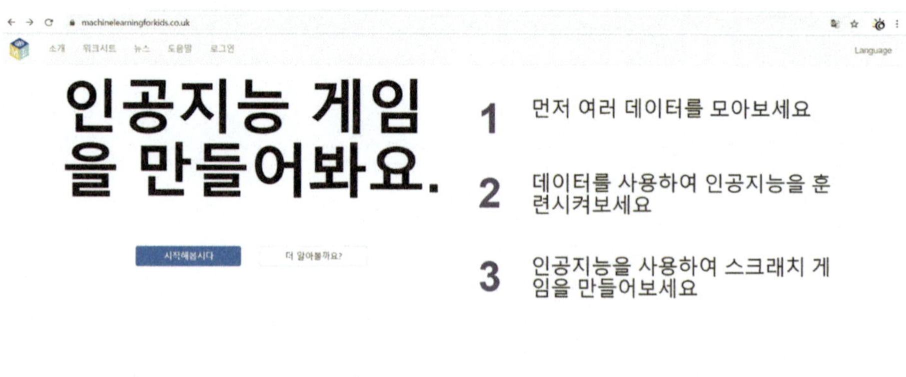

그림 9.1 머신러닝 포 키즈의 초기화면

에서 자발적으로 구성할 수 있는 코딩 그룹의 운영지원 그리고 교사 또는 그룹 관리자가 학생들을 위한 접근을 관리할 수 있는 관리자 모드의 제공이 있다.

그림 9.1은 머신러닝 포 키즈의 웹 주소인 https://machinelearningforkids.co.uk/를 접속한 초기 화면이다.

메뉴의 상단에 '소개'를 선택하면 그림 9.2와 같은 머신러닝 포 키즈에 관련된 소개가 나오며 '20분 안에 가능'이라는 동영상은 머신러닝 포 키즈로 할 수 있는 여러 가지 프로젝트의 예를 보여준다. 또한 교사와 학생들은 '무엇을?', '왜?', '더 많은 자료'를 통해 머신러닝의 이해를 높이고 다양한 교육 자료를 참조할 수 있다.

머신러닝 포 키즈를 활용하기 위한 사전 작업은 크게 두 가지이다.

- 머신러닝 포 키즈의 계정 만들기
- IBM Cloud 계정을 만들어 관련 API를 머신러닝 포 키즈에 복사하기

이 작업은 머신러닝 모델을 학습하는 데 필요한 Watson 클라우드 서버용 API 키를 만들고, 아이들을 위한 머신러닝 API 키를 입력하는 단계이다.

그림 9.2 소개 화면

머신러닝 포 키즈 계정 만들기

그림 9.1의 화면에서 '시작해봅시다'를 선택하면 그림 9.3과 같은 로그인에 관한 시작화면이 나온다. 처음 시작하는 사람들은 '계정 만들기'를 선택하여 그림 9.4와 같이 계정 만들기 화면으로 간다. 교사인 경우는 그림 9.5의 지시대로 IBM Cloud에서 계정을 만들고, 머신러닝 모델을 학습하는 데 필요한 Watson 클라우드 서버용 API키를 만들고,

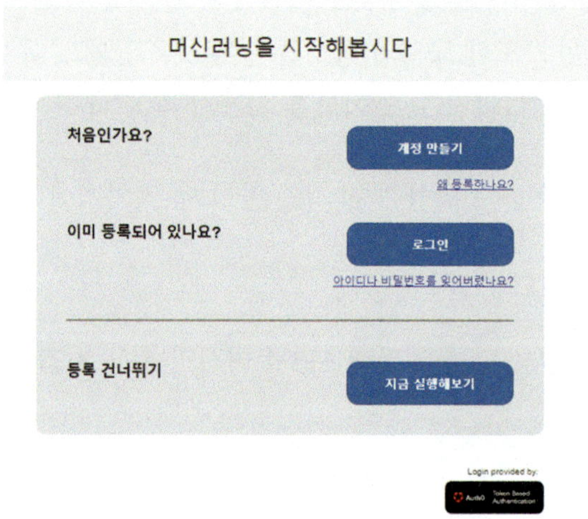

그림 9.3 로그인 화면

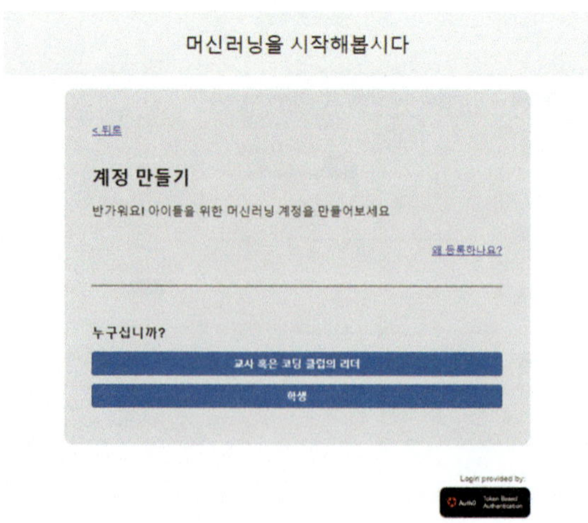

그림 9.4 계정 만들기

아이들을 위한 머신러닝 API 키를 입력하는 단계가 필요하다. 일단 머신러닝 포 키즈의 계정을 먼저 만들고 IBM Cloud 계정 만드는 작업은 후에 계속한다.

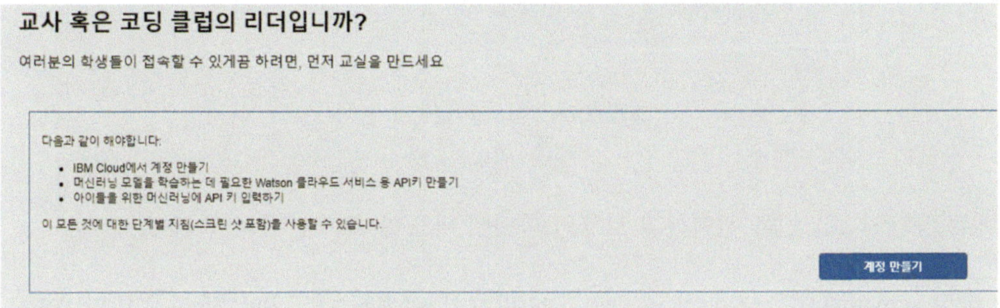

그림 9.5 교사 계정 만들기

그림 9.6과 같이 id, 이메일주소, 사용 목적, 그리고 box 체크를 하고 오른쪽 하단의 'create class account'를 선택한다. 그러면 그림 9.7과 같은 임시 비밀번호를 생성해준다. 그 비밀번호를 복사한 상태에서 로그인 준비를 한다.

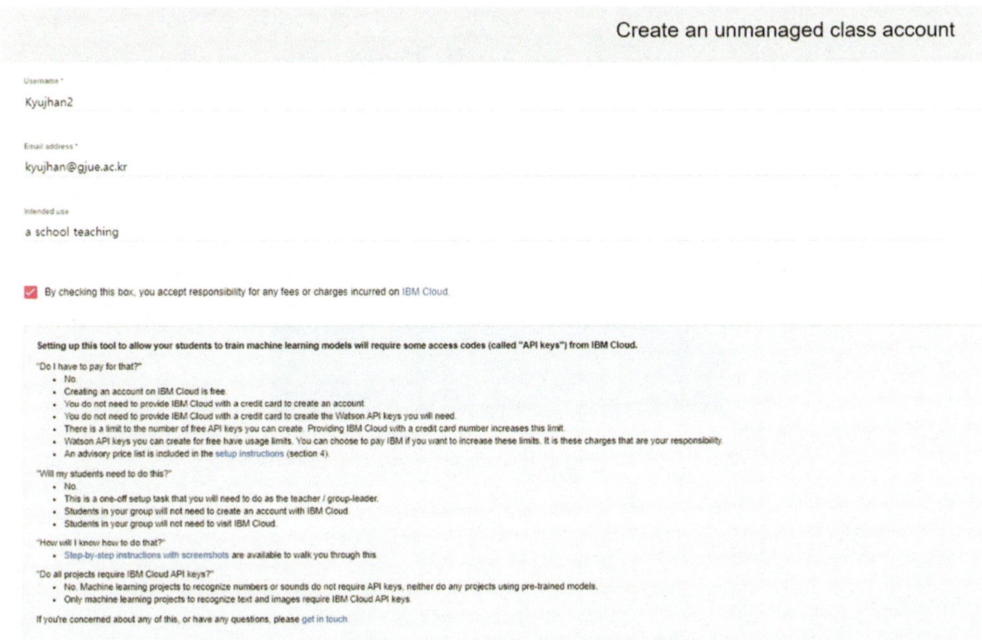

그림 9.6 계정 만들기(id 등 입력)

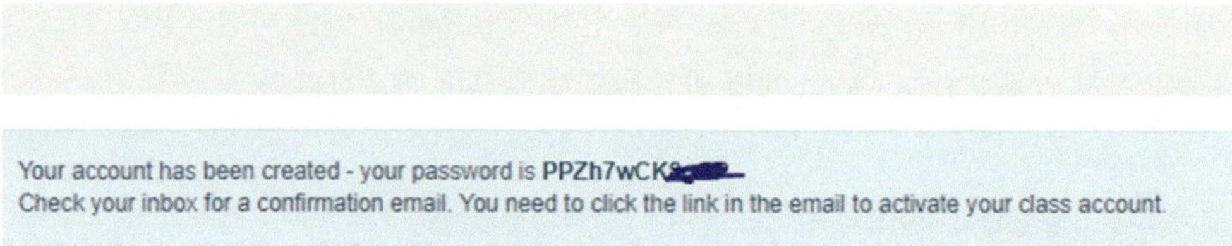

그림 9.7 임시 비밀번호 생성

메뉴 상단의 로그인을 선택하고 로그인 화면이 나오면 '로그인'을 선택한다.

그림 9.8 화면에서 그림 9.6에서 생성한 id와 그림 9.7에서 자동 생성된 임시 비밀번호를 입력한다. 그 후 여러분이 입력한 이메일 계정으로 확인하는 메일이 도착된다. 그림 9.9는 머신러닝 포 키즈에서 보낸 메일인데 'confirm my account'를 선택하면 그림 9.10과 같은 확인되었다는 창이 뜨게 된다.

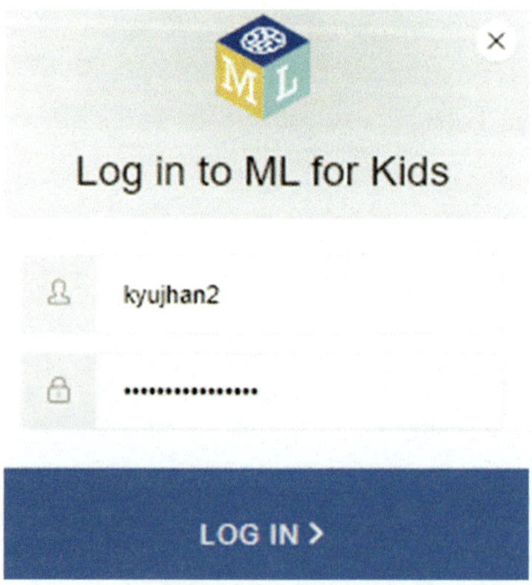

그림 9.8 계정 로그인

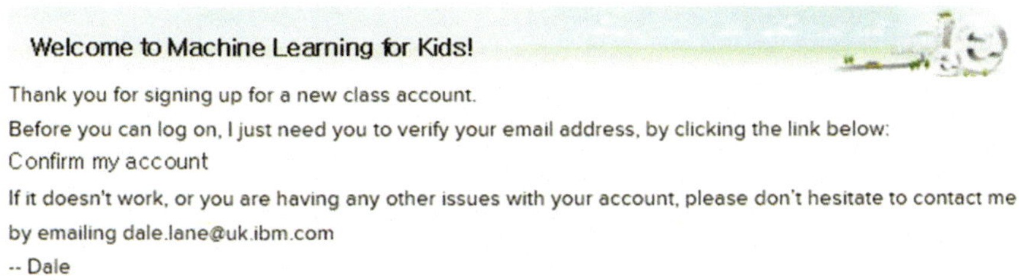

그림 9.9 메일로 오는 '확인'요구 메시지

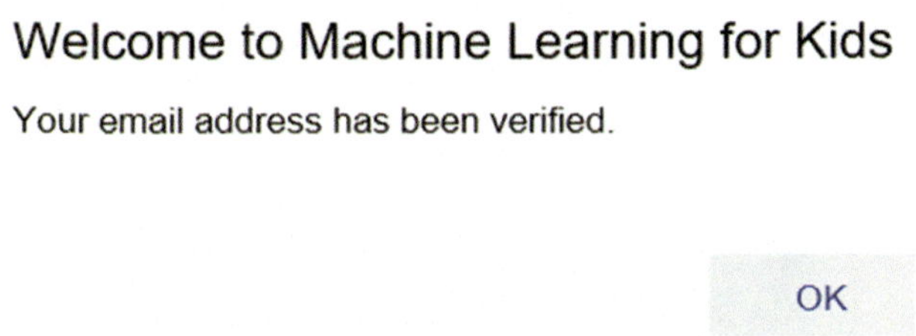

그림 9.10 확인 메시지

지금의 상태는 시스템이 임시로 제공한 비밀번호를 사용하는 것이다. 따라서 여기서 여러분이 만드는 비밀번호를 설정해보자. 그림 9.11의 메뉴에서 '로그인' 부분 아래 '아이디나 비밀번호를 잊어버렸나요?'를 선택한다. 그 다음 메뉴에서 '교사 혹은 코딩클럽의 리더'를 선택한다.

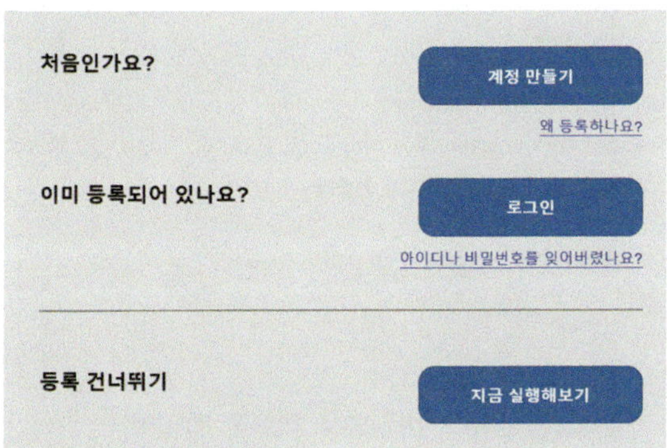

그림 9.11 로그인 메뉴에서 자신만의 비밀번호 설정 방법

그림 9.12의 비밀번호를 다시 설정하는 화면에서 여러분의 이메일 주소를 입력하고, 'send email'을 선택한다.

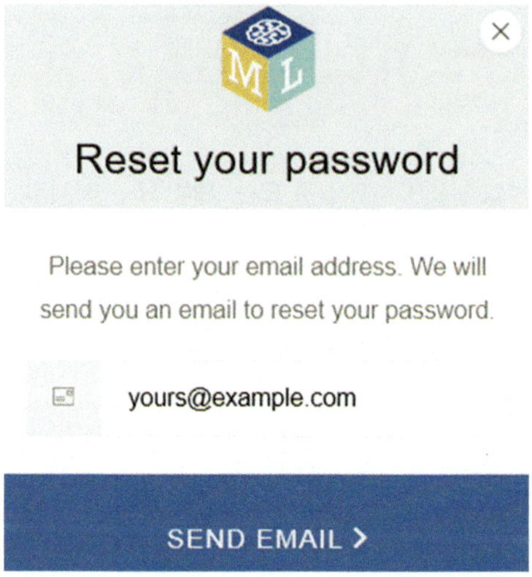

그림 9.12 비밀번호 재설정 화면

여러분의 이메일 주소에서 접속하면 'Reset your password'라는 메일이 온 것을 확인할 수 있으며, 이를 선택하면 그림 9.13이 나온다. 여기서 'clicking here' 선택하고, 그림 9.14와 같이 비밀번호를 재설정하고, → 버튼을 선택한다. 화면에 'Your password has been reset successfully'라는 메시지가 나온다.

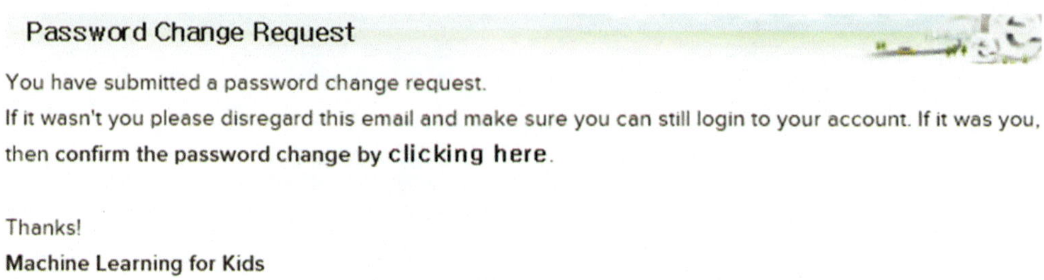

그림 9.13 비밀번호 재설정 메일 화면

그림 9.14 비밀번호 변경 화면

그림 9.15의 로그인 화면에서 id와 방금 설정한 비밀번호를 입력하고 로그인한다.

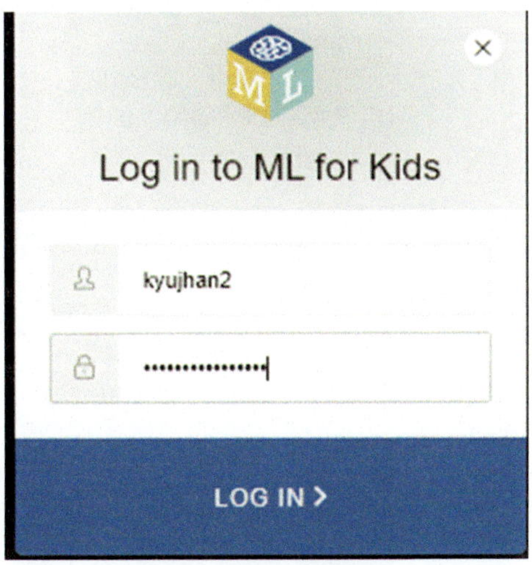

그림 9.15 로그인

IBM Cloud 회원 가입 방법

머신러닝 포 키즈의 텍스트나 이미지의 머신러닝을 위해서는 IBM Watson이라는 도구를 활용해야 한다. 이를 위해 IBM Cloud에 회원 가입을 해야 한다. 크롬에서 검색어로 'ibm cloud'를 입력하여 그림 9.16과 같이 IBM Cloud를 찾아 접속한다(직접 웹주소창에 https://cloud.ibm.com을 입력해도 됨).

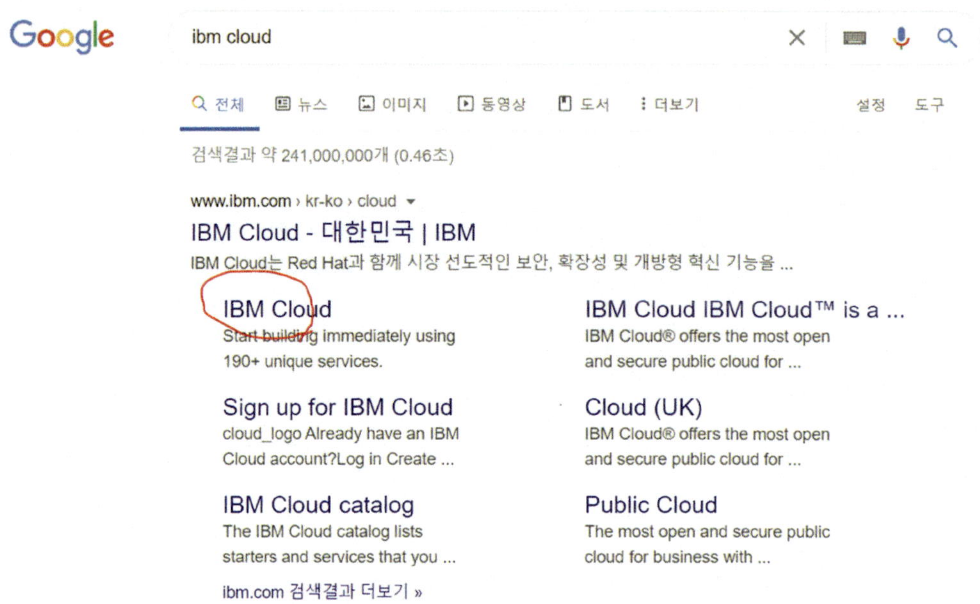

그림 9.16 IBM Cloud 접속

그림 9.17과 같은 초기 화면이 나오면 계정이 없으므로 '계정 작성'을 선택하면, 그림 9.18과 같은 화면이 나온다.

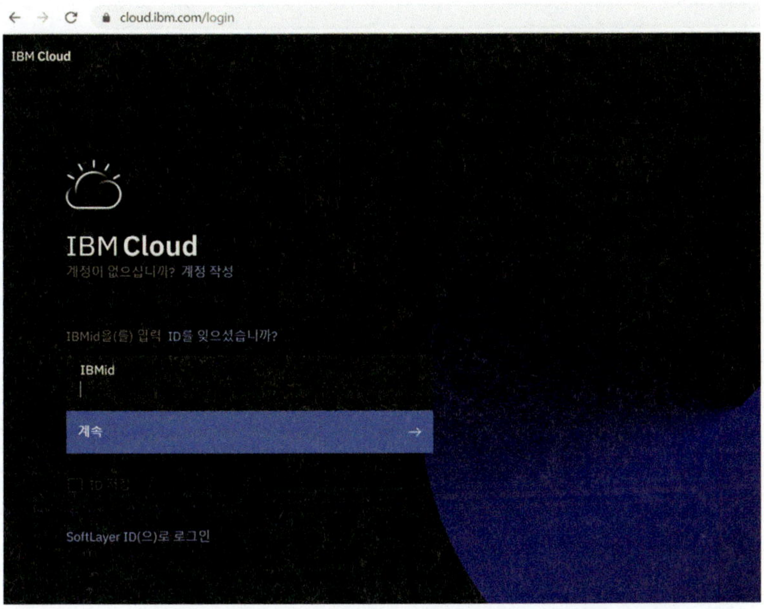

그림 9.17 IBM Cloud 계정 작성 초기 화면

사용자가 그림 9.18과 같이 이메일과 비밀번호를 입력하면 '이메일 확인'을 요구받는다. 사용자의 이메일로 가서 메일로 온 7자리 확인 코드를 확인하고 복사하여 입력한다. 그리고 '다음'을 선택하고 개인정보 부분에 이름과 성을 입력 후, '다음'을 선택한다. '계정 생성' 부분은 이메일이나 전화로 선택하여 동의한 후, → 키를 선택한다. 여기서는 이메일을 선택한다.

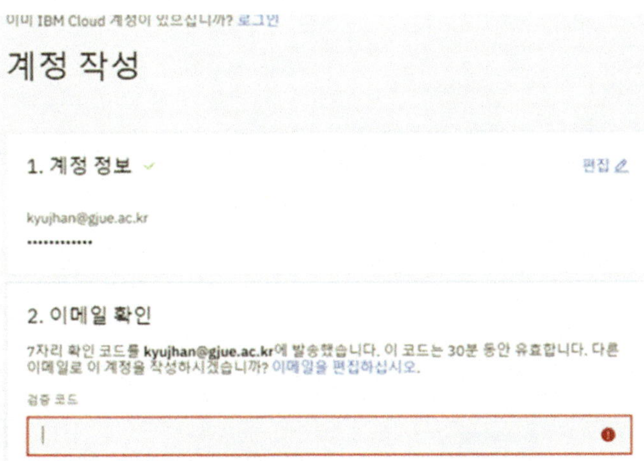

그림 9.18 이메일 확인 화면

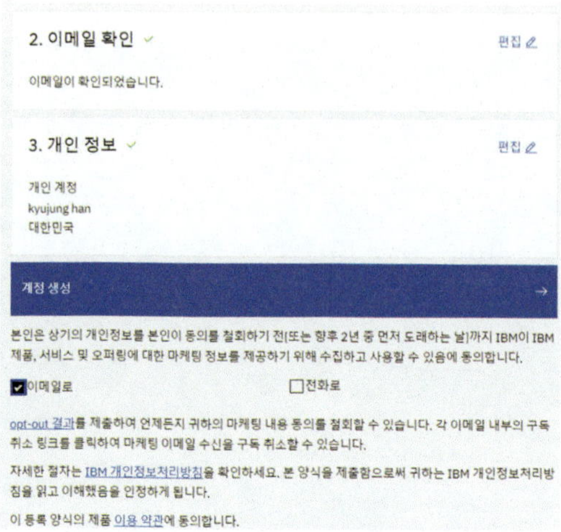

그림 9.19 개인정보 입력 및 계정생성

로그인이 생성되는 과정을 거치게 되며 그림 9.20과 같이 'IBMid 계정의 개인정보 처리 방침'이 나오면 '계속'을 선택한다.

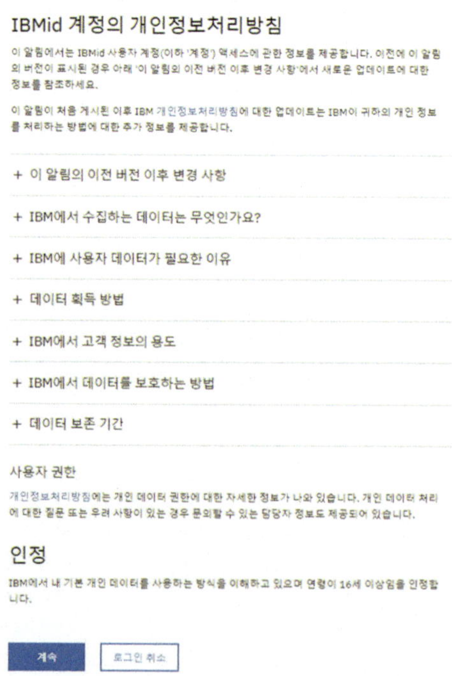

그림 9.20 IBMid 계정의 개인정보 처리 방침 화면

이러한 과정이 끝나면 그림 9.21과 같은 IBM Cloud의 로그인 화면이 나온다.

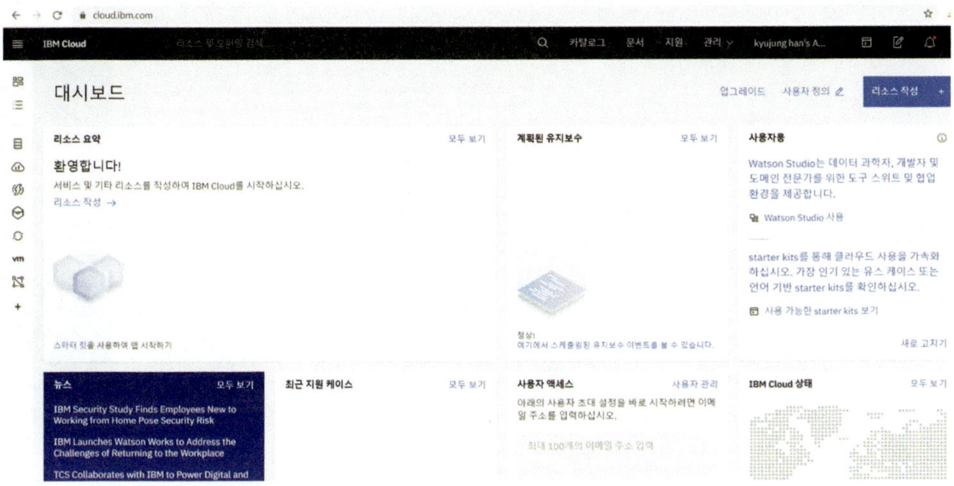

그림 9.21 IBM Cloud 로그인 화면

머신러닝 포 키즈에서 텍스트 프로젝트를 활성화하기 위한 준비

머신러닝 포 키즈에서 다양한 텍스트 프로젝트를 하기 위해서는 IBM Cloud의 왓슨 어시스턴트(Watson Assistant)를 사용해야 한다.

그림 9.21 로그인 화면 상단의 '카탈로그'를 선택한 후, 그림 9.22의 화면에서 Watson Assistant 선택한다.

그림 9.22 Watson Assistant 선택

그림 9.23에서 lite가 선택한 상태에서 지역 선택은 'Seoul'로 하고 '작성'버튼을 클릭한다.

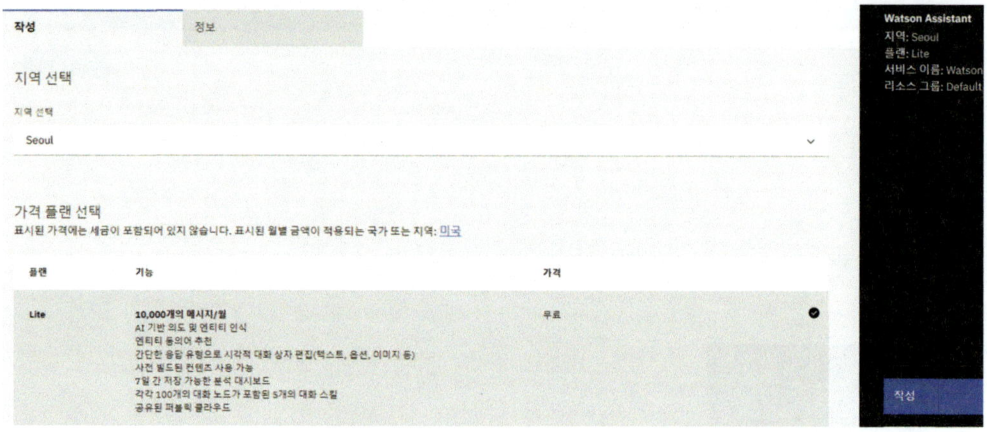

그림 9.23 지역 선택 후 '작성' 클릭

그림 9.24에서 API 키의 복사 버튼을 선택하면 '복사됨'이란 메시지가 나온다(주의: 이 화면 창을 닫지 말고 남겨 놓자. 나중에 복사가 안되었을 경우 다시 복사한다).

그림 9.24 API 키 복사

그림 9.25의 머신러닝 포 키즈 사이트로 가서 로그인한 후에 '관리페이지로 이동' 버튼을 선택한다.

그림 9.25 관리 페이지로 이동을 선택

그림 9.26에서 API Keys를 선택하며 그림 9.27에서 '새로운 인증 추가'를 선택한다.

그림 9.26 API Keys 선택

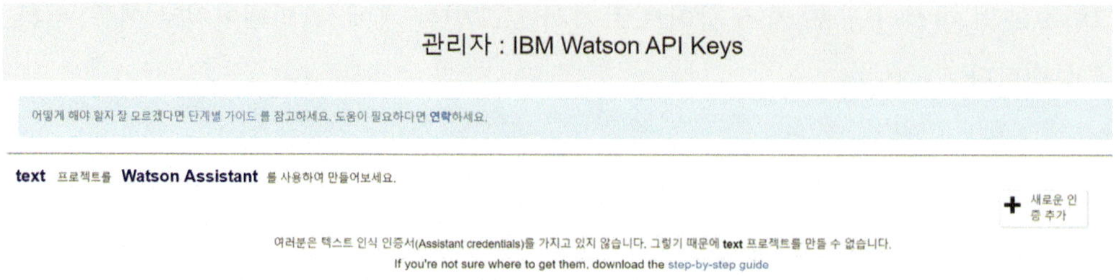

그림 9.27 인증추가 선택화면

그림 9.28에서 Lite or Plus Trial(free)를 선택하고, API keys 부분에 그림 9.24에서 복사한 것을 붙여놓기한다. 만약 안 되면 그림 9.24의 화면으로 다시 돌아가 복사하고 붙여넣기를 한다. 그 다음 '추가' 버튼을 선택한다. 그림 9.29와 같은 인증된 화면이 나타난다.

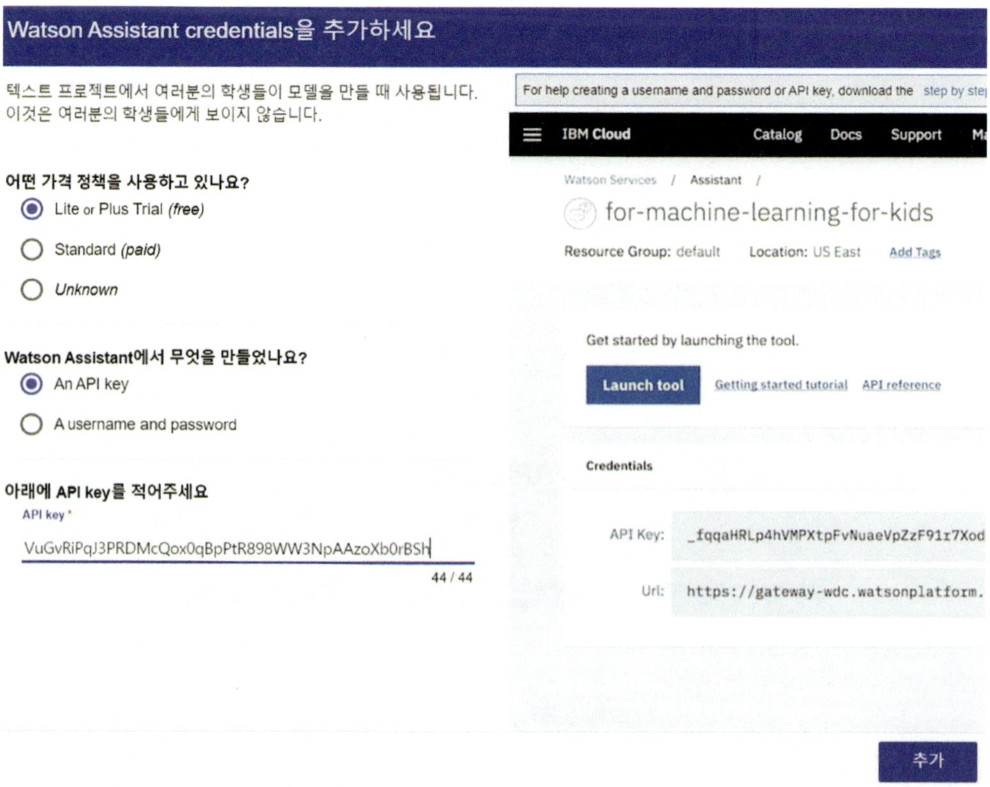

그림 9.28 API key 추가 화면

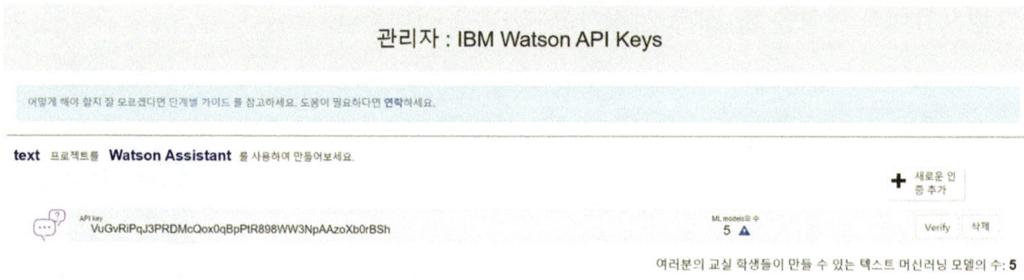

그림 9.29 텍스트 인증 완성화면

머신러닝 포 키즈에서 이미지 프로젝트를 활성화하기 위한 준비

머신러닝 포 키즈에서 이미지 프로젝트를 만들기 위해서는 시각 인식(Visual Recognition) 기능을 사용해야 한다. 이를 위해 IBM Cloud에서의 시각 인식 부분의 API를 가져와야 한다.

IBM 클라우드 페이지로 접속한다. 메뉴 상단의 '카타로그'를 선택 후, 그림 9.30과 같이 Visual Recognition을 선택한다.

주의 교재를 작성할 시기인 2020년 8월경에는 Visual Recognition 부분에 그림 9.31의 Lite 버전에 제공되었으나 IBM 정책으로 2020년 10월 16일 부터 Lite 버전의 제공을 폐지하였습니다. 따라서 Standard Plan 을 사용하여야 합니다.

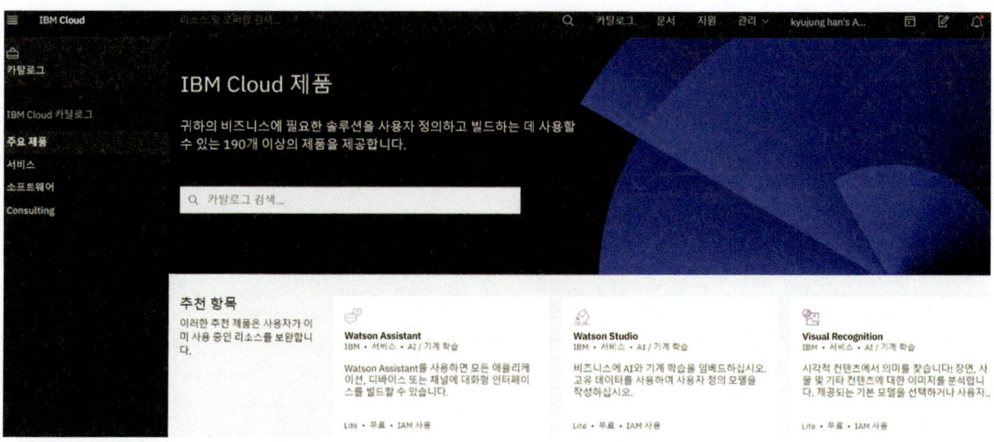

그림 9.30 Visual Recognition 설정 초기 화면

그림 9.31에서 지역을 'Seoul'로 설정하고 '작성'을 선택한다.

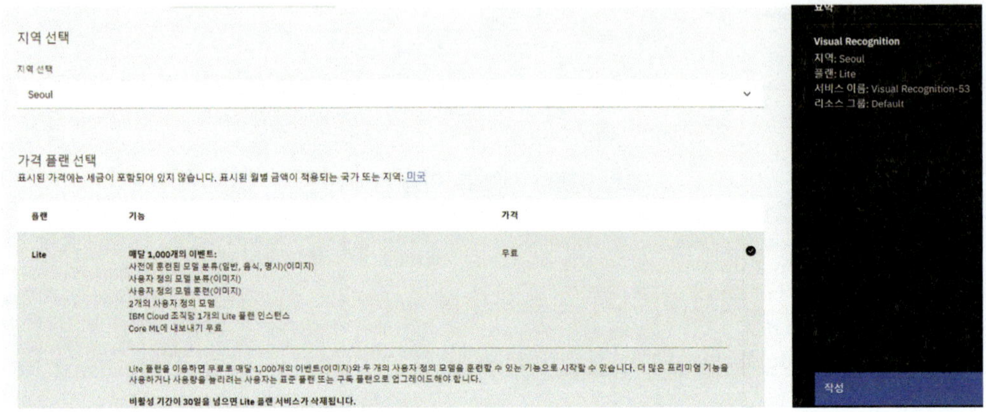

그림 9.31 지역선택과 작성

(2020년 10월 16일 이후에는 Lite Plan이 제공되지 않아서 Standard Plan을 설정해야 하는데 유료화입니다).

그림 9.32에서 왼쪽 부분에 '서비스 인증 정보'를 선택하고 'Auto-generated service credentials' 앞 부분인 v를 선택하고, 그림 9.33의 마크된 부분과 같이 서비스 인증 정보 복사를 위해 API keys 부분을 복사한다.

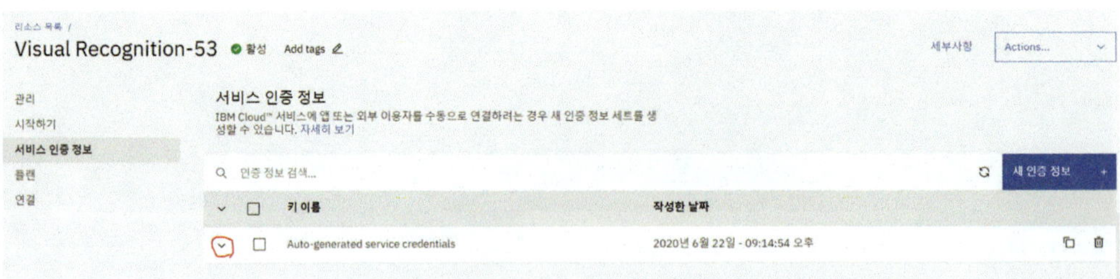

그림 9.32 서비스 인증 정보

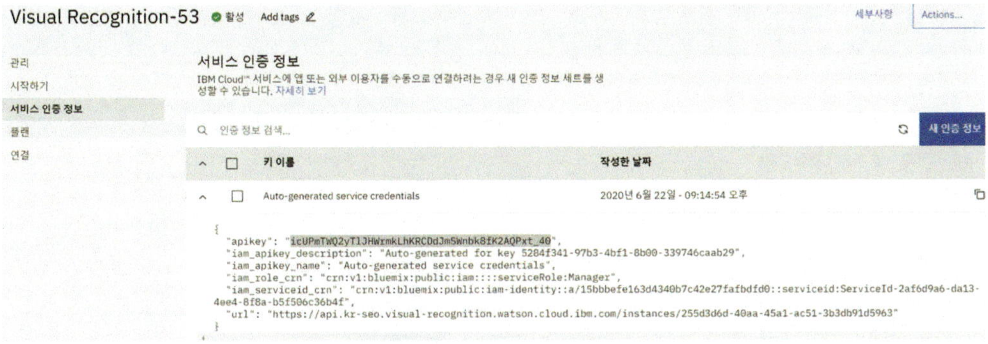

그림 9.33 서비스 인증 정보 복사

그림 9.25와 같이 머신러닝 포 키즈로 다시 이동한 후 '관리페이지로 이동' 버튼을 선택하고 그림 9.26의 API keys를 선택후, 그림 9.34의 images 프로젝트에서 "+ 새로운 API key 추가"를 선택한다(후에 복사가 안 될 경우가 발생할 수 있기 때문에 화면 창을 닫지 않는다).

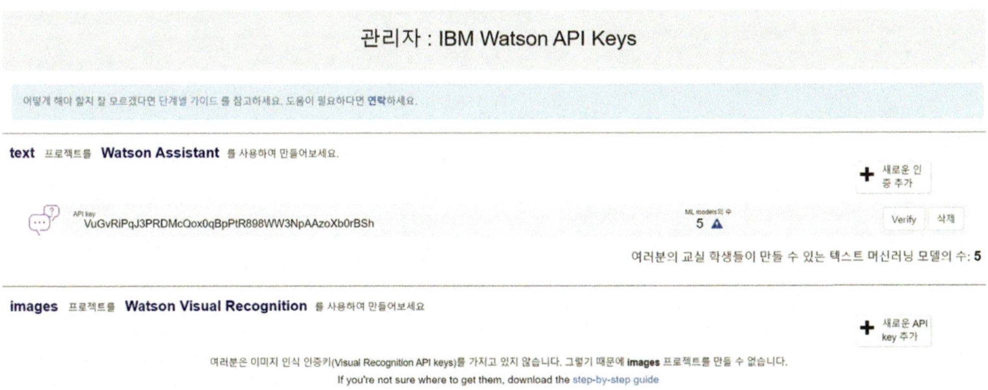

그림 9.34 images 프로젝트에서 API key 추가

그림 9.35와 같이 Lite(free)를 선택하고, 그림 9.34에서 복사한 API 키를 붙여놓기를 한다. 만약 붙여놓기가 안 되면 다시 그림 9.34와 같은 화면으로 돌아가 다시 복사하여 붙여놓기를 반복한다. 완성이 되면 그림 9.36과 같이 API가 첨부된 완성 화면이 나온다.

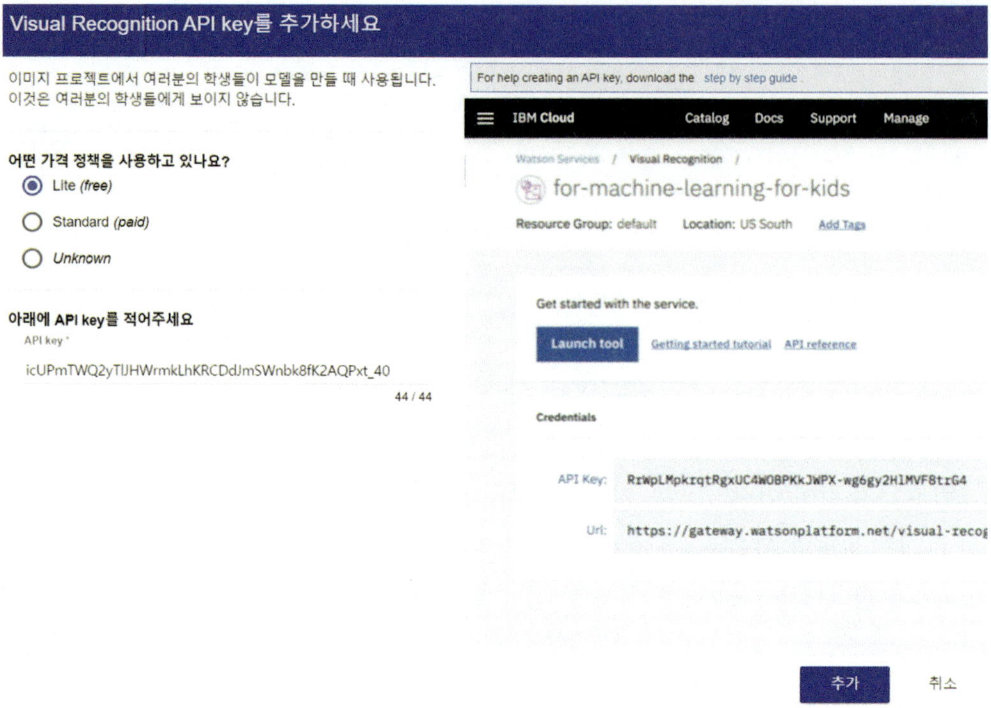

그림 9.35 이미지 인식 API key 추가

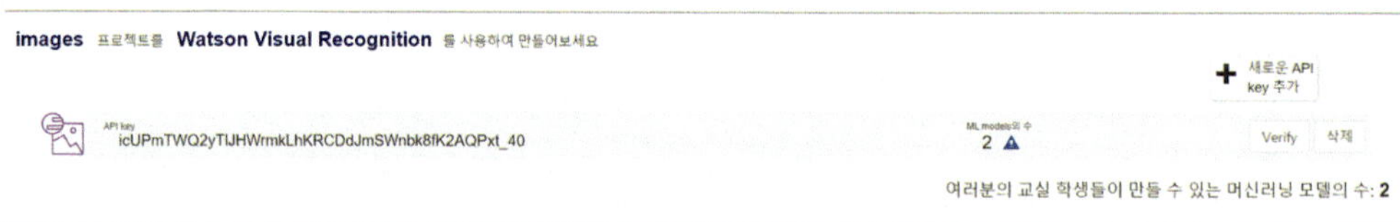

그림 9.36 이미지 인식 API key 추가된 화면

9.2 컴퓨터와 하는 인공지능 가위바위보 게임

머신러닝 포 키즈의 주요 절차는 다음과 같다.

첫째, 사용자가 주로 분류하고 싶은 이미지나 텍스트 명령어를 만든다.

예 1) 가위, 바위, 보 등 손의 이미지 인식
2) happy , sad에 관련된 명령어

둘째, 이런 명령어 혹은 구분된 이미지에 대한 다양한 예를 입력한다.

예 1) 가위, 바위, 보 등의 손 이미지를 다양하게 변화시키면서 예제 입력
2) happy: 나는 즐겁다. 나는 기쁘다.
sad: 나는 우울하다. 울고싶다
등을 입력

셋째, 입력된 예제들을 머신러닝 학습을 시킨다.

넷째, 새로운 예를 입력하여 결과를 확인한다(혹은 스크래치나 파이썬 등과 연동하여 응용 프로젝트를 작성한다).

예 1) 웹캠이나 그림으로 새로운 바위를 보여주면 바위로 인식하는 지 확인한다.
2) '친구를 만나서 기쁘다'라는 문장을 입력하여 그 결과가 happy 혹은 sad로 나오는 지를 확인한다.

머신러닝 포 키즈에서는 텍스트, 이미지, 숫자, 소리의 인식을 하는 머신러닝을 수행할 수 있다.

본 서에서는 머신러닝 포 키즈와 스크래치 3.0을 활용하여 사람이 제시하는 가위 바위 보를 인식하여 컴퓨터와 게임을 하는 프로젝트를 제작한다. 머신러닝 포 키즈에서는 이미지 데이터 입력및 학습을 하며 이를 스크래치 3.0에서 응용하여 게임을 만들게 된

다. 코딩의 시간을 줄여주기 위해서 머신러닝 포 키즈에서 제공하는 '프로젝트 템플릿'과 학생용 워크시트를 활용한다.

1 프로젝트 개요

실습자는 머신러닝 포 키즈에서 가위, 바위, 보에 대한 이미지 데이터를 입력하여 학습시킨다.

스크래치 3.0으로 가면 가위바위보에 관련된 머신러닝 블록이 생성됨을 볼 수 있다. 가위바위보 '프로젝트 템플릿'을 실행하여 컴퓨터와 가위바위보 게임의 코딩을 완성한다(완성하는 단계는 학생용 워크시트에 매뉴얼로 설명되어 있음).

2 머신러닝포키드에서의 가위, 바위, 보 이미지 데이터 입력 및 학습

그림 9.37과 같이 머신러닝 포 키즈를 실행하여 '프로젝트로 이동'을 선택하고, 그 다음 화면에 '+프로젝트 추가'를 선택한다. 그림 9.38과 같이 프로젝트 이름을 'rsp'로 입력하며 그 인식 방법은 '이미지'로 설정하고, 하단 오른쪽의 '만들기' 버튼을 선택하면 그림 9.39의 화면이 나온다.

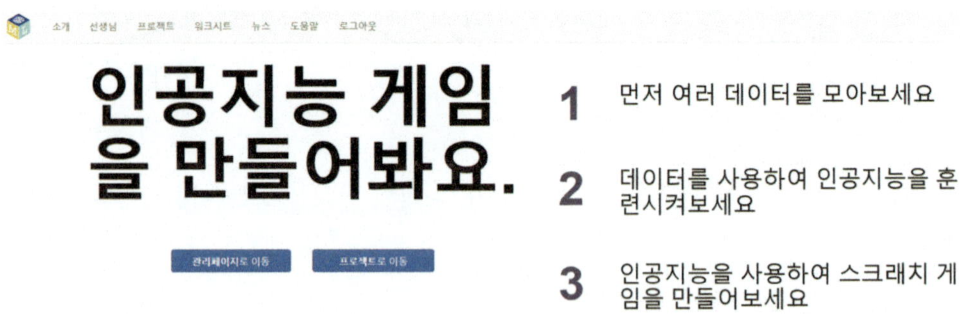

그림 9.37 프로젝트 시작

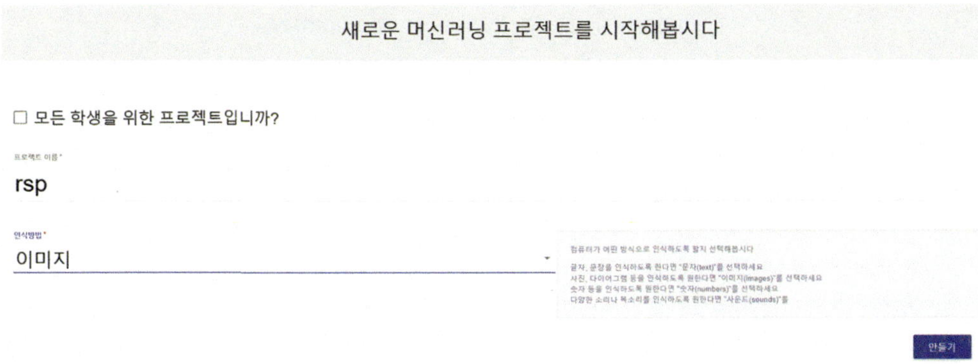

그림 9.38 프로젝트 이름과 인식방법 설정

그림 9.39 훈련, 학습&평가, 만들기 화면

그림 9.39에서 '훈련' 부분을 선택하고, 그림 9.39에서 화면 오른쪽의 '+새로운 레이블 추가'를 선택하여 새로운 레이블 추가로 rock, scissors, paper를 각각 입력한다.

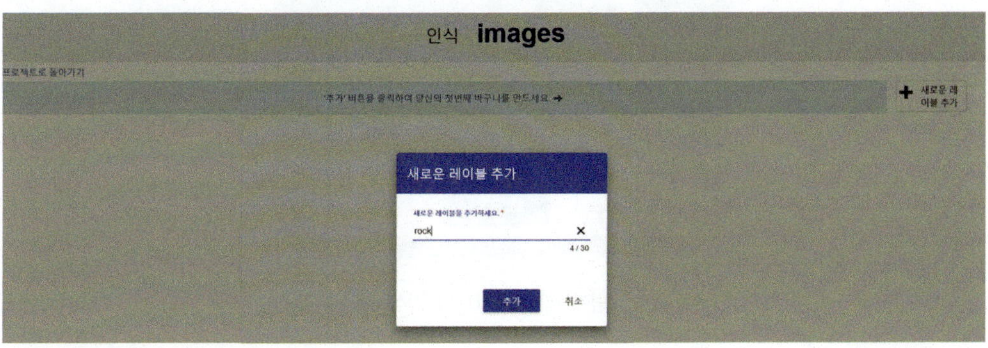

그림 9.40 레이블 추가 화면

그림 9.41 가위, 바위, 보 레이블 추가 화면

그림 9.41에서 하단의 각 레이블에서 '웹캠'을 선택하여 웹캠으로 가위, 바위, 보의 다양한 형태를 15개씩 입력시키며 인식이 잘 안 되는 것은 삭제 후 다시 인식시킨다. 여기서 유의할 것은 가위를 인식시킬 때는 가능하면 그림 9.43과 같이 손가락 2개만 나오게 하는 것이 인식률을 높일 수 있다. 아니면 가위가 보나 바위로 인식될 수 있다.

그림 9.42 이미지 인식 예

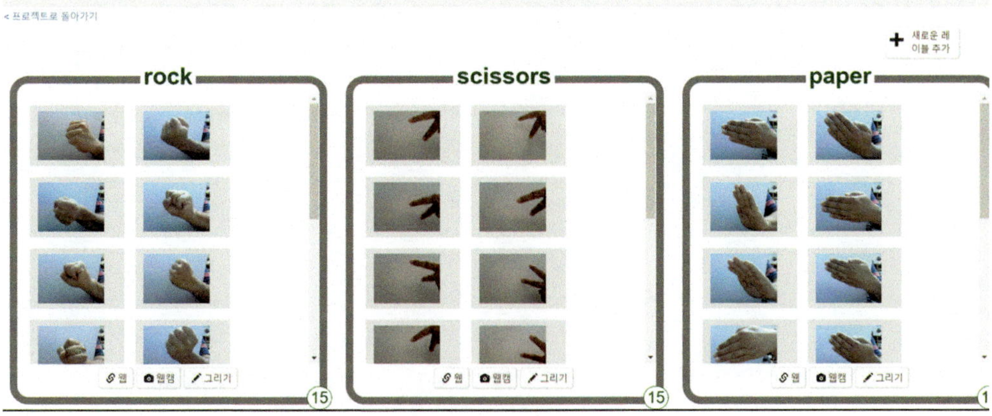

그림 9.43 가위, 바위, 보 이미지 각각 15개 입력

그림 9.43의 인식을 마친 후, 메뉴의 왼쪽 상단에 '<프로젝트로 돌아가기'를 선택한다. 그림 9.39의 화면에서 '학습&평가'를 선택하여 학습의 과정을 진행한 후, 그림 9.44의 화면의 하단에 '새로운 머신러닝 모델을 훈련시켜보세요'를 선택한다. 화면 하단에 트레이닝 컴퓨터 정보 화면에 모델의 상태가 'Training'은 학습이 진행 중인 것을 나타내며 완성될 때까지 기다려야 한다. 입력 이미지가 많으면 상당한 시간이 소요된다.

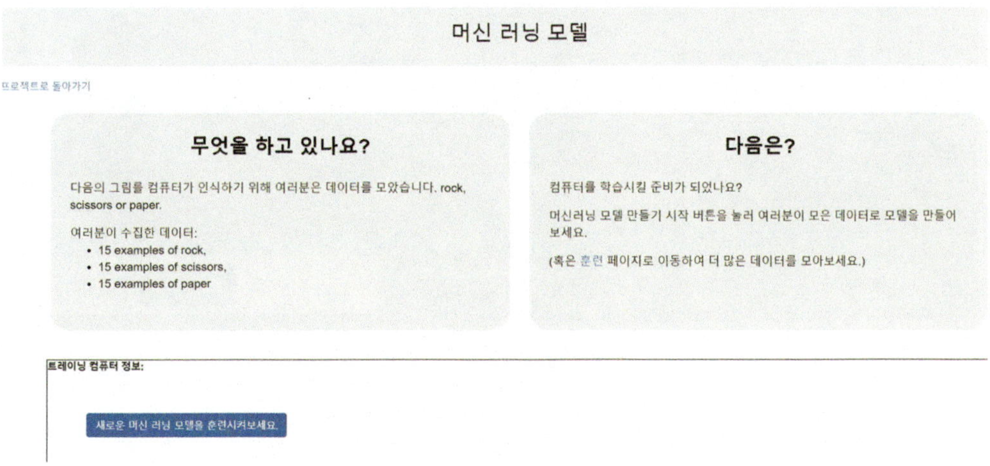

그림 9.44 머신러닝 모델 훈련 화면

학습이 종료가 되면 그림 9.45와 같이 화면 하단에 '웹캠으로 테스트하기', '그림 그리기로 테스트하기', '인터넷 자료로 테스트하기'를 할 수 있다, 여기서는 '웹캠으로 테스트하기'를 실행한다.

그림 9.45 테스트하기

그림 9.46과 같이 손 모양을 웹캠으로 테스트하면 그 결과가 'rock(으)로 인식되었고, with 87% confidence'와 같은 메시지가 나온다. 이는 바위로 인식되었고 신뢰도가 87% 정도로 높다는 것을 의미한다.

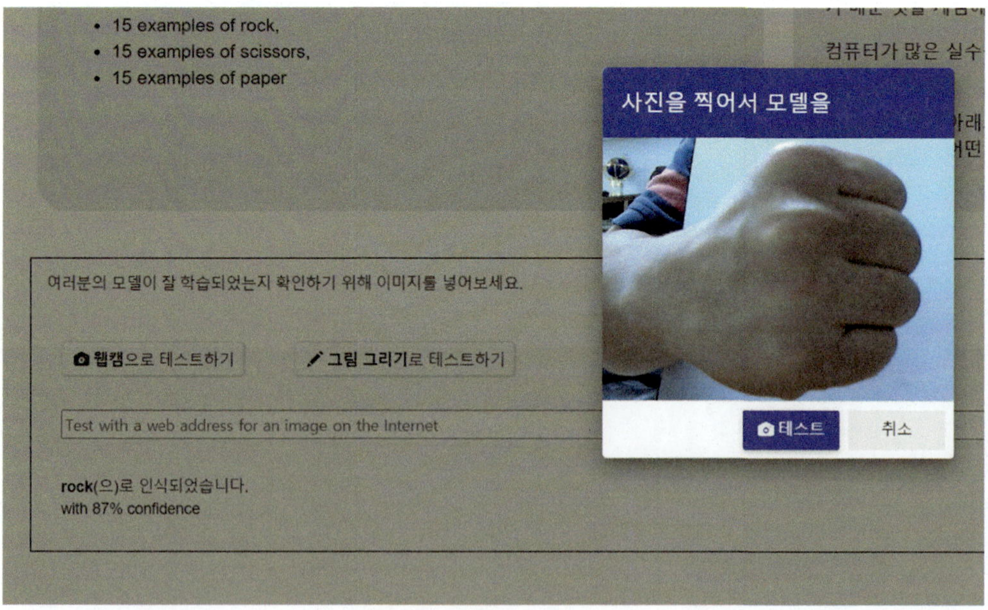

그림 9.46 이미지 테스트 결과

스크래치 3.0과 연동하기 위하여 그림 9.46의 왼쪽 상단에서 다시 '〈프로젝트로 돌아가기〉'를 선택한다. 그림 9.39에서 '만들기'를 선택하면 그림 9.47과 같은 머신러닝 모델로 프로그램을 만드는 화면이 나온다. 여기서 '스크래치 3'을 선택한다.

그림 9.47 만들기 화면

그림 9.48에서 왼쪽 상단의 '스크래치 3 열기'를 선택한다.

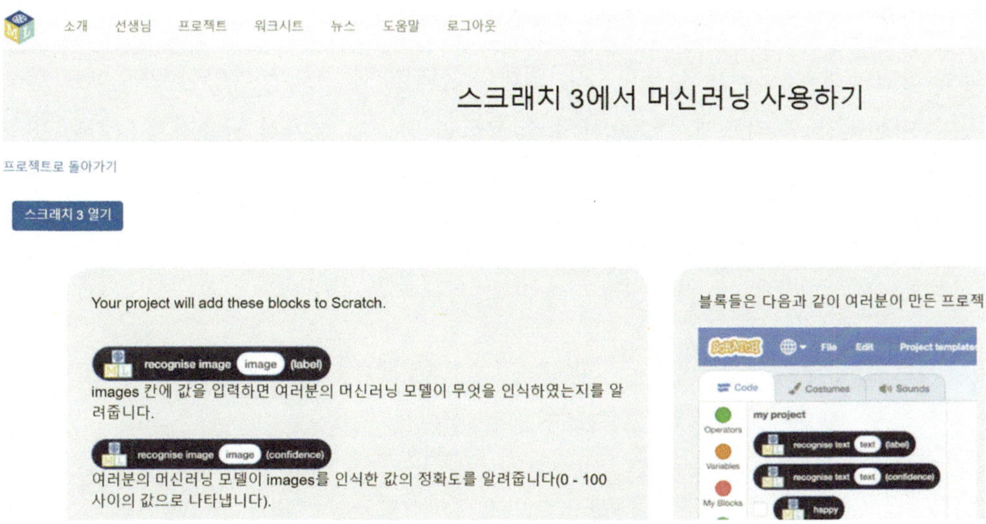

그림 9.48 스크래치 3 열기 선택

그림 9.49와 같이 스크래치 프로그램이 실행되며 왼쪽 맨 밑에 머신러닝 모델의 결과 'rsp' 블록이 생성되었으며, 이를 선택하면 머신러닝 학습에 관련된 블록을 볼 수 있다.

그림 9.49 rsp 블록

메뉴 상단에서 '프로젝트 템플릿'을 선택한다. 선택해서 나오는 다양한 '프로젝트 템플릿'은 머신러닝 포 키즈에서 주요한 소스 코드를 만들어 놓아서 사용자가 약간만 변형해서 다양한 응용을 쉽게 코딩할 수 있도록 도와준다. 그림 9.50과 같이 화면에서 '가위바위보' 프로젝트 템플릿을 선택한다.

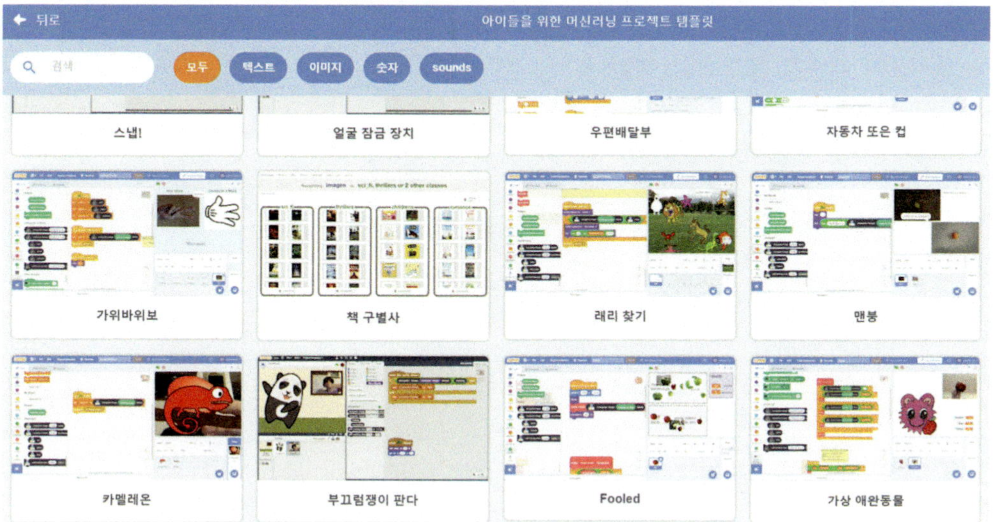

그림 9.50 가위바위보 프로젝트 템플릿

그림 9.51은 가위바위보 프로젝트 템플릿 화면이다.

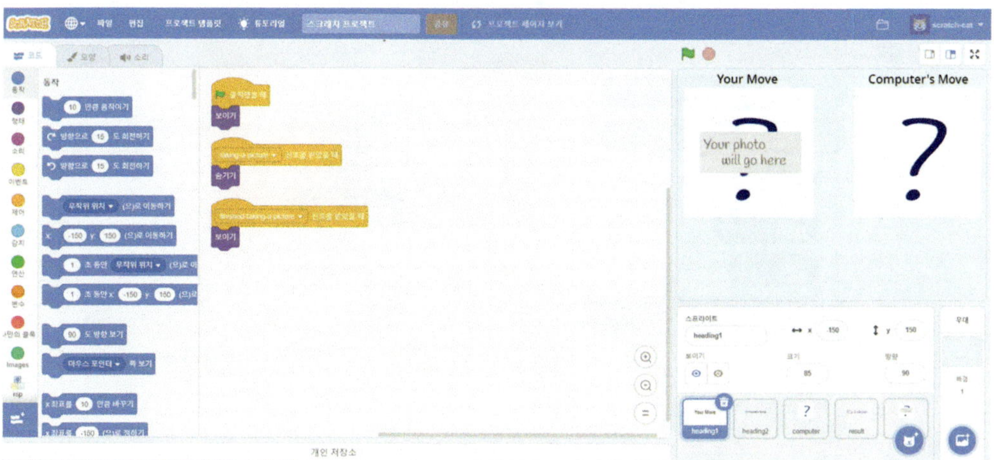

그림 9.51 가위바위보 프로젝트 템플릿 초기 화면

메뉴 화면 오른쪽 하단의 'you' 스프라이트를 선택하고, 왼쪽메뉴의 rsp 블록에서 그림 9.52와 같이 학습한 블록을 선택한다.

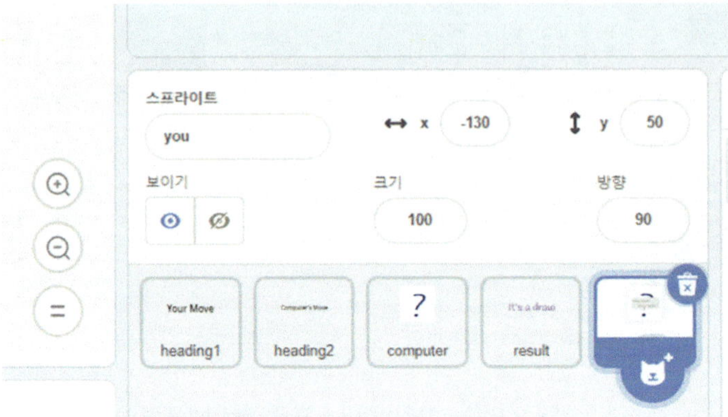

그림 9.52 you 스프라이트 선택

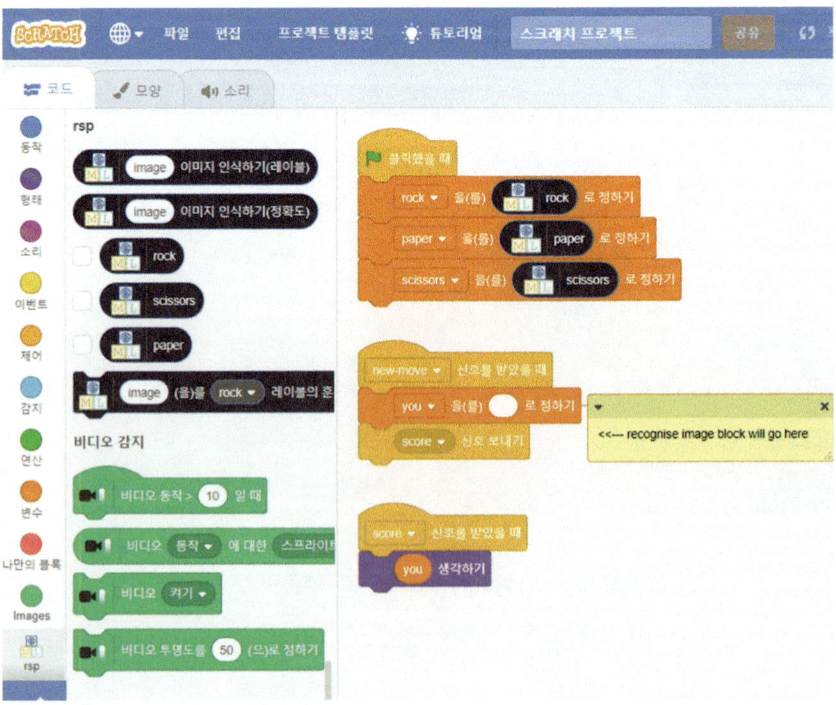

그림 9.53 rock, paper, scissors 블록 첨가

그림 9.54와 같이 이미지 인식하기(레이블)와 costume image를 첨가한다.

그림 9.54 이미지 인식하기와 costume image 첨가

그림 9.55와 같이 실행을 위해 녹색 깃발을 선택하고, 사진을 촬영하기 위해서 키보드의 P를 누른다. 컴퓨터는 무작위로 가위, 바위, 보 중 하나를 선택하여 화면에 나타내고 동시에 화면에서 여러분이 낸 손 모양의 가위, 바위, 보 모양을 인식하여 누가 이겼는지를 화면에 나타낸다. 가위와 같은 손가락 모양의 인식이 부정확할 수도 있다. 이런 경우에는 그림 9.43과 같은 이미지 인식의 과정을 변화를 주면서 학습이 잘 이루어지도록 수정해야 한다.

그림 9.55 화면 실행 예시

9.3 결론 및 요약

머신러닝 포 키즈는 머신러닝을 위하여 다음과 같은 기능을 가지고 있다.

- 텍스트를 입력받고 학습하는 기능
- 숫자를 입력받고 학습하는 기능
- 소리를 입력받고 학습하는 기능
- 이미지를 입력받고 학습하는 기능
- 스크래치 3.0, 앱인벤터, 파이선과 연동하여 응용 프로젝트 작성 기능

머신러닝 포 키즈는 기본적으로 IBM Cloud 사이트에서 텍스트와 이미지에 관한 API를 복사하여 머신러닝을 진행하게 된다.

머신러닝 포 키즈의 장점은 다음과 같다.

첫째, 복잡한 프로그램을 다운로드받아 설치할 필요가 없이 웹상에서 무료로 사용할 수 있다(다만 무료 프로젝트를 사용할 수 있는 허용 프로젝트의 수는 제한이 있다).

둘째, 텍스트, 숫자, 소리, 이미지 학습의 결과를 웹상에서 쉽게 테스트할 수 있다. 이미지 등은 머신 러닝을 학습할 시간이 필요하며 학습이 끝나면 바로 웹캠이나 인터넷의 관련된 그림 혹은 사용자가 직접 그리는 방식 등으로 머신러닝의 학습한 결과를 테스트할 수 있다.

셋째, 다양한 예제를 제공하고 있다. 여러 응용 분야의 '프로젝트 템플릿'에서는 프로젝트의 빠른 실행과 이해를 위해 많은 분량의 스플라이트와 블록을 미리 제작하여 제공하고 있다. 따라서 이에 관한 매뉴얼을 활용하여 적은 노력으로 다양한 머신러닝의 과정을 경험할 수 있다.

본 장에서는 머신러닝 포 키즈에서 이미지 입력과 학습을 위한 예제로 '가위바위보 게임'에 관한 주제를 다루었다. 그 과정으로 사용자가 가위, 바위, 보의 이미지를 입력하여 머신러닝 모델을 만들고 이를 스크래치 3.0으로 연동하여 머신러닝 블럭이 자동 생성된것을 확인하였다. 또한 머신러닝포키즈에서 제공하는 프로젝트 템플릿 중 '가위바위보'를 선택하여 약간의 응용으로 컴퓨터와 사용자의 가위바위보 게임을 경험하였다.

만약 심화과정 학습을 진행하고 싶다면 머신러닝포키즈의 워크시트에서 난이도별 다양한 머신러닝 프로젝트를 선택하여 같이 제공하고 있는 교사용 지도서와 학생 워크시트를 활용하면 된다.

9.4 연습문제

1. 다음과 같은 텍스트 입력과 학습에 관련된 머신러닝을 해보자.

safety

예 다음과 같이 안전에 관련된 문장을 15개 정도 입력한다.

> 낮에 다니면 안전하다.
>
> 항상 어른과 같이 다니면 안전해
>
> 신호를 잘 지키면 안전해

danger

예 다음과 같이 위험에 관련된 문장을 15개 정도 입력한다.

> 밤에 다니면 위험해
>
> 밤에 혼자 다니면 위험해
>
> 신호를 무시하자.

2. 위에 학습에서 안전 혹은 위험에 관련된 새로운 문장을 입력했을 때 safety가 나오는지? danger가 나오는지 확인하자.

3. 만약 문장의 입력 결과가 예상되는 결과와 다를 경우 관련된 문장들의 입력을 다르게 해보자.

CHAPTER 10

인공지능으로 앱 만들기

성영훈(진주교대)

학습목표

- 인공지능을 위한 디자인 기반 학습 프로그래밍 절차에 대해 이해할 수 있다.
- 앱인벤터의 인공지능에 필요한 추가 모듈을 활용할 수 있다.
- 이미지를 인식하고 분류할 수 있는 기능을 활용할 수 있다.
- 인식한 이미지를 시각적으로 안내하는 것과 더불어 음성으로 알려주는 기능을 제작할 수 있다.

10.1 학습 목표

코로나19는 기존의 평범하게 살아가던 우리의 삶을 바꾸어 놓았다. 세계 각국의 나라들은 2020년 6월 현재에도 이를 해결하기 위해 다각적으로 노력하고 있으나 기대하는 것만큼의 성과를 내기에는 아직도 시기상조라는 얘기가 들려온다. 한편으로 교육 분야에서 있어서도 우리나라는 사상 초유의 온라인 개학이 이루어지고 사회적 거리두기가 계속되면서 학생들은 이전에는 경험하지 못한 언택트(Untact) 환경을 경험하고 있다. 비단 이러한 생소한 환경은 학생들 뿐만 아니라 교사, 교수들에게도 더욱 실감적으로 다가왔으며 온라인 콘텐츠를 만들고 학생들과 소통하는 방법을 익히기에도 바쁜 일상이 계속되고 있다.

특히 이러한 생명에 대한 위기에 직면하게 되면서 우리는 실질적인 문제를 해결하기 위해 필요한 역량들이 무엇인지 다시 한 번 고민하는 계기가 되었다.

그림 10.1 코로나 바이러스 모형

즉 어떻게 하면 실질적인 문제를 해결할 수 있는 능력을 향상시킬 수 있는가? 우리가 배운 지식들과 기술들을 어떻게 활용하거나 융합 또는 적용해야 하는가? 그리고 해결책이 나온다면 우리의 삶과 우리의 공동체에 어떠한 영향을 주는가?에 대한 물음들과 이 물음에 대한 대답을 찾기까지의 과정을 어떻게 진행해야 하는 것인지를 생각하게 되었다.

이 장의 주제로 돌아와서 우리는 인공지능 기술을 이용한 앱을 만들기 위해 학습하는 과정에서 우리는 이러한 물음을 떠올려보고 상상한 생각들을 조직화하고 분류하는 경험을 통해 자신이 개발하고자 하는 문제들을 보다 추상화(abstraction)하고 일반화(generalization)할 수 있는 능력이 향상되기를 기대해본다. 또한 제작하는 앱이 우리가 직면해 있는 삶 속의 문제들을 해결할 수 있을 뿐만 아니라 공동체에 필요한 우선적인 가치들을 발견할 수 있는 가치를 가진 앱을 개발하는 데 도움이 된다면 더욱 좋을 것이라 생각한다.

10.2 개요

1 MIT 앱인벤터 환경

MIT 앱인벤터는 블록 기반의 안드로이드 프로그래밍 환경으로 스마트폰 또는 태블릿을 위한 앱을 만들 수 있다. 사실상 앱인벤터는 매우 시각적으로 직관적인 프로그래밍 제작 환경을 지원하여 초보자들이 쉽게 앱을 개발함으로써 컴퓨팅에 대해서 공부하는 방식을 변화시키고 있다.

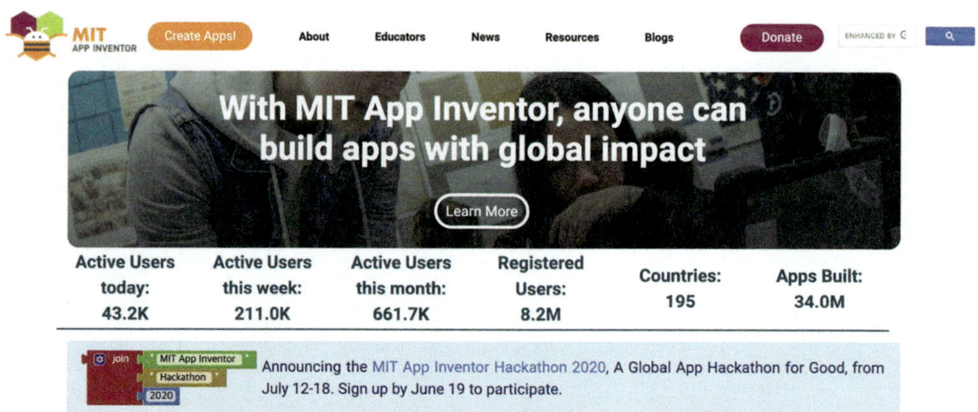

그림 10.2 앱인벤터 홈페이지(출처: appinventor.mit.edu)

앱인벤터의 개발 환경을 구축하기 위해서는 먼저 구글 계정이 필요하며 간단한 로그인 과정을 통해서 앱인벤터 개발 환경으로 접속이 가능하다. 앱인벤터의 개발 환경은 크게 디자이너와 블록 영역으로 구분되는데 간단하게 살펴보면 다음과 같다.

❶ 디자이너 화면

앱의 레이아웃을 설정할 수 있는 화면으로 팔레트, 뷰어, 컴포넌트, 속성 패널 등으로 구성되어 있다.

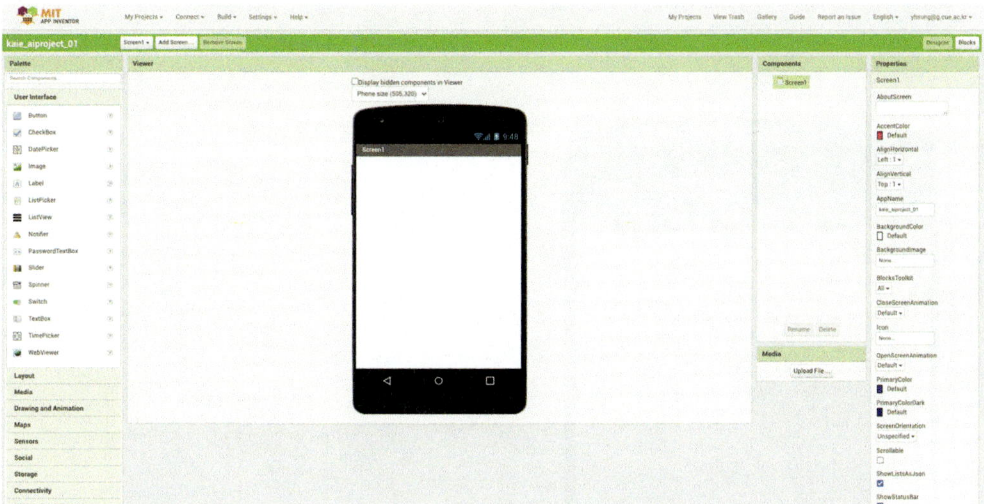

그림 10.3 앱인벤터 디자이너 화면

팔레트 패널에서는 앱을 구성하고 있는 요소들인 사용자 인터페이스(User Interface), 레이아웃(Layout), 미디어(Media), 드로잉과 애니메이션(Drawing and Animation), 지도(Maps), 센서(Sensors), 소셜(Social), 저장소(Storage), 연결(Connectivity), LEGO MINDSTORMS, Experimental, Extension 컴포넌트들로 구성되어 있다.

실제 앱을 디자인하기 위해서는 이러한 팔레트에 속해 있는 컴포넌트들을 Viewer 패널에 드래그앤드롭하여 디자인하고 각각의 컴포넌트 속성들에 대한 설정을 완료하여 전체적인 앱의 구조를 완성시킨다. 특히 컴포넌트를 선택하였을 때 표시되는 속성 패널(Properties)의 세부적인 속성 값들은 이후 블록(Blocks) 화면에서도 실제 프로그래밍으로 연결되기 때문에 이 부분에 대해서 주의깊게 살펴보도록 한다. [그림 1.4]에서와 같이 뷰어 패널에 드래그앤드롭 되어 있는 이미지 컴포넌트를 선택하면 화면의 오른쪽 컴포넌트 패널에 추가한 이미지가 보이고 선택된 이미지 컴포넌트의 속성은 속성 패널(Properties)에 Clickable, Height, Width, Picture, RotationAngle, ScalePitureFit, Visible 속성을 가지고 있음을 보여준다. 앱을 실행할 경우 기본적으로 이미지 컴포넌트에 설정된 기초 속성 값이 반영된다는 것을 알 수 있다. 물론 블록 화면에서 다양하게 속성을 변경할 수 있다.

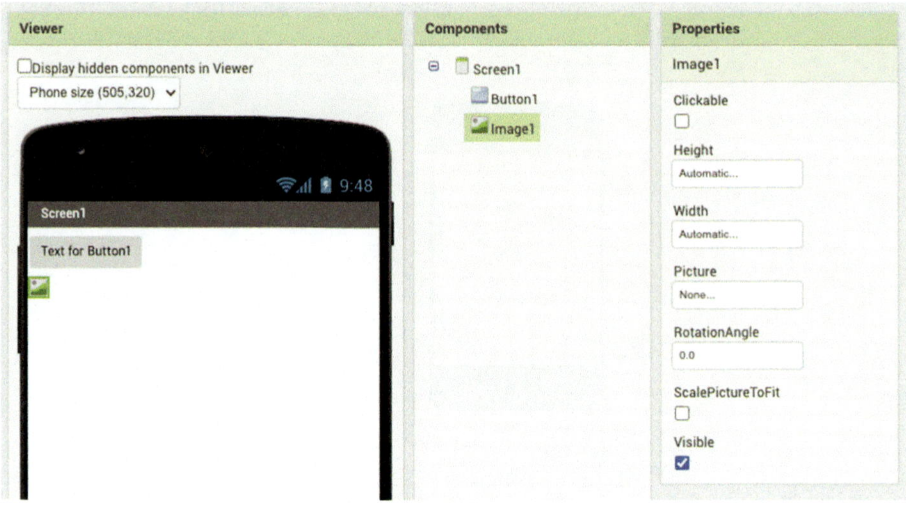

그림 10.4 이미지 컴포넌트의 속성 예시

❷ 블록 화면

디자이너 화면에서 디자인 한 앱 컴포넌트들을 시각적으로 프로그래밍할 수 있도록 제공한다. 왼쪽의 Built-in 블록들은 앱을 제작하기 위해 필요한 블록들이 구성되어 있고 Screen1 아래에 있는 컴포넌트들은 디자이너 화면에서 구성했던 컴포넌트들과 관련된 블록들이 포함되어 있다.

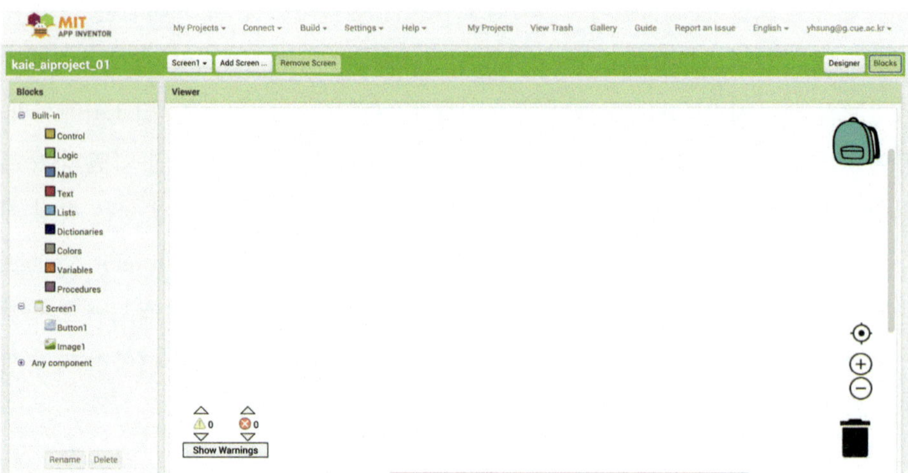

그림 10.5 블록 화면 예시

간단한 프로그래밍 실습

그렇다면 버튼을 클릭하고 이미지가 보이는 앱을 간단하게 만들어 보자. 먼저 디자이너 화면에서 Viewer에 User Interface에서 Button과 Image 컴포넌트를 추가한다.

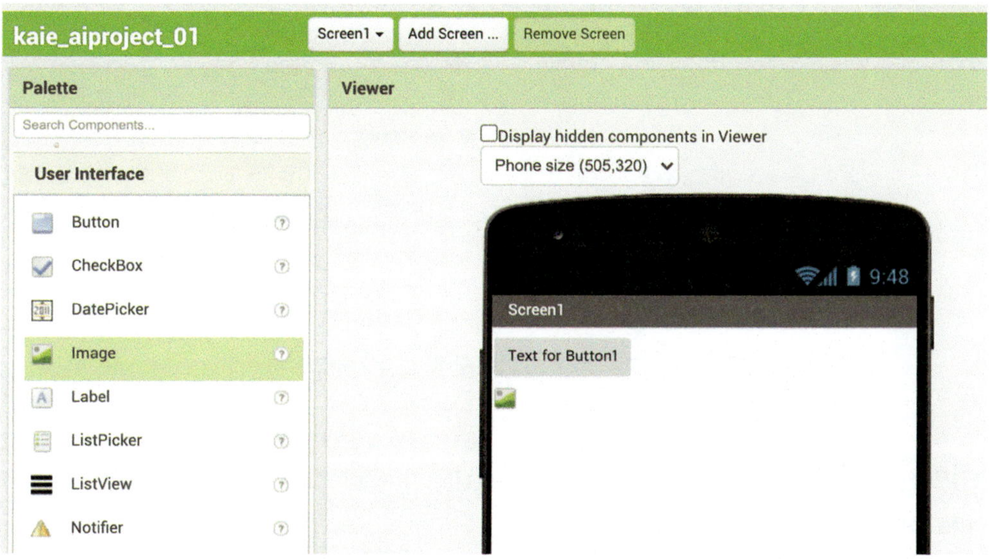

그림 10.6 버튼과 이미지 컴포넌트 구성

그리고 실제 이미지를 보여줘야 하기 때문에 보여줄 이미지 파일을 하나 추가한다. Image1 컴포넌트를 선택하고 Properties에서 Picture 속성을 클릭하여 보여줄 이미지 파일을 추가한다. 본문에서는 pixabay.com의 공개된 이미지를 활용하였다.

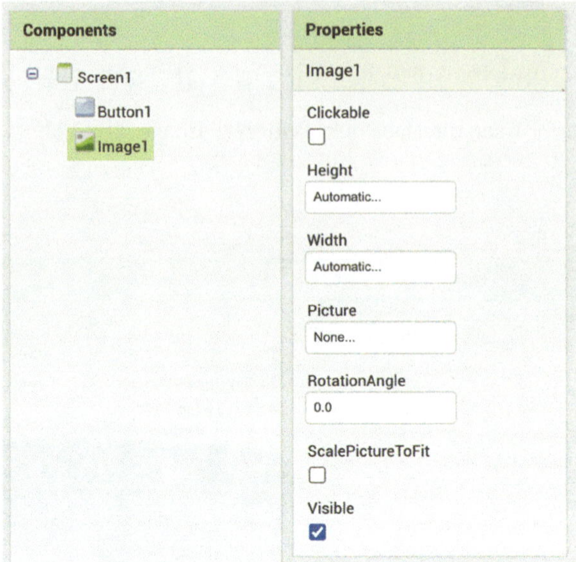

그림 10.7 이미지 파일 추가하기

이미지를 업로드하면 앱인벤터의 Viewer 패널에 image1 컴포넌트에서 다음과 같이 처리되어 나타난다.

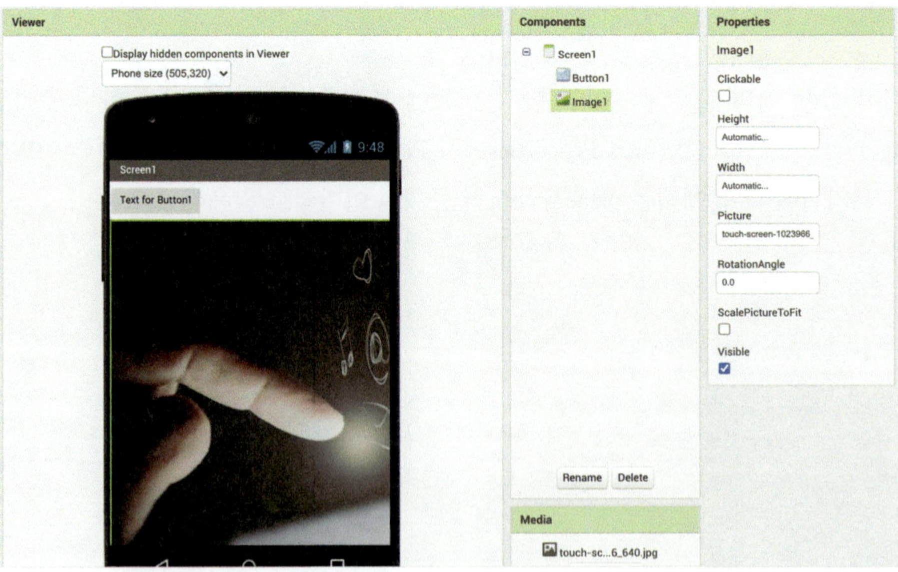

그림 10.8 이미지 파일이 업로드된 화면(그림 출처: pixabay.com)

앞서 이야기한바와 같이 버튼을 클릭하면 이미지를 보여주기로 했으므로 먼저 image1 컴포넌트의 Visible 속성의 체크 값을 해제하여 이미지를 숨긴다.

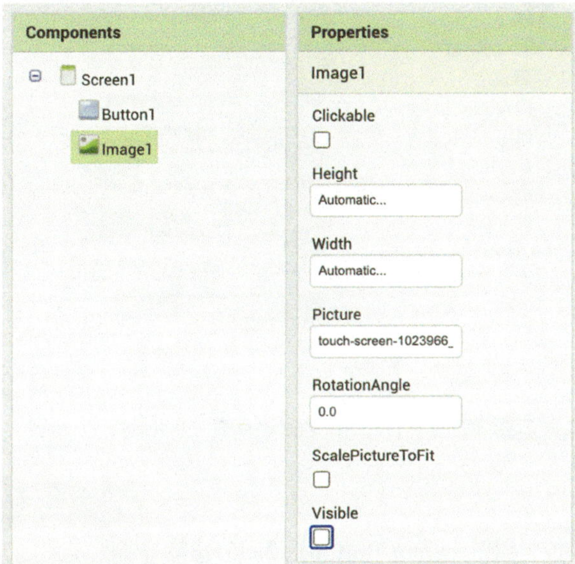

그림 10.9 이미지 파일이 업로드된 화면(그림 출처: pixabay.com)

버튼을 클릭하면 이미지를 보여주기로 하였으므로 블록 화면에서 해당 부분을 프로그래밍해 보도록 한다. 우선 디자이너 화면에서 추가했었던 컴포넌트들은 Screen1 하위에 추가되어 있는 것을 알 수 있다. 여기서 '버튼을 클릭하면' 이벤트에 반응할 수 있는 프로그래밍을 위해서 Button1 컴포넌트를 클릭한다.

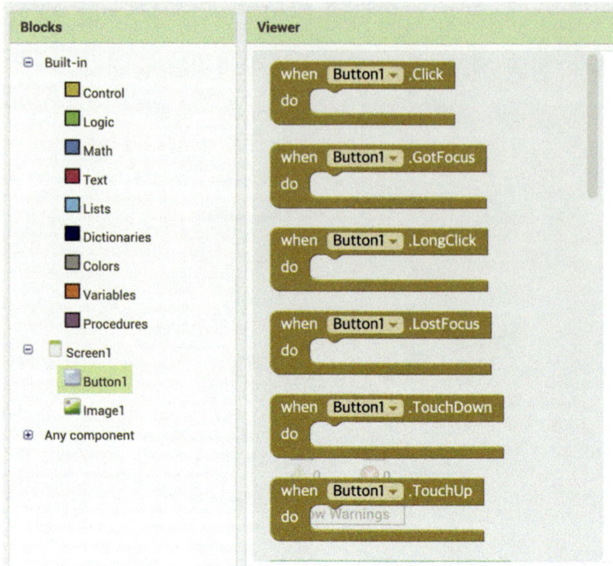

그림 10.10 Button1 컴포넌트를 선택(클릭)한 화면

그리고 실제 실행하기 위한 'when Button1.Click' 블록 

을 '클릭'하여 가져온다. 실제 버튼을 클릭하면 이미지를 보여줘야 하기 때문에 image1 컴포넌트를 선택(클릭)하여 이미지를 보여주는 것과 관련된 블록을 가져오도록 한다.

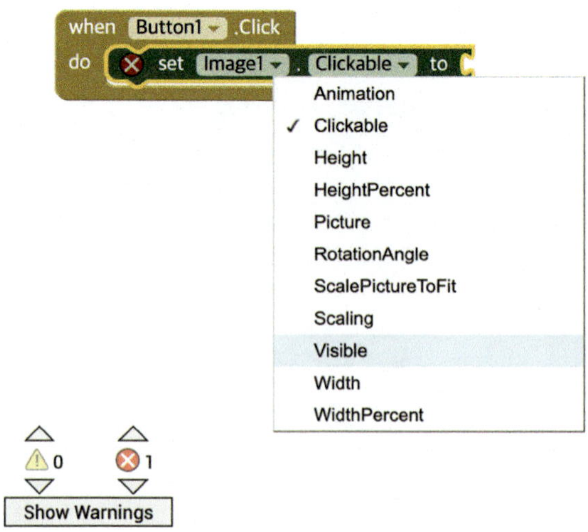

그림 10.11 Image1 컴포넌트의 Visible 속성 변경 블록 설정

그리고 해당 블록에 대한 사용법을 찾아보기 위해 마우스 오른쪽을 클릭하여 'Help'를 클릭한다. 사실 프로그래밍 언어에서 가장 잘 설명이 되어 있는 부분이 바로 Help 메뉴이다.

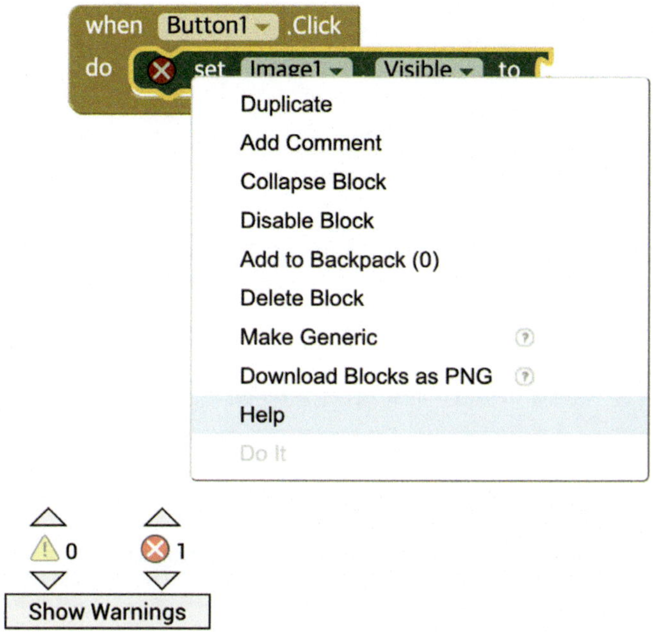

그림 10.12 Image1 컴포넌트의 Visible 속성 변경 블록 설정

실제 Image1 컴포넌트의 속성들에서 Visible 속성을 살펴보면 다음과 같다.

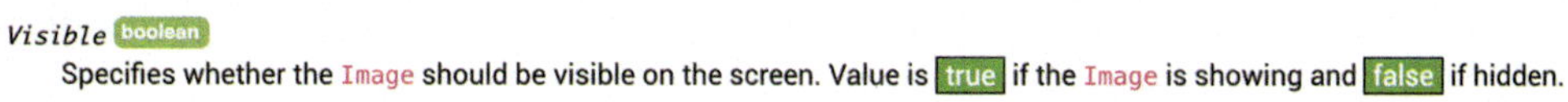
Visible boolean
Specifies whether the Image should be visible on the screen. Value is true if the Image is showing and false if hidden.

Visible 속성은 Boolean 값으로 설정할 수 있으며 true 또는 false로 변경할 수 있다고 안내되어 있다. 이와 관련하여 Image1 컴포넌트의 Visible 속성을 설정할 수 있도록 결합할 수 있는 블록을 찾아 Built-in에 Logic을 찾아보면 true 또는 false 블록이 있는 것을 발견할 수 있다. 블록을 찾기가 어려울 때는 Help에 제시되어 있는 블록의 색깔을 기준으로 찾아보면 보다 빠르게 찾을 수 있다.

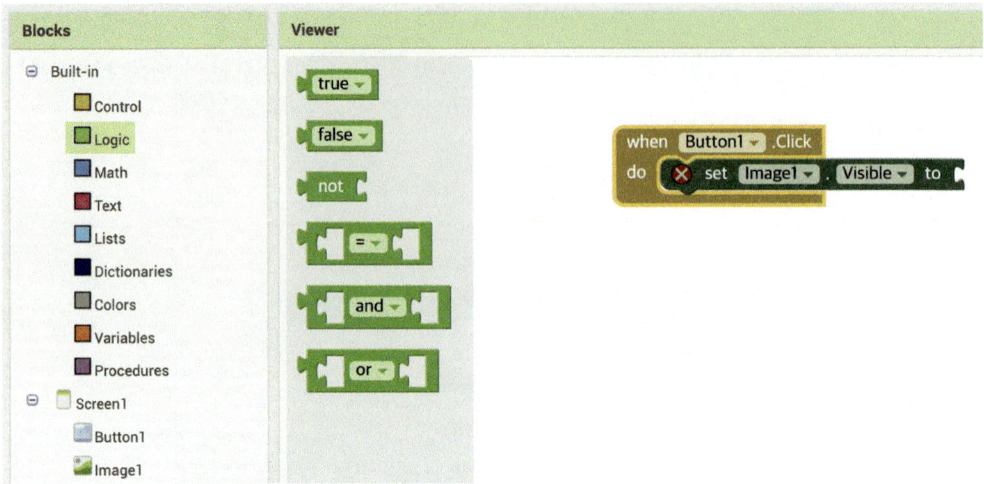

그림 10.13 Image1 컴포넌트의 Visible 속성 변경 블록 설정

그리고 true 블록을 추가해서 다음과 같이 설정한다.

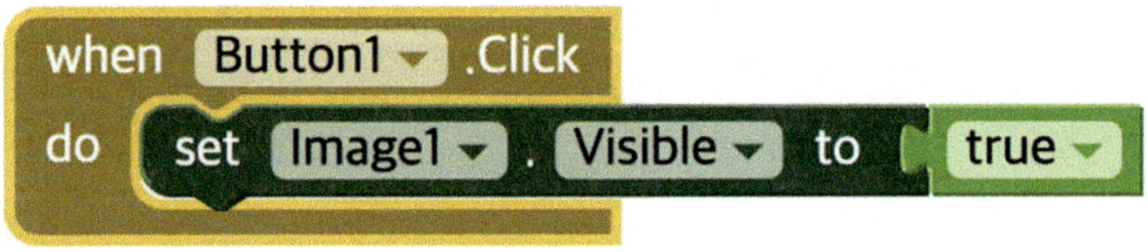

앱이 실행되고 Button1을 클릭하면 image1에 업로드되어 있는 이미지가 나타나게 될 것이다. 이와 같이 앱인벤터 프로그래밍은 다양한 컴포넌트들을 어떻게 배치하고 디자인할 것인가 하는 문제가 제일 우선적으로 해결해야 하고 다음으로 배치된 컴포넌트들을 어떻게 이벤트들과 결합하여 프로그래밍할 것인가 하는 부분이 중요한 포인트라고 할 수 있겠다.

인공지능 관련 모듈 추가

인공지능 모듈을 앱인벤터에 추가하기 위한 과정을 살펴보면 다음과 같다. 앱인벤터 공식 홈페이지에서 Educators 메뉴 아래에 있는 AI with App Inventor 메뉴를 클릭하면 인공지능을 활용한 앱인벤터 예제들을 학습할 수 있도록 되어 있다.

또한 앱인벤터에 추가할 수 있는 extensions은 https://mit-cml.github.io/extensions/에서 제공하고 있다.

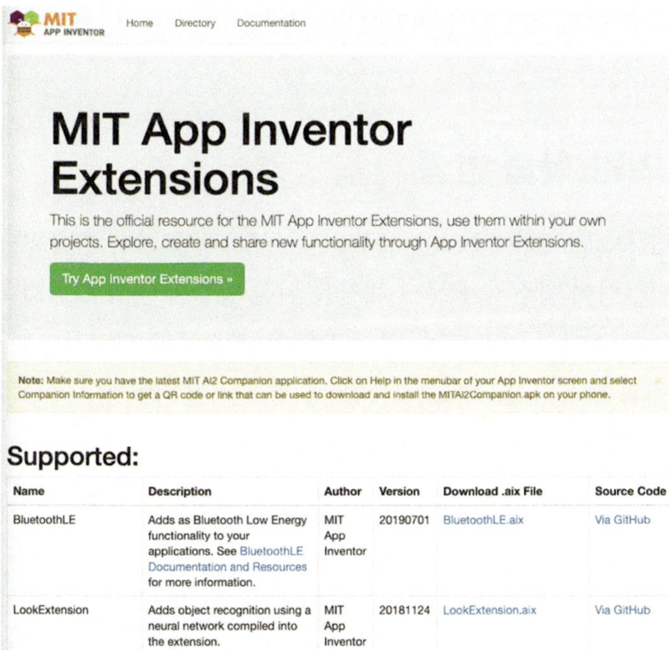

그림 10.14 앱인벤터 Extensions 제공화면

10.3 나만의 인공지능 앱 제작

1 학습 환경 설정

먼저 앱인벤터에서 제공하고 있는 LookExtesnion.aix 모듈을 활용하여 스마트폰의 영상을 통해 입력된 소스가 어떠한 종류에 해당하는지 알려주는 앱을 제작하도록 한다.[1]

2 디자인 기반 학습 방법

디자인 기반 학습(Design Based Learning, DBL)은 프로젝트 기반 학습 및 문제 해결 기반의 학습에서 발전하여 학습자가 문제 해결을 위한 방법을 찾아 일반화하기까지의 과정을 프로세스화 한 것이라 간주할 수 있다. DBL은 학습자가 실질적으로 만들어 낼 수 있는 프로젝트 결과물을 디자인하고 학습할 때 주로 사용되며 21c 학습자에게 요구되는 비판적인 사고, 커뮤니케이션, 협업, 창의성을 향상시키기 위한 학습에 많이 활용되고 있는 방법이다.[2] 또한 교재에서는 DBL 기반으로 앱 제작 학습과정을 다음과 같이 제시하였다.

표 10.1 DBL 기반 앱 제작 학습 과정

문제공감	→	해결요소 정의	→	앱 아이디어	→	앱디자인	→	앱 개발과 테스트

교재에서는 앱인벤터 홈페이지에서 제공하고 있는 Introduction to Machine Learning: Image Classification의 내용을 기반으로 응용하였다.[3]

1. https://appinventor.mit.edu/explore/resources/ai/image-classification-look-extension
2. D.school(2020). https://dschool.stanford.edu/
3. https://appinventor.mit.edu/explore/resources/ai/image-classification-look-extension

DBL 학습 과정별 주요 내용 보기

머신러닝 모듈인 LookExtension.aix 파일을 추가하여 실습할 수 있는 환경이 이루어졌다고 보고 설계한 DBL 학습 과정에 따라 앱을 제작하는 내용을 살펴보도록 한다.

표 10.2 학습과정에 따른 세부내용

단계	세부 내용
문제 공감	• 시력이 안좋은 친구를 위해 생활 속에 있는 사물에 대한 이미지를 분류해서 알려주거나 간단한 사물 찾기가 가능한 앱 제작
해결 요소 정의	• 이미지 분류를 위해 필요한 것 생각하기 • 이미지 분류 처리를 위해 필요한 과정 • 필요한 컴포넌트와 모듈을 연결하기
앱 아이디어	• 친구를 위해 시각적으로 큰 화면 제공 • 몇 번의 터치(클릭)만으로 말해주는 기능 탑재 • 결과에서 분류해서 2개의 결과 값 알려주기 • 간단한 사물 찾기 퀴즈 앱 만들기
앱 디자인	• 컴포넌트의 사용 편리함을 고려한 디자인
앱 개발과 테스트	• LookExtension 모듈 사용 • 배치한 컴포넌트 연결과 테스트 • 음성으로 알려주기 기능 테스트 • 팝업으로 찾기 위한 사물을 알려주는 기능

LookExtension 모듈 추가하기

일반적으로 앱인벤터에서 확장 모듈을 추가하려면 extensions을 검색한 후 Extensions 페이지에서 LookExtension.aix 파일을 다운로드받는다.

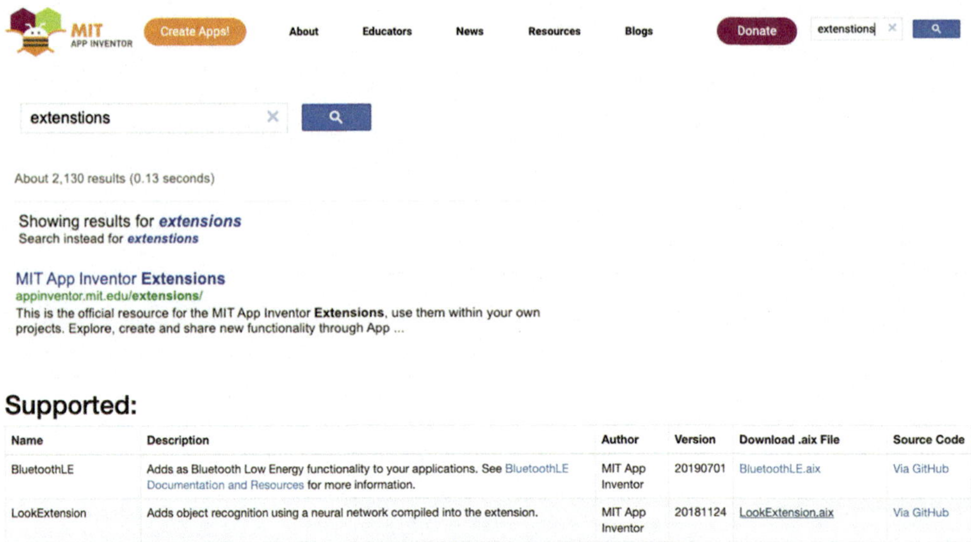

그림 10.15 앱인벤터 Extensions 검색 후 LookExtension.aix 다운로드

새 프로젝트를 생성한 다음 Designer > Palette의 Extension에서 Import extension을 클릭하여 다운로드 받은 LookExtension.aix 파일을 추가한다. 보다 최신 파일을 다운로드 받으려면 앱인벤터 홈페이지에서 제공하는 WhatIsItTutorial.aia 파일을 프로젝트에서 Import시켜서 소스 파일을 수정하면 된다.

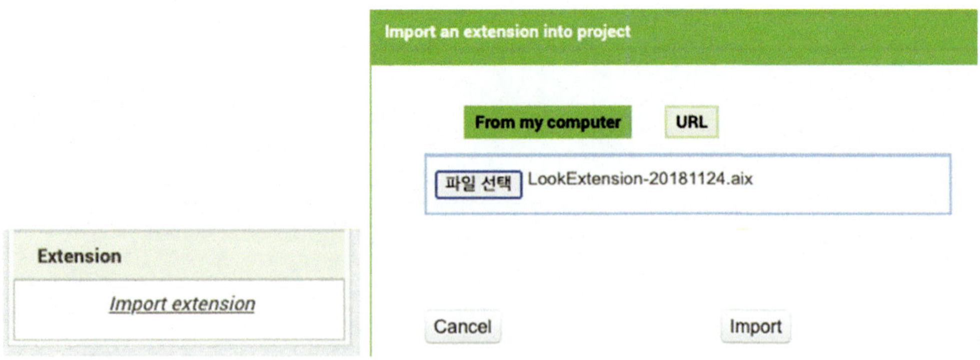

그림 10.16 앱인벤터 Extension 추가하기 화면

3 학습 과정별 주요 내용

문제공감

생활 속에 시력이 안 좋은 친구를 위해서 스마트폰으로 촬영한 소스(사물)가 어떠한 것인지 알려주는 앱을 제작한다.

해결 요소 정의

그렇다면 이 문제를 해결하기 위해 필요한 요소가 무엇인지 다음과 같이 구조화해서 제시하였다.

- 이미지 분류를 위해 필요한 것 생각하기
- 이미지 분류 처리를 위해 필요한 과정
- 필요한 컴포넌트와 모듈을 연결하기

첫째, 이미지 분류를 위해 필요한 것은 LookExtension 모듈을 추가하는 것이 필요하다. 그리고 실제 앱이 어떻게 동작할 것인지에 대한 고민도 필요하다.

둘째, 이미지 분류 처리를 위해 필요한 과정을 생각해 보자. 실제 앱을 어떻게 사용하게 될 것인지를 상상하면서 마인드맵 등으로 시각화하여 표현하면 더욱 쉽게 제시할 수 있다.

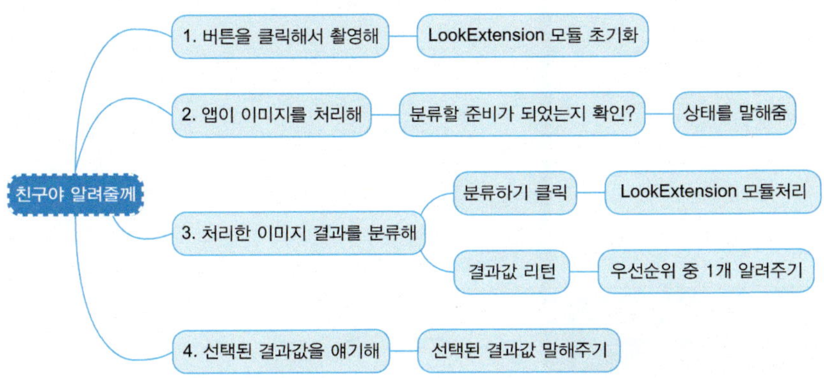

또한 사물 찾기 퀴즈를 만들기 위해 퀴즈에 들어갈 항목을 정리할 리스트를 만들고 이를 표시할 수 있는 구조를 생각해 본다.

셋째, 필요한 컴포넌트들을 생각해보고 어떻게 연결할 것인지 고민한다.

앱 아이디어

앱 제작을 위해서 실질적으로 필요한 아이디어를 개인별이나 팀원들이 모여 협력해서 결과를 제시할 수 있도록 다양한 공간, 충분한 시간을 제공하도록 하며 그러한 과정을 통해 얻은 아이디어를 다음과 같이 제시해 보았다.

- 친구를 위해 시각적으로 큰 화면 제공
- 몇 번의 터치(클릭)만으로 말해주는 기능 탑재
- 결과에서 분류해서 1개 또는 2개의 결과 값 알려주기
- 사물 찾기 퀴즈 진행이 가능한 알고리즘 만들기

앱 디자인

화면은 앱 아이디어의 내용을 반영하여 다음과 같이 디자인하도록 한다.

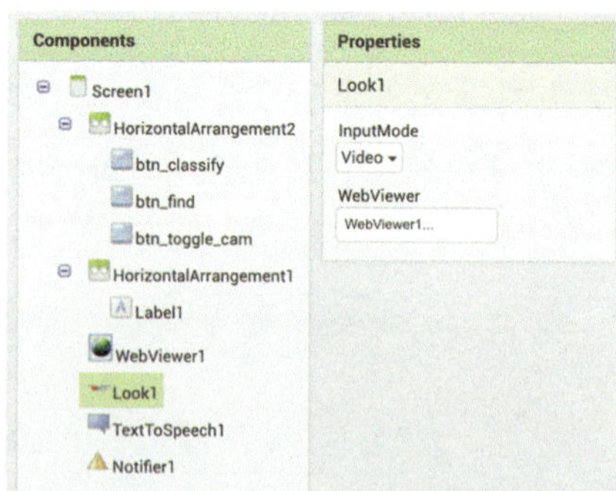

- Look1 Extension 모듈의 세부 설정에서 WebViewer 속성은 추가한 WebViewer1를 연결
- 버튼 이름: btn_classify, btn_find, btn_toggle_cam
- 팝업 안내: Notifier1
- 레이블 이름: Label1, 현황
- 레이블은 HorizontalArrangement1 레이아웃 속에 넣어서 시각적으로도 인지할 수 있도록 안내

그림 10.17 앱인벤터 디자인 예시

앱 개발과 테스트

첫째, 이미지 분류시 에러가 발생할 경우 처리할 부분에 대해서 프로그래밍해야 한다.

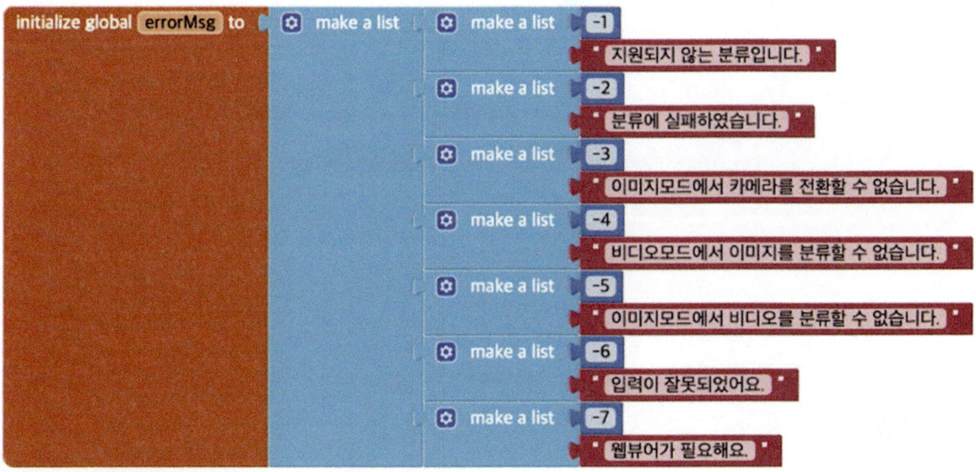

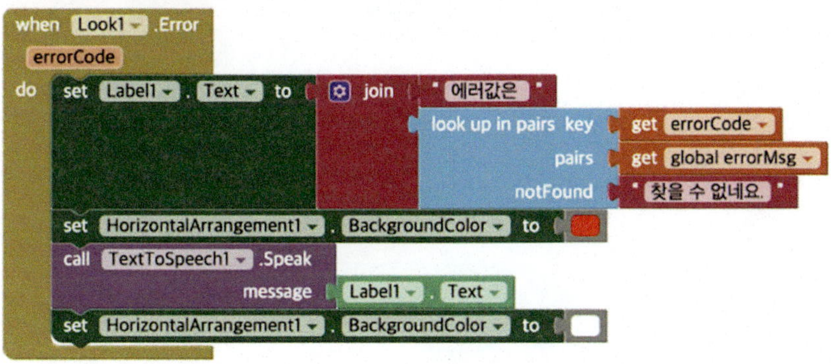

SpeechLabel과 같이 반복되는 부분은 프로시저로 처리하였고 특히 에러가 발생할 경우 HorizontalArrangement1 컴포넌트의 BackgroundColor의 색깔을 빨간색으로 변경해 줌으로써 시각적으로도 인지할 수 있도록 수정하였다.

둘째, 이미지를 인식하기 위하여 카메라를 전환할 수 있는 기능과 이미지를 분류할 준비가 되었을 때 처리할 내용이다.

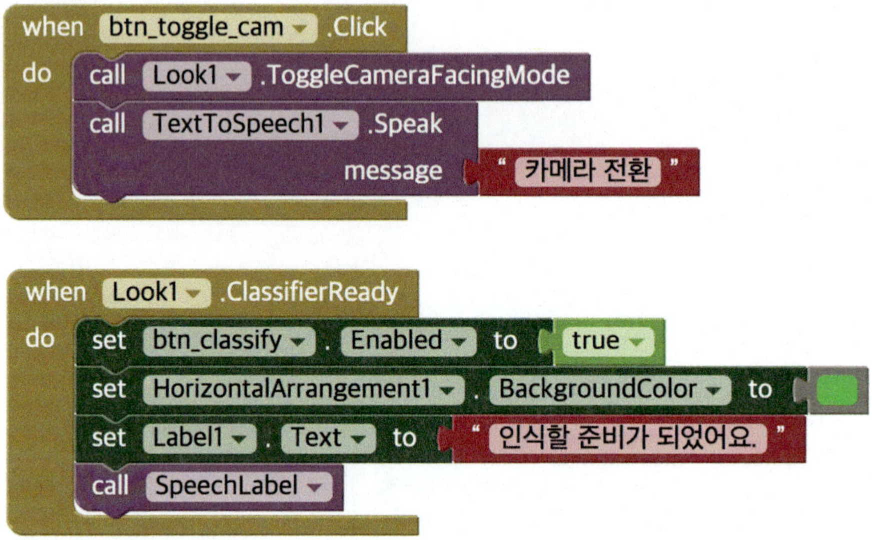

이미지를 분류할 준비가 되었으면 btn_classify의 버튼을 활성화하고 해당 내용을 음성으로 안내할 수 있도록 TextToSpeech1.Speak를 통해서 메세지를 전달한다. 앱인벤터에서 기본적으로 제공하고 있는 컴포넌트를 활용하였다.

셋째, 이미지 분류가 끝났을 때 결과 값을 처리할 부분이다.

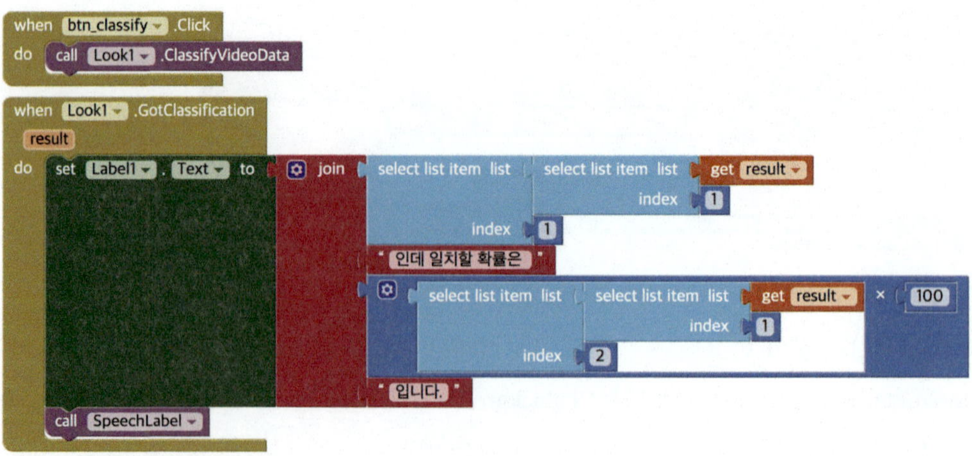

btn_classify 버튼을 클릭하면 Look1.ClassifyVideoData를 호출하여 이미지를 인식시킨다. Look1.GotClassification에 결과 값이 들어오면 다음과 같은 절차로 결과 값을 처리한다.

넷째, 간단한 사물 찾기 퀴즈를 위해 필요한 알고리즘이다.

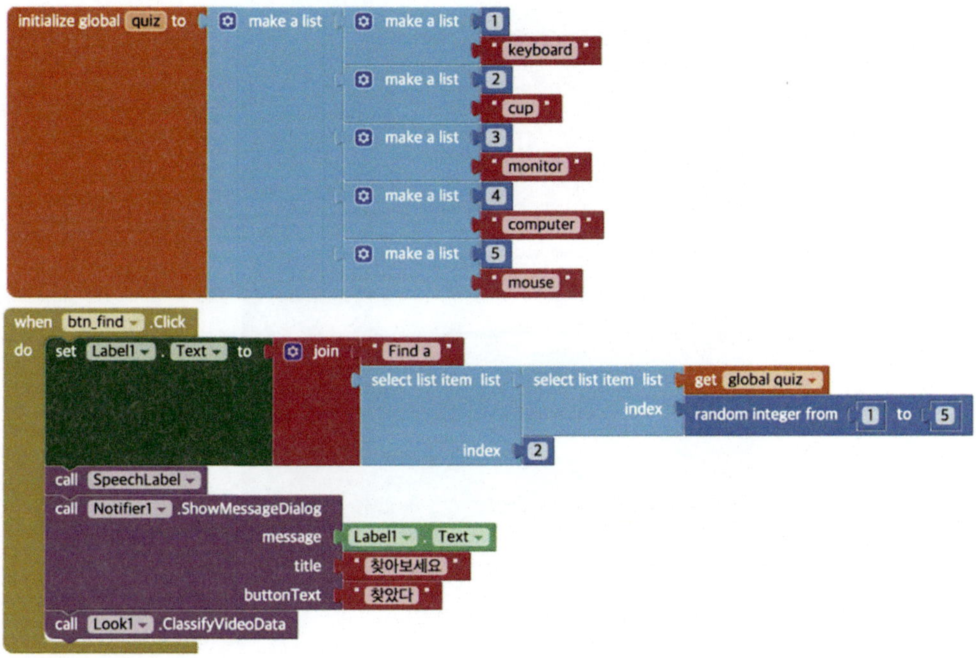

퀴즈에 들어갈 사물의 항목들을 quiz 리스트에 넣어주고 find 버튼을 클릭하면 quiz 리스트에 있는 것 중의 하나를 랜덤으로 가져와서 말해주고, 팝업으로 나타내 준 다음 비디오로 인식시킨다.

다섯째, 실제 사물은 다음과 같은 과정으로 인식되어 알려준다.

먼저 키보드를 인식했다고 가정하면 우선 순위 첫 번째의 결과 값은 예를 들어 'keyboard 0.280393'으로 인식된다. 여기서 인식된 array의 첫 번째 값인 keyboard를 추출하고 '인데 일치할 확률은' 텍스트와 결합시킨다. 다음으로 result array의 두 번째 결과 값인 확률 값을 퍼센트 단위로 변경하기 위한 처리를 해주고 '입니다'를 붙여주고 Label1.Text의 text 값에 추가로 결합한다. 마지막으로 Label1.Text 값을 TextToSpeech1.Speak를 통해서

읽어주도록 프로그래밍한다. 앱의 이름은 '친구야 알려줄께'로 설정하였다.

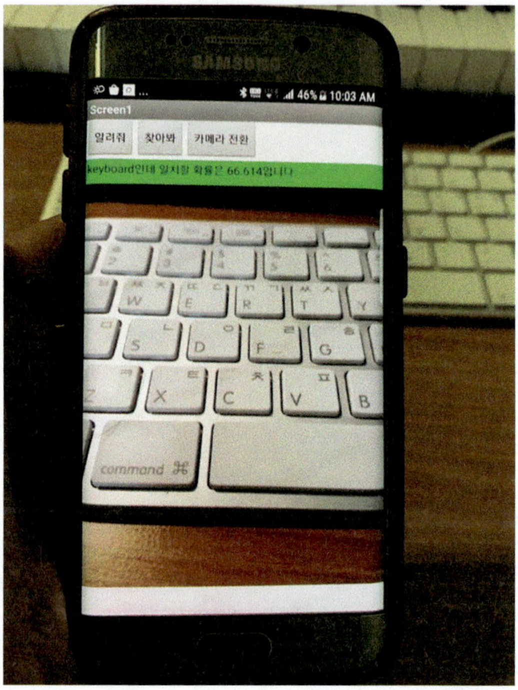

그림 10.18 친구야 알려줄께 앱 제작 예시

10.4 결론 및 요약

생활 속에서 일시적으로 도움이 필요한 친구를 위해 머신러닝 기술 기반의 앱인벤터 앱 제작을 하였으며 다음과 같은 기능을 가지고 있다.

- 이미지를 인식하고 분류할 수 있는 기능
- 인식한 이미지의 일치할 확률을 퍼센트로 변경하여 알려주는 기능
- 인식한 이미지를 시각적으로 안내하는 것과 더불어 음성으로 알려주는 기능
- 간단한 사물 찾기 퀴즈 기능

이를 위해 주요하게 필요했던 모듈은 LookExtension 모듈과 TextToSpeech 컴포넌트이다. 또한 이미지 인식을 위해 카메라 모듈을 사용해야 했고 이를 실행할 수 있는 WebViewer 컴포넌트가 필요하였다. 예제를 통해 관련된 사용법을 익히고 다른 추가 모듈들과 결합하여 활용할 수 있도록 다양한 연습이 필요하다.

사실 앱 아이디어 단계에서 고민하고 생각했던 부분에 대해 보다 더 나은 사용자 경험을 유도할 수 있도록 실제 교육현장에서 세밀한 지도가 필요하다. 특히 문제를 공감하기 위해 교사는 문제를 분석하고 구조화할 수 있는 전략과 학습 활동들이 필요하다.

또한 학생들이 만들고자 하는 앱이 일상 생활에서 실질적인 문제들을 해결할 수있는 방향을 제시하거나 지원할 수 있는 교사의 능력이 필요하며 앱을 제작하는 과정에서 개인의 삶과 더불어 공동체의 삶에 영향을 줄 수 있는 가치들을 발견할 수 있도록 지도하는 것 또한 주요하게 다루어야 하는 부분이다.

10.5 연습문제

1. 원리를 알아보자.

   – 디자인 기반 학습과 프로그래밍 절차에서 우리가 이해하기 어려웠던 부분은 무엇인가?

   – 실제 앱에서 이미지를 인식할 때 결과가 다르게 나타나거나 오류가 발생한 원인은 무엇인가?

   – 음성으로 안내할 수 있는 더 좋은 방법은 없을까?

   – 퀴즈 게임을 보다 편리하게 하려면 어떻게 해야 할까?

2. 새로운 문제를 발견하자.

   – 제작한 앱을 기초로 해서 나의 삶이나 우리 공동체에 더 나은 영향을 줄 수 있는 앱 제작 아이디어를 적어보자.

CHAPTER 11

로봇과 인공지능

박선주(광주교대)

학습목표

- 엔트리와 MakeCode를 사용하여 마이크로비트 기반 프로그래밍하기
- 마이크로비트를 이용한 AI 프로젝트 만들기

11.1 개요

로봇은 크게 산업용 로봇과 서비스 로봇으로 분류한다. 산업용 로봇은 각 산업 제조현장의 제품생산에서 출하까지 공정 내 작업을 수행하기 위한 로봇이며, 서비스 로봇은 재난, 헬스케어, 의료, 실버, 교육, 국방, 건설, 해양, 농업 등 인간의 생활범주에서 제반 서비스를 제공하는 로봇이다. 산업용 로봇은 2011년부터 매년 평균 14% 이상씩 증가하고 있으며, 서비스 로봇도 2019년부터 25.34%의 연평균 성장률을 기대하고 있다. 현재 로봇 기술의 융·복합화를 통해 산업용과 서비스 로봇의 경계가 점차 모호해지고 있으며, 인공지능 기술과 결합하여 외부 환경을 인식하고 스스로 상황을 판단하여 자율적으로 동작하고 반응하는 지능형 로봇 개발이 활발하게 진행되고 있다.

모든 산업 분야에 AI가 활용되고 있듯이 교육 분야에서도 로봇 등을 이용한 AI 교육의 필요성이 점점 커지고 있다. 음성 인식, 안면 인식, 물체 인식, 챗봇 기능 등 다양한 센서를 부착하여 서비스되는 AI 코딩 로봇, AI 휴머노이드 로봇 등이 출시되고 있다. 또한, 학생들이 SW 교육에서 사용하고 있는 교육용 프로그래밍 언어인 엔트리, 스크래치, 파이썬 등에서 아두이노, 라즈베리파이, 마이크로비트와 같은 피지컬 컴퓨팅 도구를 쉽게 연결할 수 있으므로 엔트리 등에서 제공되는 AI 기능을 활용하여 AI 개발을 체험할 수 있으며, 교육용 보드에 AI를 제공하는 센서 등을 부착하여 AI를 개발해 볼 수도 있다.

그러므로 본 장에서는 교육용 보드중 마이크로비트를 사용하여 AI 학습 모델과 이미지 인식 기능을 활용하여 얼굴 인식 도어락을 만들어 보고자 한다.

11.2 마이크로 비트

마이크로 비트(Micro Bit, BBC Micro Bit, micro:bit)는 영국방송공사(BBC)에서 SW 교육용으로 설계된 4×5 cm 크기의 오픈소스 하드웨어이다. ARM Cortex-M0 프로세서, 가속도계 센서, 자기장 센서, 블루투스, 25개의 LED, 2개의 버튼을 갖추고 있으며 USB 또는 외장 배터리 팩을 통해 전원을 공급받을 수 있다. 그림 11.1과 그림 11.2는 마이크로 비트 앞면과 뒷면 모습이며 각 명칭 및 기능은 다음과 같다.

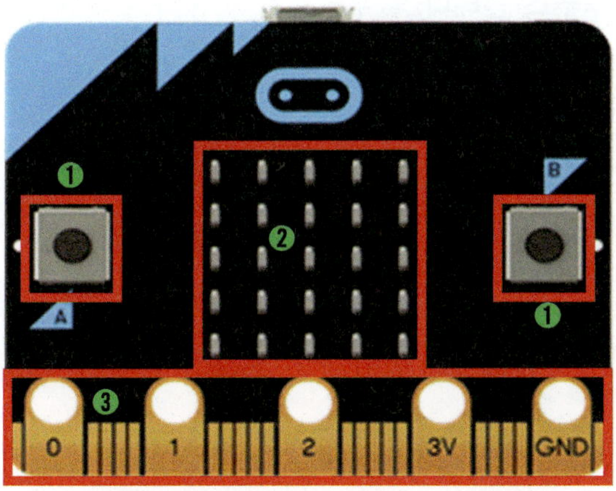

그림 11.1 마이크로 비트 앞면

❶ **A/B 버튼**: A와 B로 표기된 버튼은 별도로 또는 함께 사용할 수 있다.

❷ **LED 매트릭스**: 5×5 LED 매트릭스를 통해 숫자, 문자 및 그림을 출력할 수 있고, 센서 역할도 하여 마이크로 비트에서 빛의 양을 측정할 수 있다.

❸ **I/O핀**: 입출력을 위한 기능으로 악어 클립/케이블을 이용해서 센서, 엑추에이터, 그리고 디스플레이 등의 외부 하드웨어와의 연결이 가능하다. 0, 1, 2는 디지털/아날로그 입출력 단자이고, 3V는 전원 단자, GND는 접지를 의미한다. 또한 확장을 위한 20핀의 센서 비트 커넥터의 역할도 한다.

그림 11.2 마이크로 비트 뒷면

❶ **라디오 및 블루투스 안테나**: 블루투스를 사용하여 다른 장치와 통신하거나 마이크로 비트 간 통신에 사용한다.

❷ **프로세서 및 온도 센서**: 마이크로 비트의 핵심 소자인 애플리케이션 프로세서는 16 MHz의 ARM Cortex-M0 32비트 프로세서로 256 KB 플래시 ROM, 16 KB RAM과 온도 센서가 포함되어 있다.

❸ **나침반**: 지자기 센서를 통해 방위를 알 수 있으며 자기장의 강도를 측정한다.

❹ **가속도계 센서**: 3축 센서를 이용하여 이동 방향에 대한 중력 가속도, 기울기, 진동 등을 측정한다.

❺ **USB 포트**: 마이크로 비트로 프로그램을 다운로드하고 USB 인터페이스를 사용하여 전원을 공급하는 5핀 케이블 단자이며, 스마트폰 보조 배터리를 활용하여 전원을 공급할 수도 있다.

❻ **리셋 버튼**: 프로그래밍을 초기화한다.

❼ **배터리 연결 포트**: 외부 전원 및 배터리와 연결할 수 있는 포트로 어댑터를 통한 전원 공급이 가능하다.

11.3 마이크로 비트 연결하기

마이크로 비트를 PC와 연결하기 위해서는 USB 케이블을 마이크로 비트 상단의 USB 포트에 꽂고 케이블의 다른쪽 끝을 PC에 연결하면 마이크로 비트에 전원이 공급되고 자동으로 인식한다. PC와 연결하면 USB 저장 장치나 메모리처럼 PC에 'MICROBIT'라는 드라이브가 생성된다.

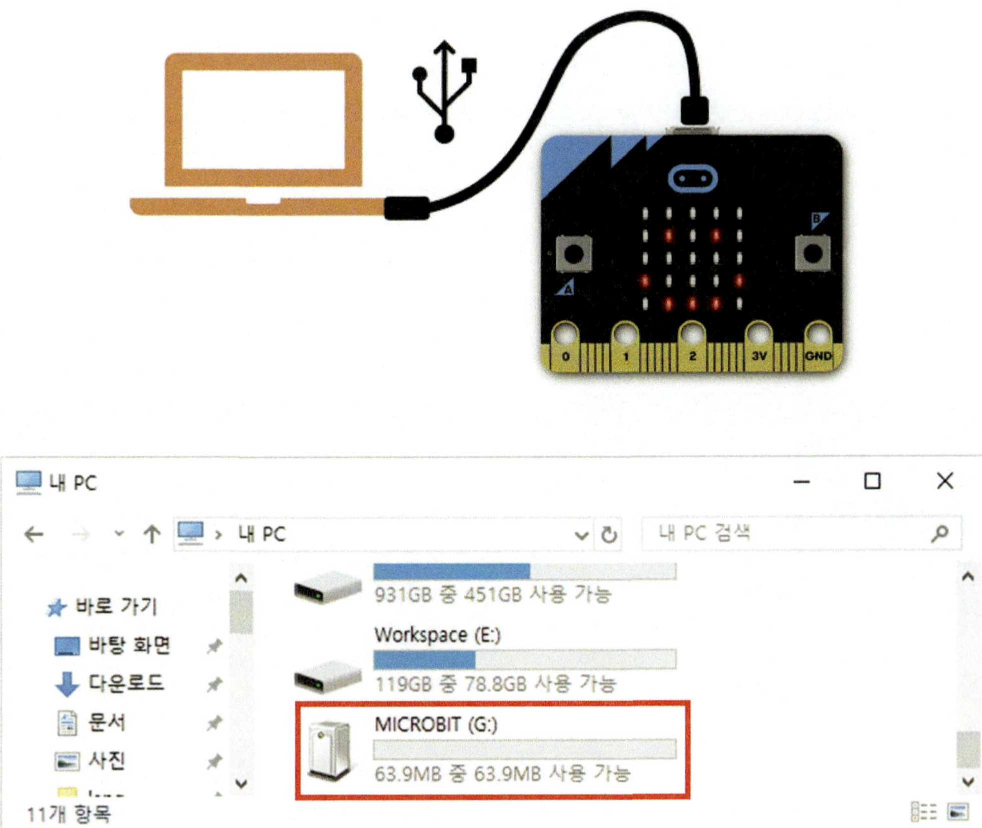

그림 11.3 마이크로 비트 연결하기(출처: https://microbit.org/get-started/first-steps/set-up/)

11.4 마이크로 비트 시작하기

마이크로 비트를 활용하여 프로그램을 개발하기 위해서는 MakeCode 편집기, 파이썬 에디터, 스크래치, MakeCode 모바일 등의 도구를 사용할 수 있다.

MakeCode는 Microsoft에서 개발한 개방형 프로그래밍 환경으로 블록 기반의 프로그래밍 인터페이스를 제공하여 스크래치, 엔트리를 사용해 본 사람에게는 친숙하며, 자바스크립트로 상호 변환이 가능하다. 파이썬 편집기는 파이썬을 사용한 텍스트 기반 프로그래밍 환경으로 확장성을 갖는 장점이 있다. 또한, microbit 앱을 설치하면 모바일 기기에서도 MakeCode를 사용하여 마이크로 비트를 프로그래밍할 수 있다. 이외에 엔트리, mblock, kittenblock 등 다양한 프로그래밍 도구에서도 마이크로비트와 연결하여 프로그래밍할 수 있도록 지원하고 있다.

그림 11.4는 MicroSoft MakeCode의 화면 구성이다.

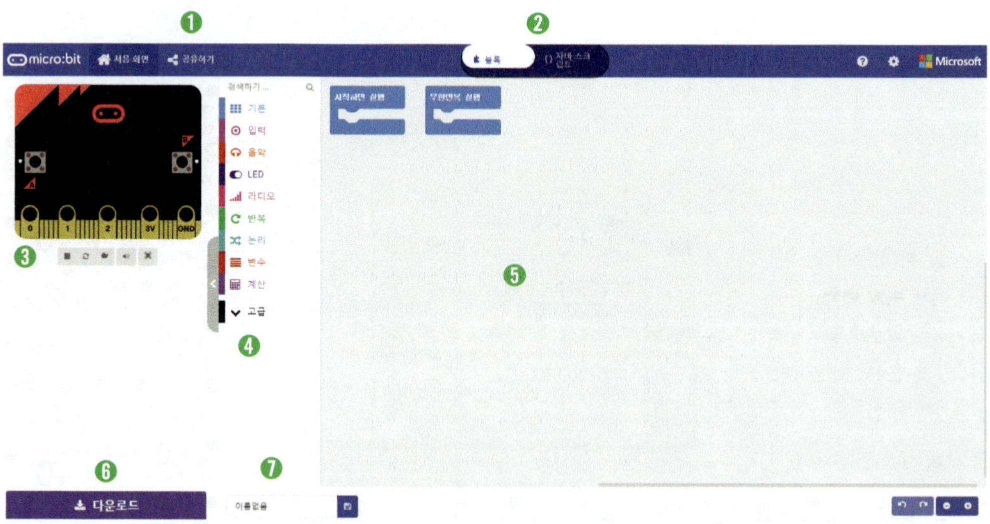

그림 11.4 MakeCode 화면 구성

❶ 프로젝트를 공유할 수 있다.

❷ 블록 코딩과 텍스트 코딩으로 전환된다.

❸ 마이크로 비트가 없더라도 결과를 바로 확인할 수 있는 시뮬레이터이다.

❹ 블록이 카테고리별로 정리되어 있다.

❺ 프로그래밍 하는 공간이다.

❻ 프로그램을 .hex 파일로 다운로드한다.

❼ 프로그램 이름을 입력하고 컴퓨터에 저장한다.

11.5 마이크로 비트를 이용한 AI 프로젝트 만들기

인공지능은 사람의 얼굴을 구분할 수 있을까요? 이미지 데이터를 입력받아 학습한 후 이미지를 구분할 수 있는 AI 모델을 가지고 AI 프로젝트를 만들어 봅시다.

프로젝트 구성

분석 및 설계	기본	심화	발전
프로젝트를 위한 문제 상황 분석 및 프로그램 설계하기	강아지상 고양이상 판별기 만들기	얼굴 인식 도어락 만들기	나만의 도어락 만들기

1 (기본) 강아지상 고양이상 판별기 만들기

사람들의 얼굴 생김새를 보면 강아지와 더 닮은 사람을 강아지상이라 부르고 고양이와 더 닮은 사람을 고양이상이라 부른다. AI는 사람의 얼굴을 강아지상과 고양이상으로 구분할 수 있을까요? 인공지능을 이용하여 강아지와 고양이를 구분하는 프로그램을 작성하고 결과를 마이크로비트에 나타내는 프로그램을 제작해봅시다.

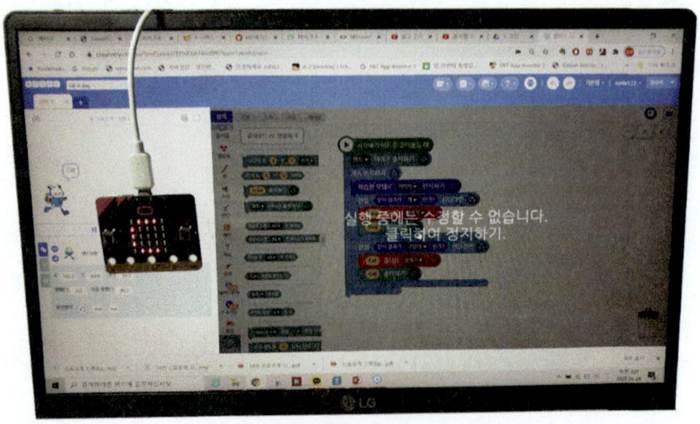

프로젝트 준비하기

① 준비물: 마이크로비트

② 프로그램 편집기: 엔트리

③ 핵심 블록

카테고리	블록	내용
인공지능	학습한 모델로 이미지▾ 인식하기	이미지를 입력하고 학습한 모델로 인식한다.
	인식 결과가 개▾ 인가?	입력한 데이터의 인식 결과가 선택한 클래스인 경우 '참'으로 판단한다.
하드웨어	하트▾ 아이콘 출력하기	마이크로비트 LED에 해당 아이콘이 출력된다.
	Hello 출력하기	마이크로비트 LED에 해당 문자가 출력된다.

프로젝트 설계하기

❶ 문제 정의

사용자가 촬영하거나 가지고 있는 사진을 이용하여 강아지를 더 닮았는지 고양이를 더 닮았는지 판별하여 판별 결과를 LED에 출력한다.

❷ 문제 분해

문제 분해는 문제를 관리 가능한 수준의 작은 문제로 나누어 보는 것이다. 정의한 문제를 명령을 실행할 수 있는 최소한의 단위로 나누어 보면 그림 11.5와 같다.

입력	처리	출력
• 머신러닝을 위한 클래스 생성 • 클래스별 훈련 이미지 입력	• 훈련 데이터를 기반으로 AI 모델 학습시키기	• AI 모델 생성
• 사용자 사진 입력	• AI 학습 결과와 사용자 입력 사진 비교	• AI 모델의 결과값 출력

그림 11.5 강아지상 고양이상 판별기 프로그램 과정

입력 단계에서는 인공지능의 학습에 필요한 강아지 사진과 고양이 사진을 입력한다. 또한, 판별 프로그램에서 사용할 사용자 사진을 입력한다. 인공지능의 입장에서는 입력된 강아지 사진과 고양이 사진을 학습하여 강아지와 고양이를 구분하게 된다. 이 결과를 통하여 사용자가 입력한 사진과 비교하여 강아지인지 고양이인지 판별한다. 판별 결과에 따라 마이크로비트의 LED 매트릭스에 결과를 출력한다.

프로젝트 만들기

❶ 마이크로비트와 엔트리 연결하기

크롬 브라우저로 엔트리(https://playentry.org/)에 접속하여 엔트리를 실행한다. 엔트리 편집기에서 [하드웨어] 카테고리에서 [연결프로그램 다운로드]를 선택하여 '엔트리 하드웨어'를 설치한다. '엔트리 하드웨어'를 실행하여 연결할 하드웨어 목록중 '마이크로비트'를 선택하고 펌웨어를 설치하면 엔트리의 [하드웨어] 카테고리에 관련 블록들이 추가된다.

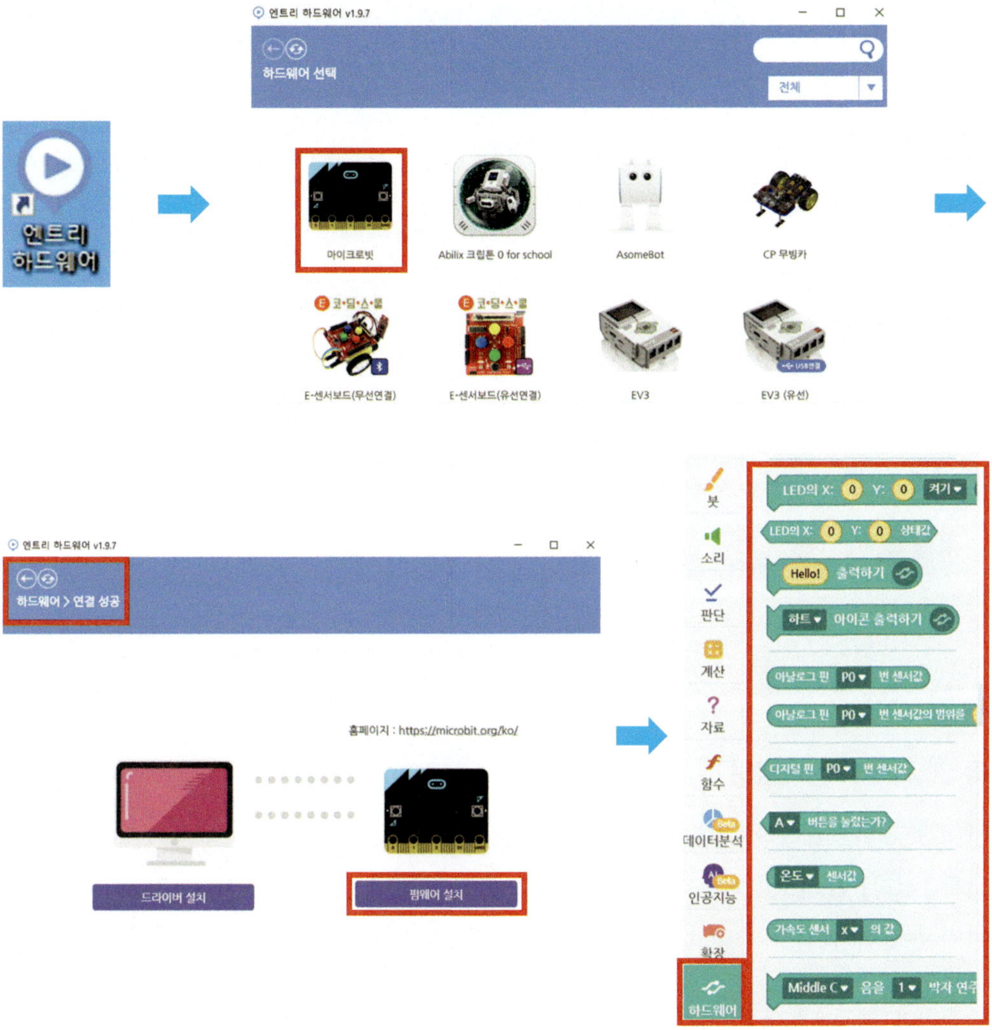

그림 11.6 '엔트리 하드웨어'로 마이크로비트와 엔트리 연결하기

❷ 학습 모델 만들기

강아지와 고양이의 이미지를 판별하는 모델을 만들기 위해 이장에서는 엔트리에서 [인공지능] 카테고리의 [모델 학습하기] 기능을 이용하여 클래스를 만들고 개와 고양이 이미지를 해당 클래스에 업로드한 후 모델을 학습시킨다. 학습된 모델을 추가하면 [인공지능] 카테고리에 해당 블록이 추가된다.

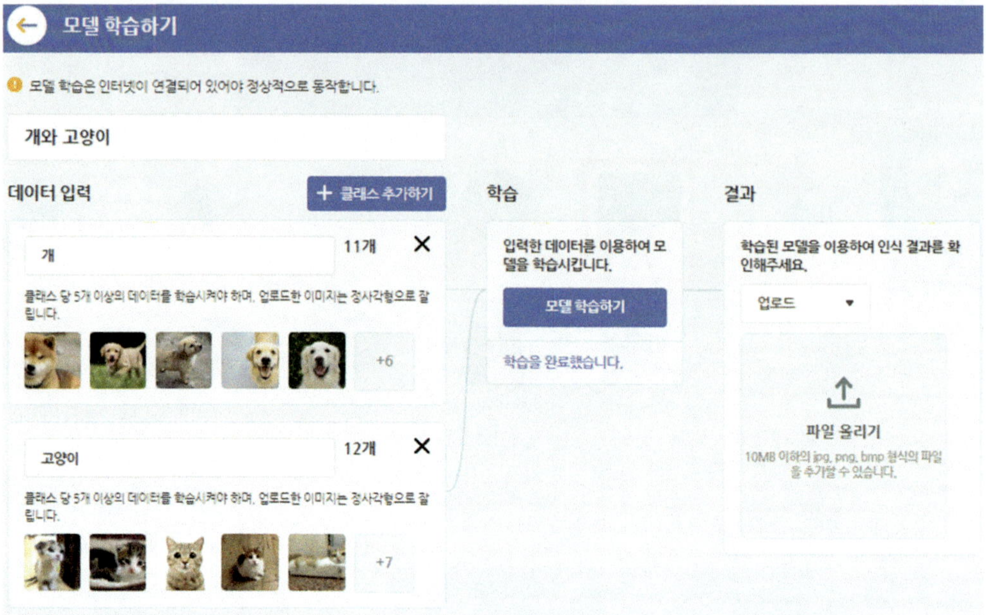

그림 11.7 개와 고양이 모델 학습하기

❸ 엔트리에서 코딩하기

마이크로 비트가 연결되었으면 최초 동작으로 마이크로 비트에 하트 아이콘이 출력되도록 [시작] 카테고리의 [시작하기 버튼을 클릭했을 때], [하드웨어] 카테고리의 [하트 아이콘 출력하기]를 차례로 프로그래밍 영역에 옮겨놓는다.

학습한 모델로 내 사진을 인식하기 위해 [인공지능] 카테고리에서 [학습한 모델로 이미지 인식하기] 블록을 옮겨놓는다.

인식한 이미지가 개이면 마이크로 비트 LED에 'Dog'를 출력하고, 고양이이면 마이크로 비트 LED에 'Cat'를 출력하도록 프로그래밍 한다. [하드웨어] 카테고리에서 [인식 결과가 개인가?] 블록과 [Hello 출력하기] 블록, [흐름] 카테고리의 [만약 ~ 이라면] 블록을 이용한다.

완성된 코딩

시작하기 버튼을 클릭했을 때
하트 아이콘 출력하기
계속 반복하기
학습한 모델로 이미지 인식하기
만일 인식 결과가 개 인가? (이)라면
Dog 을(를) 말하기
Dog 출력하기
만일 인식 결과가 고양이 인가? (이)라면
Cat 을(를) 말하기
Cat 출력하기

2 (심화) 얼굴 인식 도어락

주인 얼굴을 학습하여 주인인 경우 비밀번호를 입력하면 문을 열어주는 얼굴 인식 도어락을 만들어 봅시다.

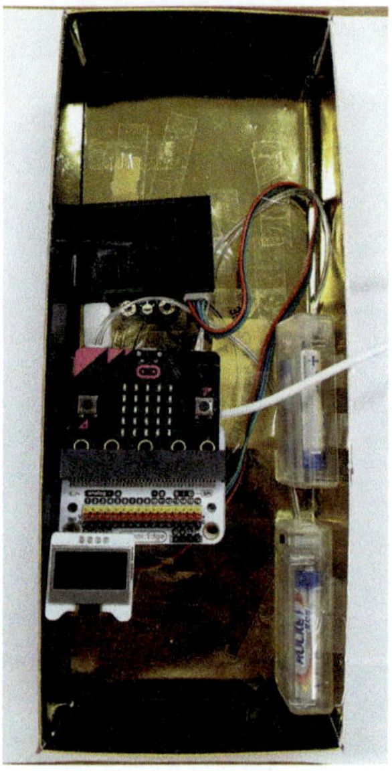

프로젝트 준비하기

① 준비물: 마이크로비트 2개, USB 케이블, HuskyLens, OLED, 배터리

② 프로그램 편집기: MakeCode

③ 사용하는 센서

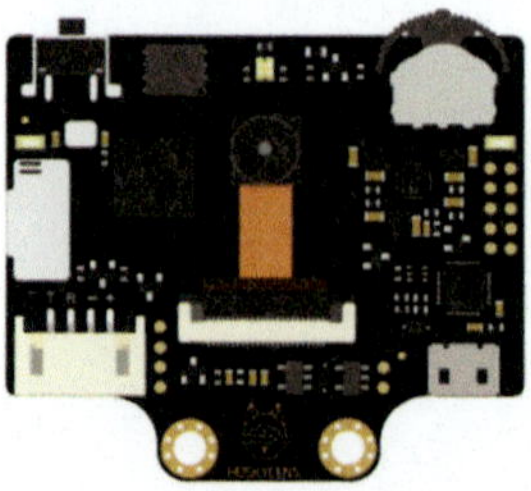 	HuskyLens로 주인 얼굴을 학습한 후 주인 얼굴을 인식하면 1차 인증을 통과한다

	IIC OLED는 화면에 텍스트를 출력해준다. 마이크로비트의 자체 LED 스크린보다 많은 내용을 출력할 수 있다.
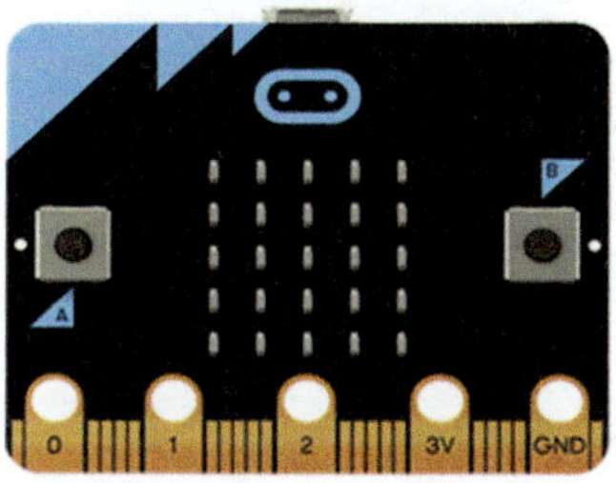	마이크로비트 A, B 버튼을 사용하여 비밀번호를 입력하면 도어 비밀번호와 비교하여 일치하면 문이 열린다.

④ 핵심 블록

카테고리	블록	내용
T 문자열	연결한 문자열: "Hello" "World" ⊖ ⊕	어떤 문자열에 다른 문자열을 연결시켜, 하나의 긴 문자열을 만들어 낸다.
◉ 입력	A ▾ 누르면 실행	A 버튼, B 버튼, A 버튼과 B 버튼이 함께 눌린 경우 실행한다.
HuskyLens	HuskyLens change Face Recognition ▾ algorithm until success	HuskyLens가 얼굴인식 기능이 되도록 변환한다.
	HuskyLens get from result ID 1 box ▾ in picture?	얼굴을 인식한 상자의 ID번호가 1인가?
라디오	라디오 그룹을 1 로 설정	라디오 송수신에 사용할 라디오 그룹 ID를 설정한다.

프로젝트 설계하기

❶ 문제 정의

주인의 얼굴을 자동으로 인식하여 도어 비밀번호를 입력하면 문을 열어준다.

❷ 문제 분해

문제 분해는 문제를 관리 가능한 수준의 작은 문제로 나누어 보는 것이다. 정의한 문제를 명령을 실행할 수 있는 최소한의 단위로 나누어 보면 그림 11.8과 같다.

입력	처리	출력
• 얼굴 이미지 데이터 입력 및 학습 • 비밀번호 입력	• AI 학습 결과와 사용자 얼굴 비교 • 도어 비밀번호와 입력 비밀번호 비교	• 얼굴 비교 후 1차 인증 결과 출력 • 2차 인증 후 인증 결과 출력

그림 11.8 얼굴 인식 도어락 프로그램 과정

인공지능으로 얼굴을 학습시켜 학습한 이미지와 사용자 이미지를 비교하여 문을 여는 프로그램이다. 먼저 얼굴 인식을 통하여 문을 열 것인지 결정하고 1차 인증이 끝나면 마이크로비트의 버튼을 사용하여 비밀번호를 입력한다. 비밀번호가 일치하면 2차 인증을 마친다. 모든 인증을 통과하면 문이 열렸다는 메시지를 출력한다.

프로젝트 만들기

❶ 마이크로비트에 센서 연결하기

마이크로 비트 2개를 사용하여 문밖에 HuskyLens와 연결되는 마이크로 비트, 문안에 OLED를 연결한 마이크로 비트를 설치한다. HuskyLens는 얼굴 인식, 물체 추적, 물체 인식, 라인 추적, 색상 감지 및 태그 감지의 6가지 기능이 내장된 사용하기 쉬운 AI 머신 비전 센서로 UART/I2C 포트를 통해 아두이노, 라즈베리 파이 또는 마이크로 비트에 연결하여 사용할 수 있다.

센서 비트에 첫 번째 마이크로 비트를 삽입하고 배터리팩을 장착하여 별도로 작동할 수 있도록 한다. HuskyLens의 R, T, −, + 핀은 각각 센서 비트 하단의 CL, DA, G, V 핀에 연결한다. HuskyLens는 최대 3.3 V 320 mA 이상의 고전류를 소비하므로 마이크로 비트 보드에서 전원을 공급받기에는 충분하지 않다. 따라서 HuskyLens의 USB 커넥터에 외부 전원을 연결한다.

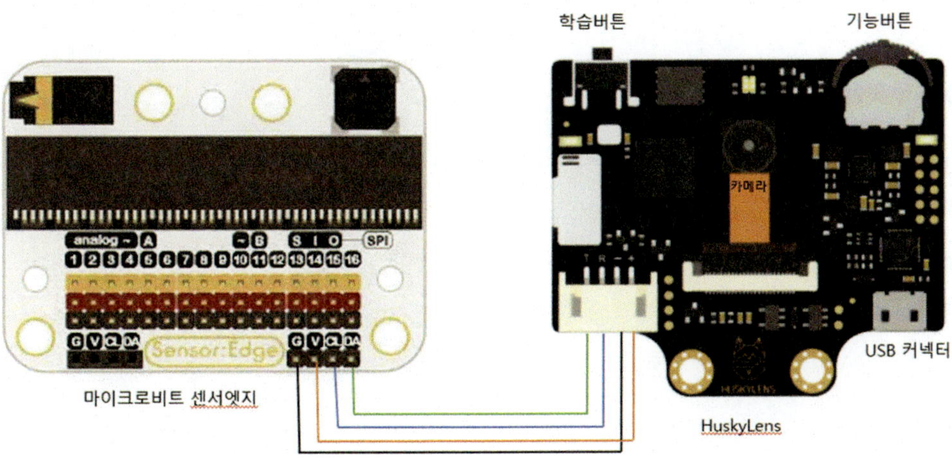

그림 11.9 첫 번째 마이크로비트와 HuskyLens 연결하기

IIC OLED도 두 번째 마이크로 비트의 센서 비트 하단의 G, V, CL, DA 4핀 커넥터에 꽂고 배터리팩을 장착하여 별도로 작동할 수 있도록 한다.

2개의 마이크로 비트는 라디오 센서를 통해 같은 그룹으로 설정하여 데이터를 송 · 수신할 수 있다.

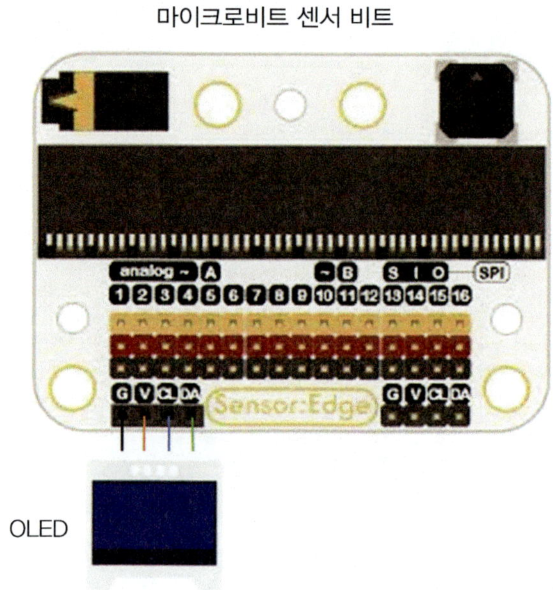

그림 11.10 두 번째 마이크로비트와 OLED 센서 연결하기

❷ HuskyLens 프로토콜 설정

HuskyLens와 마이크로 비트 간의 통신 프로토콜은 I2C이다. HuskyLens의 'General Settings'에서 'Protocol Type'을 'I2C'로 조정한 후, 기능 버튼을 왼쪽으로 눌러 'Save & Return'을 선택한 다음 데이터를 저장하고 종료한다.

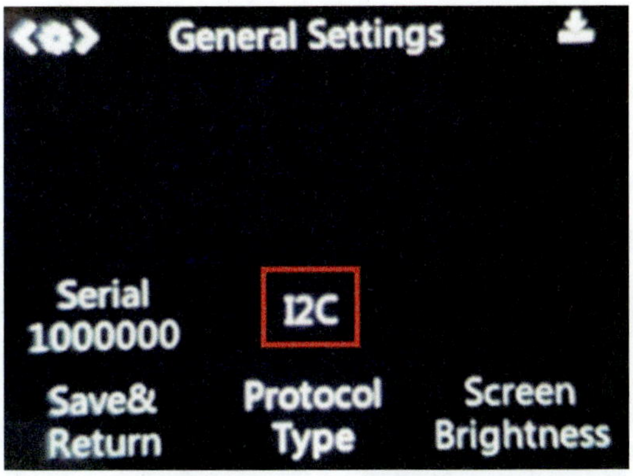

그림 11.11 HuskyLens 프로토콜 설정

❸ 얼굴 인식 및 학습시키기

기능 버튼을 돌려 HuskyLens 화면 상단에 'Face Recognition' 표시하여 얼굴이 감지되면 얼굴에 흰색 상자와 'Face'라는 단어가 표시된다.

얼굴에 '+' 기호를 가리키고 '학습 버튼'을 짧게 누르면 얼굴을 학습한다. '학습 버튼'을 계속 누르고 있으면 HuskyLens의 '+'가 다른 각도로 향하게 된다. 이 과정에서 얼굴에 'Face : ID1'이라는 노란색 프레임이 표시되어 HuskyLens가 얼굴을 학습하고 있음을 나타낸다. HuskyLens가 모든 각도에서 얼굴을 학습 한 후 '학습 버튼'을 놓는다. Huskylens가 학습된 얼굴을 감지하면 'Face : ID1'이라는 파란색 프레임이 표시되어 얼굴 학습 과정이 성공적으로 완료되었음을 나타낸다. 이제 HuskyLens는 다른 각도에서 얼굴을 인식할 수 있다.

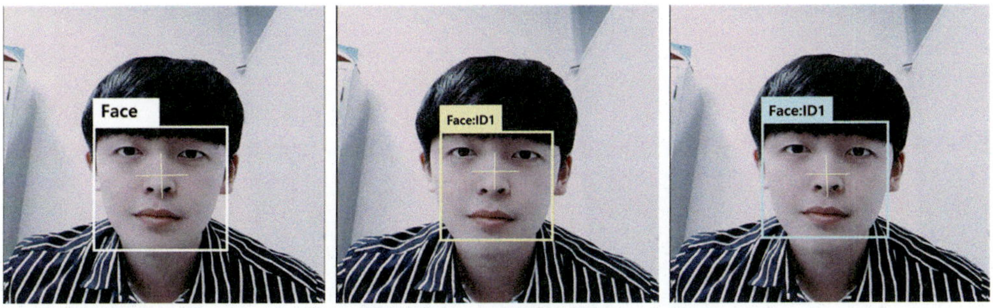

그림 11.12 얼굴 인식 및 학습시키기

그림 11.13과 같이 'Face Recognition'에서 'Learn Multiple'을 켜면 복수 개의 얼굴을 학습하여 인식할 수 있다.

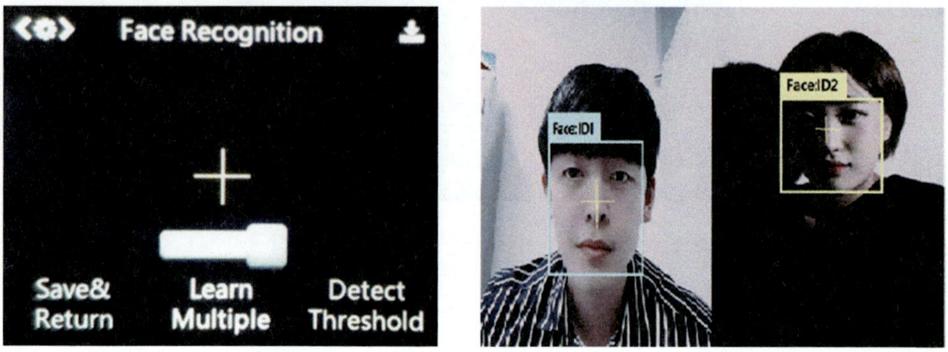

그림 11.13 여러 명의 얼굴 인식 및 학습시키기

❹ MakeCode에서 Huskylense 블록 추가

MakeCode를 실행하여 새 프로젝트를 생성한 다음 [고급]-[확장]을 선택하거나 오른쪽 상단에있는 톱니바퀴 아이콘을 클릭하고 '확장'을 선택한다.

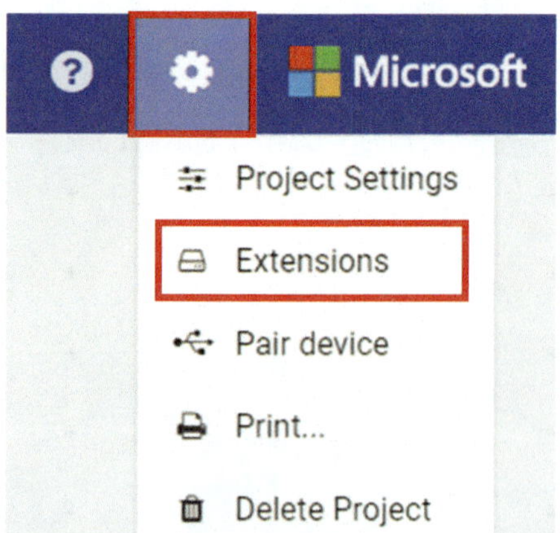

마이크로 비트의 MakeCode 라이브러리 주소(https://github.com/tangjie133/pxt-huskylens)를 검색 창에 입력하여 검색하면 Huskylens가 나오므로 이를 선택하면 Huskylens 블록이 삽입된다.

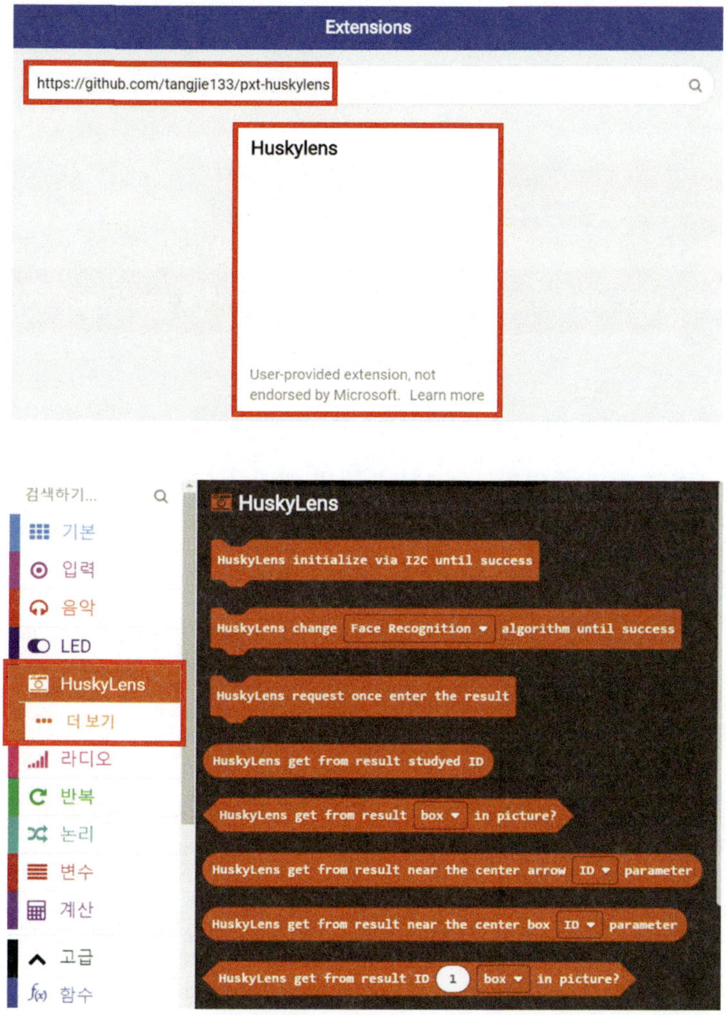

그림 11.14 MakeCode에서 Huskylense 블록 추가하기

❺ MakeCode에서 코딩하기

첫 번째 마이크로비트

라디오 그룹을 '1'로 설정하여 2개의 마이크로 비트 간에 데이터 송수신을 할 수 있도록 한다.

[변수] 카테고리에서 [변수만들기]를 선택하여 변수이름을 입력하면 변수가 생성된다. 입력한 비밀번호 '입력' 변수를 생성한다.

[시작하면 실행] 블록에 HuskyLens를 초기화하고 얼굴인식 기능으로 변환하는 블록을 넣는다.

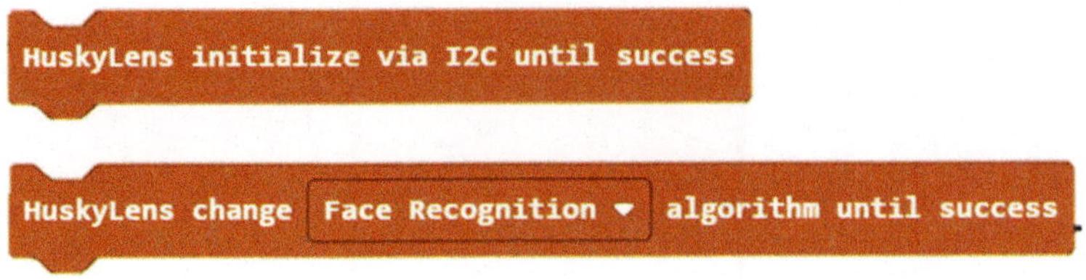

HuskyLens가 얼굴 인식 결과 값을 받기 위해 준비하고 요청하며, 만일 그 결과 값이 얼굴 상자의 ID 1번 값이면 주인이므로 1차 통과의 의미로 LED에는 하트 모양을 출력하고 ID 번호 숫자를 라디오 전송한다. 그렇지 않으면 주인이 아니므로 LED에 X를 출력하고 숫자 0을 라디오 전송한다.

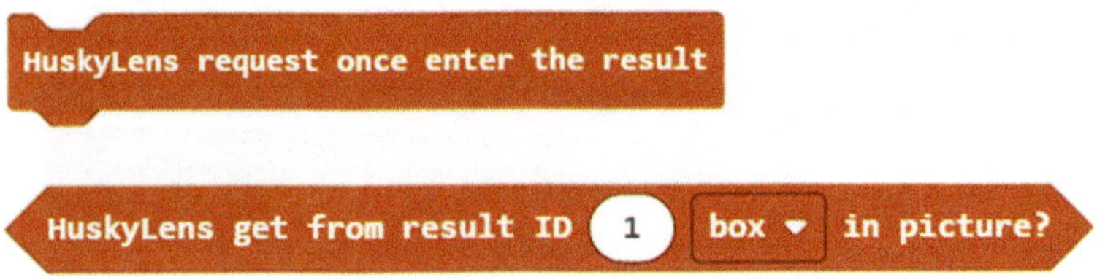

마이크로 비트의 A와 B 버튼을 사용하여 비밀번호를 입력한다. '입력' 변수에 사용자가 입력한 비밀번호가 순서대로 저장되도록 하기 위해 [문자열] 카테고리의 [연결한 문자열] 블록을 사용한다.

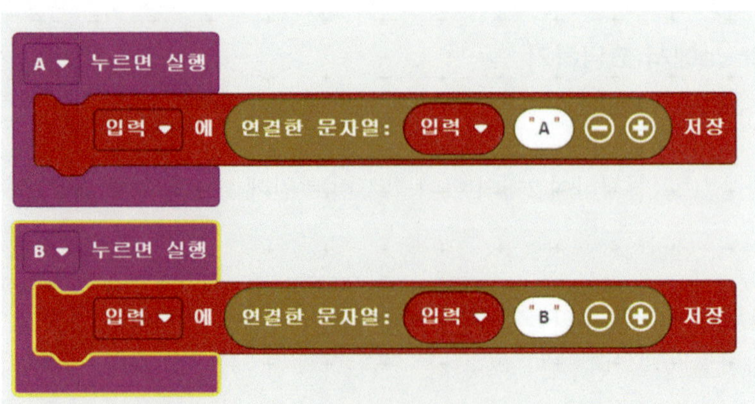

비밀번호를 입력하고 마지막에 A+B 버튼을 동시에 눌러서 비밀번호 입력을 마치면 '입력' 변수 값을 라디오로 전송한다.

라디오로 'open' 문자를 받으면 문이 열린다는 의미에서 LED에 아이콘과 'OPEN' 글자를, 그렇지 않으면 아이콘과 'CLOSE' 글자를 출력한다.

두 번째 마이크로비트

OLED를 사용하기 위해 [확장] 카테고리에서 [oled-ssd1306] 패키지를 추가한다. 프로그램이 시작되면 OLED를 활용하기 위해 [시작하면 실행] 블록에 [OLED] 카테고리에서 [initialize OLED with width 128 height 64]블록을 불러와 OLED를 활성화시킨다.

라디오 그룹을 '1'로 설정하여 2개의 마이크로 비트 간에 데이터 송수신을 할 수 있도록 한다.

[변수] 카테고리에서 [변수 만들기]를 선택하여 도어 비밀번호를 저장하는 '비밀번호' 변수와 ID 번호를 저장하는 'id' 변수를 생성한다.

라디오로 수신된 ID 번호 숫자가 주인 ID 번호와 일치하면 'id' 변수에 값을 저장하고 OLED에 'Host' 문자를 출력한다. 그렇지 않으면 OLED에 주인이 아님을 나타내는 'Unknown' 문자를 출력한다.

라디오로 입력한 비밀번호를 전송 받으면 도어 비밀번호와 일치하는지를 비교하여 OLED에는 'Password match' 문자를 출력하고 'open' 문자를 라디오로 전송한다. 단, 최종 문을 열어줄 때는 주인이면서 비밀번호 입력이 일치된 사람에게만 문을 열어줘야 한다.

완성된 코딩

첫 번째 마이크로 비트

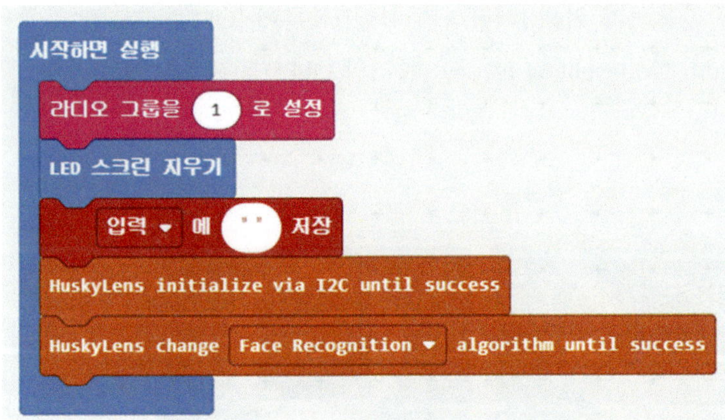

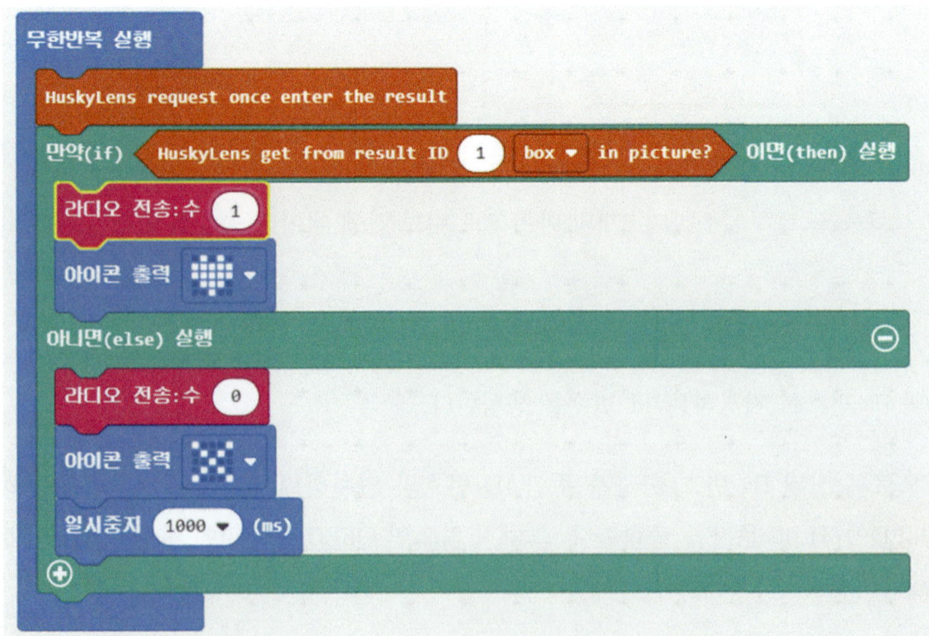

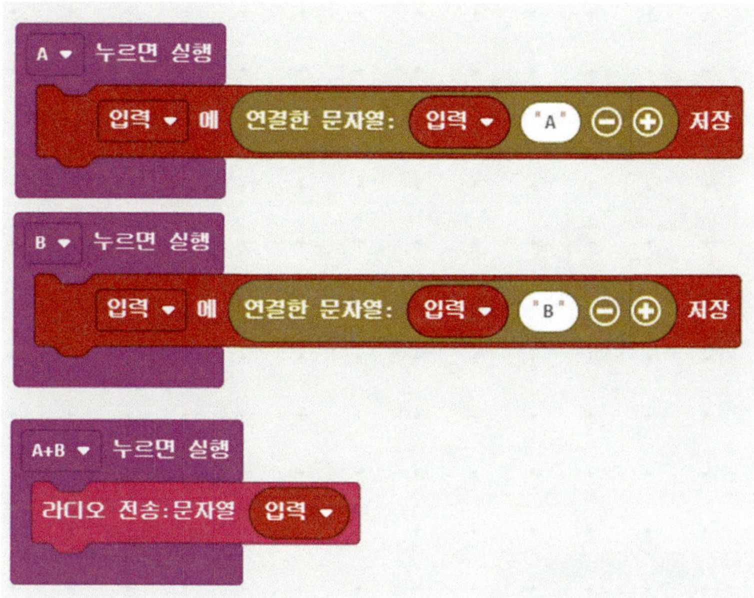
A 누르면 실행
입력 에 연결한 문자열: 입력 "A" 저장
B 누르면 실행
입력 에 연결한 문자열: 입력 "B" 저장
A+B 누르면 실행
라디오 전송:문자열 입력

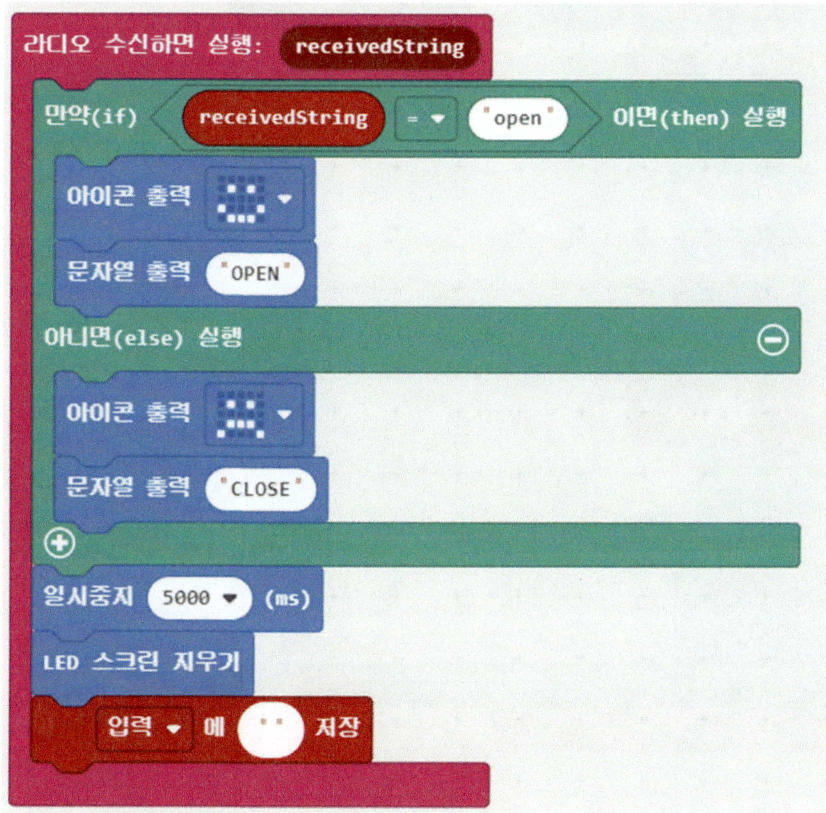
라디오 수신하면 실행: receivedString
만약(if) receivedString = "open" 이면(then) 실행
아이콘 출력
문자열 출력 "OPEN"
아니면(else) 실행
아이콘 출력
문자열 출력 "CLOSE"
일시중지 5000 (ms)
LED 스크린 지우기
입력 에 " " 저장

두 번째 마이크로 비트

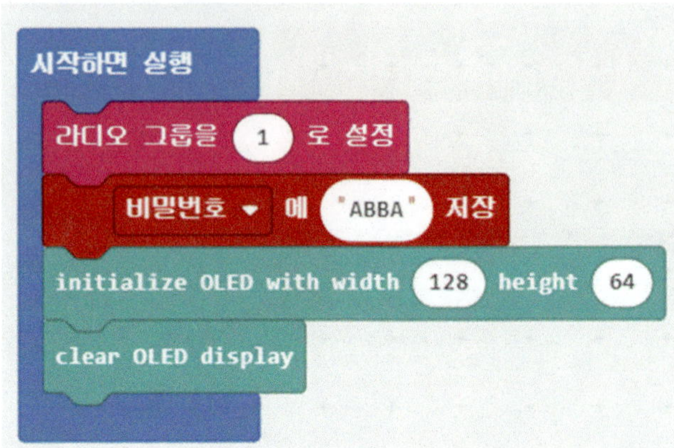
시작하면 실행
라디오 그룹을 1 로 설정
비밀번호 에 "ABBA" 저장
initialize OLED with width 128 height 64
clear OLED display

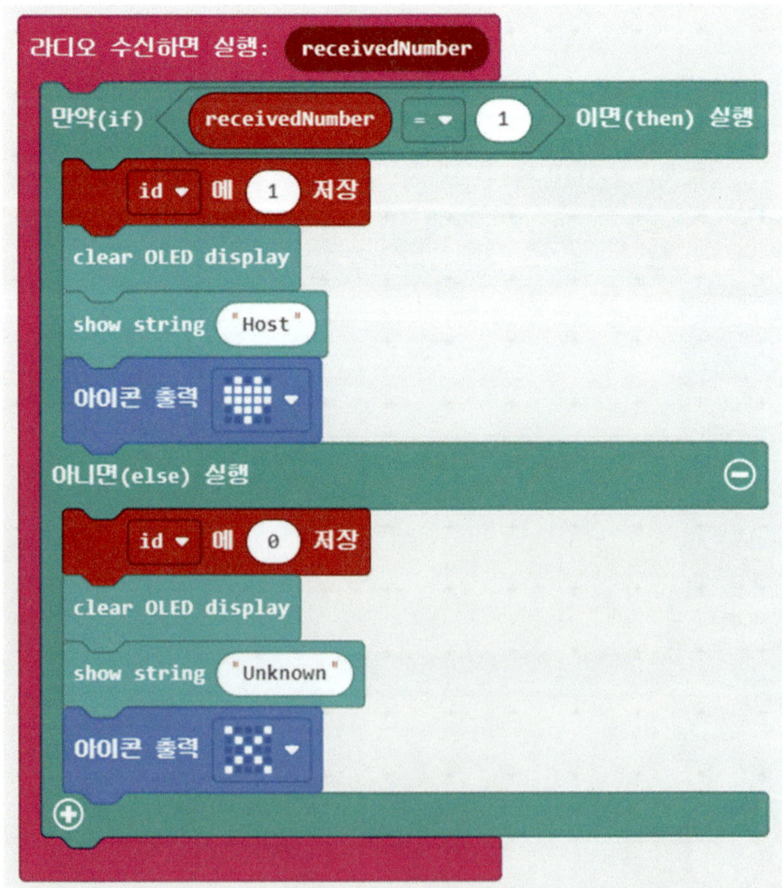
라디오 수신하면 실행: receivedNumber
만약(if) receivedNumber = 1 이면(then) 실행
id 에 1 저장
clear OLED display
show string "Host"
아이콘 출력
아니면(else) 실행
id 에 0 저장
clear OLED display
show string "Unknown"
아이콘 출력

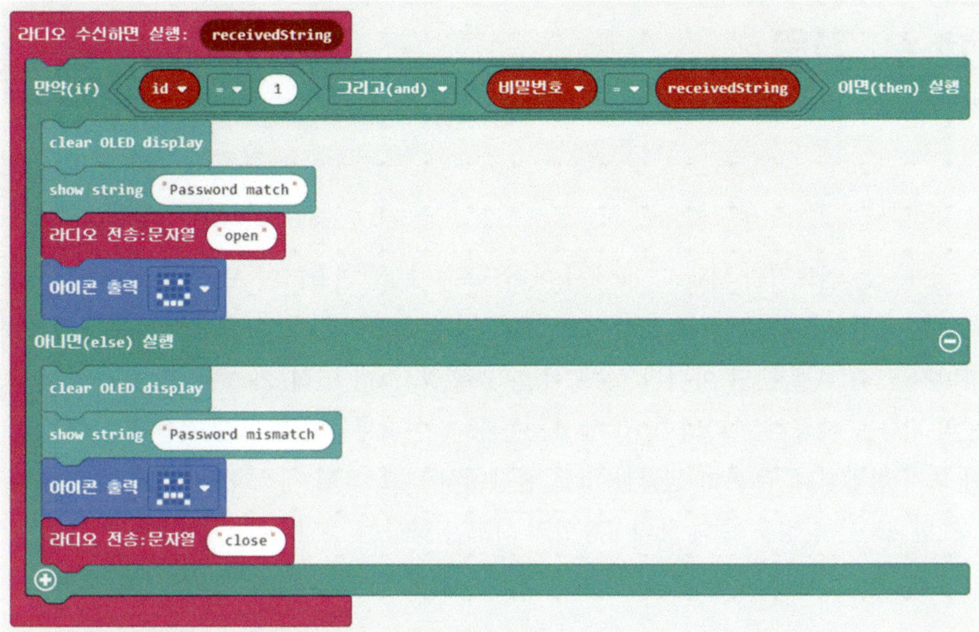
라디오 수신하면 실행: receivedString
만약(if) id = 1 그리고(and) 비밀번호 = receivedString 이면(then) 실행
clear OLED display
show string "Password match"
라디오 전송:문자열 "open"
아이콘 출력
아니면(else) 실행
clear OLED display
show string "Password mismatch"
아이콘 출력
라디오 전송:문자열 "close"

11.6 결론

본 장에서는 엔트리와 MakeCode에서 마이크로 비트를 연결하여 AI 학습 모델과 AI 센서를 활용한 AI 프로젝트를 만들어 보았다. 이미지 인식을 통해 학습하고 훈련된 AI 이미지 인식 모델 뿐만 아니라 물체 식별 및 추적, 소리 인식, 제스처 인식, 라인 추적 등의 기능을 제공하는 다양한 AI 센서들을 통해 여러분들이 상상한 것들을 실제 만들어 보기 바랍니다. 우리의 생활과 학교 현장에서 필요한 AI 제품을 기획 및 설계, 프로그래밍해보는 과정을 통해 창의 · 융합적 사고가 향상될 것입니다.

11.7 연습문제

1. 다른 인증 방법을 활용하여 문을 열 수 있도록 수정해보세요.

2. 프로그램을 응용하여 나만의 도어락을 만들어 봅시다.